Die Liebe stirbt nie

Über die Gnade, Trauer in Dankbarkeit wandeln zu können

Die Liebe stirbt nie

H.-Angela Krüper-Meiswinkel

Hinweis:

Die hier vorgestellten Informationen und Übungen wurden nach bestem Wissen und Gewissen erstellt.

Dennoch übernehmen Autor und Verlag keinerlei Haftung für Schäden irgendeiner Art, die sich direkt oder indirekt aus dem Gebrauch dieser Informationen, Tipps, Rezepte, einem Rat oder Übungen ergeben.

Im Zweifelsfall holen Sie sich bitte ärztlichen Rat ein.

Deutsche Erstausgabe 2017

Erschienen im Selbstverlag:
© 2017 – H.-Angela Krüper-Meiswinkel
Zu beziehen über: www.transformationsarbeit.de/buch

Das Werk ist urheberrechtlich geschützt. Sämtliche, auch auszugsweise Verwertungen bleiben vorbehalten.

Umschlaggestaltung und Satz:
Matthias Deuerling, www.relight.de

Umschlagbild: www.bigstock.com, Supertrooper

Buchproduktion:
Matthias Deuerling, www.relight.de

Gedruckt auf Papier mit FSC- u. EU Ecolabel

Printed in Germany

ISBN: 978-3-00-056465-9

Vorwort und Einleitung

Die Idee ein Buch zu schreiben, war bereits während der Krankenhausmonate entstanden, nachdem Uwe eingewiesen wurde und ich seine unglaubliche Entwicklung, innerhalb von dreieinhalb Monaten, miterleben durfte.

Schon sehr oft in meinem bewegten Leben rieten mir Menschen, doch einmal ein Buch zu schreiben. Ich habe das jedoch beständig verworfen, so auch dieses Mal.

Als Uwe dann *nach Hause* gegangen war, tauchte dieser Gedanke immer öfter in mir auf, das Erlebte von Uwe und mir nieder zu schreiben.

Ich stand zu diesem Zeitpunkt mit einer Seelenfreundin in Kontakt, die in Italien lebt. Sie gehört der Journey-Familie[1] an. Zu ihr hatte ich immer eine ganz besondere Beziehung, denn Uwe und ich lernten durch sie mit Tieren in Seelenkontakt zu treten.

Im Januar 2015, als ich sie über die Vorkommnisse informiert hatte, erhielt ich E-Mails von ihr, die sich für mich als wegweisend erwiesen, unter anderem las ich:

---

[1] Eine weltweit aktive Gruppe von Coaches und Therapeuten, die ihre Klienten nach der Methode von Brandon Bays durch innere Seelenreisen führen.

„Angela, DANKE!

Ich bin zutiefst, in tiefster Seele berührt von Deiner und Eurer Größe. Es ist ein Privileg, dass ich Euch kennenlernen durfte und dass Du Deinen und Euren Weg mit mir teilst.

Ich verneige mich vor Euch.

Möge die Gnade Dich und Euch weiterhin und immer leiten, Ihr seid das Wunder, ich fühle mich getragen durch Euch, beruhigt, geliebt. Es ist unglaublich! Und genauso fühle ich, dass Eure Botschaft in die Welt will. Wie wäre es mit einem Buch über Euren Weg? Es würde so vielen Menschen Mut machen!

In Liebe, Ariane"

Ich antwortete ihr, dass diese Idee seit einiger Zeit in meinem Kopf lebt.

Im Laufe des „Trauerjahres" verwarf ich mehrmals den Gedanken zu schreiben, wenn er auch hier und da wiederholt aufflammte. Ich wollte zunächst, wenn ich denn tatsächlich anfangen sollte zu schreiben, gar nichts veröffentlichen. Dann bekam ich einen Kontakt mit Matthias, einem Journey-Freund in Gmund am Tegernsee, der weiß, wie man ein Buch herstellt. Na, so ein Zu – Fall! Der Gedanke in mir, zu schreiben, je öfter ich in mich hinein spürte, wurde intensiver. So entschloss ich mich irgendwann im Oktober 2015 damit anzufangen und schrieb in erster Linie für mich, um meine Erlebnisse zu verarbeiten, denn Schreiben ist Therapie. Ich wollte einfach die oftmals sachlichen Abläufe, wie Daten und Fakten loswerden, die ich nicht mehr in meinem Kopf benötigte, sie abhaken und vergessen. Wenn ich dies alles aufgeschrieben hätte, könnte ich ja jederzeit nachlesen – so dachte ich mir mein Vorgehen. Es funktionierte!

Ebenso wurden die traumatischen Bilder, resultierend aus dem Widerfahrenen, die allabendlich auftauchten, wenn ich in meinem Bett lag, weniger, was dennoch nichts an meinem Schlafverhalten änderte. Der nächtliche Schlaf bleibt bis heute oftmals aus.

Gleich als ich anfing zu schreiben, war ich ganz bei mir, verspürte ich ‚meine Mitte', was ich als ein göttliches und wertvolles Geschenk empfand. Im Verlauf und beim Entstehen der Inhalte, bemerkte ich, wie mir das Schreiben bei der Verarbeitung des Erlebten half und tiefe Wunden heilen durften, indem ich immer wieder die einzelnen Szenen mit allen Fasern meines Herzens durchlebte. Die Gedanken und Worte flossen nur so aus meinen Händen heraus, hinein in die Tastatur. Ich brauchte nicht einmal um Inspiration bitten – sie war einfach da.

So entstand dieses Buch, welches ich in drei Kapitel eingeteilt habe. Der erste Teil, der mit einer Vorgeschichte beginnt, beschreibt mehr den sachlichen Ablauf, vorwiegend während der Zeit des Krankenhausaufenthaltes von Uwe und wie es dazu kam. Spiritualität war unser gemeinsames Leben und daher ist bereits im 1. Teil einiges davon zu lesen und häufig dem Sachverhalt zugehörig.

Das zweite Kapitel widmet sich unseren inneren Seelenreisen und beinhaltet einen besonders spirituellen Teil. Da ich viele dieser Reisen damals protokollierte, kam mir dieses während des Schreibens zugute. In diesem Kapitel ist der Kern und die Essenz des Buches zu finden – eine Offenbarung. Dabei bemerkte ich, dass es mich einige Überwindung kostete, die Hintergründe unserer Ehe und das ‚Outen' unserer gemeinsamen Beziehung im 2. Teil niederzuschreiben, denn im übertragenen Sinne ‚entblöße' ich mich dort. Ich tröstete mich mit der schlauen Weisheit, dass wir nur wachsen können und unser echtes Potential entfalten, wenn wir aus unserer derzeitigen Komfortzone, dem uns Bekannten und Bequemen ausbrechen und neue Dinge wagen, die riskant und unbequem sind.

Im dritten Kapitel beschreibe ich „mein Jahr danach", welches der Heilung meiner Gefühle galt. Am Ende ist die Trauer nicht verschwunden, sie hat sich verwandelt, ebenso wie ich – der Mensch – der diese Trauer mit allen Fasern seines Herzens durchlebte.

Die Leseproben die ich versandte, weil ich mir unsicher war, ob solche Texte überhaupt lesenswert sind, fesselten die Leser und ich wurde ermutigt mein Unterfangen fortzufahren, um dieses tiefe Wissen, welches sich in den Texten manifestiert hatte, weiterzugeben. Der Zuspruch und die Ermutigungen, die ich dazu erhielt, waren unterschiedlichster Art.

Ich las unter anderem:

> *„Du hast eine tolle Art zu schreiben. Du nimmst einen mit auf deine Reise. Absolut toll. Es enthält natürlich viele spirituelle Elemente, was vielleicht nicht für alle Leser passt. Aber was du schreibst, ist absolut authentisch."*

So entschloss ich mich, dieses Buch anderen Menschen zur Verfügung zu stellen und vielleicht ist das Buch auch für manchen eine Gnade, sich ganz auf den emotionalen Inhalt einzulassen, mitunter für diejenigen, die einen ähnlichen Todesfall eines nahestehenden Menschen begleiteten. Durch meine Reflektion können Betroffene ihre eigene Leidensgeschichte noch einmal erleben, durchleiden und dann besser loslassen, denn jeder kann nur loslassen, was von ihm zuvor ge- und begriffen wurde. Einen Zeitraum dafür gibt es nicht. Alles hat seine Zeit.

Zusätzlich mögen die Texte für Menschen sein, welche eine ähnliche Krankheit in der Verwandtschaft oder nahen Freundschaft bisher nur ‚am Rande' miterlebten, weil sie sich selbst auf Grund ihrer Unerfahrenheit und verstandesmäßigen Überforderung mit der Situation eines Krebsleidenden ‚rechtzeitig' an diesen Rand und außerhalb der emotionalen Reichweite begeben haben. Die Betroffenen haben die Möglichkeit, wieder Anschluss zu den Trauernden zu finden, zumal sie durch dieses Buch und das dadurch mögliche Mitgefühl in die Lage versetzt werden, aus diesem Gefühl (anstelle aus dem Kopf, dem ja die Worte fehlen), den Kontakt wieder aufzunehmen, das Richtige im richtigen Moment zu sagen und so wieder ein erstes ehrliches Gespräch mit sich und anderen zu führen.

Ich würde mir wünschen, dass das eine oder andere Wort Dein Herz berührt und vielleicht dabei in dir tiefe Wunden heilen dürfen!

Keiner muss glauben, was er hier liest, daher erlaube ich mir zu sagen, dass nichts erfunden ist und sich das Erlebte tatsächlich genau SO abgespielt hat. Erlebtes und Geschildertes entspricht meiner subjektiven Sichtweise, die ich so ehrlich wie möglich wiedergebe.

Insbesondere im 1. Teil erscheint manches hektisch und chaotisch, welches genau die Situation wiederspiegelt, in der ich mich dreieinhalb Monate lang befand.

Ich habe nie gelernt ein Buch zu schreiben – dennoch habe ich hier mein Bestes gegeben. Die noch übrig gebliebenen Rechtschreib- und Grammatikfehler seien mir verziehen.

Inhalt

Inhalt VII
1. Teil   Die Hoffnung stirbt zuletzt 13
Die Hoffnung stirbt zuletzt 14
Hier der Anfang oder lieber der Anfang vor dem Anfang? 15
Unsere gemeinsame Vorgeschichte 17
Die Diagnose oder „Der Hammer" 28
Erste Erkenntnisse erfolgen im Tempo der Siebenmeilenstiefel 36
Die Vorbereitungen für die Chemotherapie 44
Das Ziel der Chemotherapie 46
Die erste Chemotherapie 48
Aller Anfang ist schwer 51
Der erste Urlaub zu Hause 58
Zurück im Krankenhaus 65
Intensive Zweisamkeit und gravierende
Persönlichkeitsveränderungen in Uwe 71
Körperpflege – ein Herzenswunsch 83
Zwischen Bangen und Hoffen 85
Die zweite Chemoserie läuft an 88
…eine beeindruckende Überraschung 90
Der zweite Urlaub beginnt 91
Wieder im Krankenhaus 95
Eine weitere Beschwerlichkeit 96
Unser Besuch in der Universität Düsseldorf oder auch
Lungenentzündung, die Dritte. 98
Große Ereignisse werfen ihre Schatten voraus! 102

VIII | Vorwort und Einleitung

Und dann ist da noch unsere große ‚Journey-Familie'. 106
Krankenhausalltag und weitere Verwandlungen des Patienten 109
Weihnachten naht 114
Weitere Nebenwirkungen der Chemotherapie 116
Der Heilige Abend und die Weihnachtstage 117
Silvester 2014 naht 124
Der Silvesterabend 142
Das Neue Jahr 2015 145
Das Leben besteht aus Augen-Blicken – jeder Augenblick ist etwas Besonderes 146
Die Hoffnung stirbt zuletzt 158
Der 3. Januar 2015 162
Der Tag danach, 4. Januar 2015 170
Die Zeit nach der Zeit beginnt 171
Der Tag der Beisetzung 178

2. Spiritueller Teil Uwes Geist wird geheilt 187

Uwes Geist wird geheilt 188
Eine kleine Vorgeschichte 194
Uwes Verwandlung und Hilfe von außen 207
Einiges zu inneren Reisen und deren Verlauf 211
Unsere Anfänge und Wesentliches zu unseren inneren Reisen 215
Die allabendlichen inneren Reisen begannen 220
Die Zeit des künstlichen Koma 301
Besondere Begebenheiten 303
Meine abendlichen Kontakte zu Uwe 306
Wundersame Erscheinungen und Dank 310
Uwes Weg hinter dem Schleier 317

Agnihotra Feuer 319

Unvorhergesehene Informationen die mir Anfang 2016 zugetragen wurden 321

3. Teil Mein Leben danach – die Liebe stirbt nie 324

Mein Leben danach 325

Der erste Sommer – danach...344

Das Jahr 2015 nähert sich dem Ende.....................................356

Es weihnachtet sehr 357

Heiligabend 2015 359

Silvester 31.12.2015 – unser Tag...368

Schlusswort und mein Dank Liebe heilt!......................380

Quellennachweis..385

1. Teil

Die Hoffnung stirbt zuletzt

Die Hoffnung stirbt zuletzt

Uwe darf Heiligabend 2014 nach Hause und wird von einem Freund abgeholt. Er ist in einem erbärmlichen Zustand und so wackelt er mit seinem Rollator ins Haus.

Wie in jedem Jahr bereite ich Heiligabend kalte Platten mit Lachs, Forelle, Krabbencocktail und halben Eiern mit Kaviar. Uwe liebt das sehr, genau wie mein Bruder, der ebenfalls anwesend ist. Wir sitzen am Tisch und ich bemerke, wie Uwe sich häppchenweise durch das Essen quält.

Plötzlich fängt er an zu weinen und sagt: „Wenn ich mir vorstelle, dass ich nächstes Jahr um diese Zeit hier sitze und gesund bin ... " Ich nehme seine Hand und wir schauen uns tief in die Augen. Da sind seine strahlenden, glänzenden, tiefblauen Augen, die wie Seen in den tiefen Augenhöhlen liegen und zu dem greisenhaft gewordenen Gesicht gehören. Ja, wir haben alle Hoffnung der Welt, Wunder dürfen geschehen. Vorstellbar ist dies allerdings kaum.

Ich komme später noch einmal auf diese Situation zurück.

Hier der Anfang oder lieber der Anfang vor dem Anfang?

Uwe und ich befassten uns seit unserem 18. Lebensjahr mit Materien, die wir Menschen nicht sehen können, nicht fassen können, von denen wir jedoch tief in uns *wissen*, dass sie Realität sind. Es zog uns beide in diese besondere Richtung, welche sich als wegweisend erwies und uns diese innere Lebens-Reise gemeinsam gehen ließ.

Uwe hatte schon in frühen Jahren einige Menschen mit seiner *Sichtigkeit* und seinem Einfühlungsvermögen verblüfft. Dessen ungeachtet hat Uwe selbst nie an seine Fähigkeiten geglaubt – nie an SICH geglaubt. Er konnte sich nicht fühlen, sich nicht annehmen, sich selbst nicht wertschätzen. Er fühlte sich immer „nicht gut genug". Egal, was andere oder ich ihm sagten, es kam nicht bei ihm an, was er zutiefst bedauerte. Ja, er litt darunter. Emotionen zu äußern oder zu fühlen, war ihm fast unmöglich.

Uwe wurde immer wieder darauf hingewiesen, dass er ein beeindruckendes spirituelles Potential habe. Er war mein Mitarbeiter und ein Genie, wenn es darum ging, sich mit der Seele eines Tieres zu verbinden und ins Tier *hineinzuschlüpfen*.

Wir machten Journey Prozesse nach Brandon Bays und später zusätzlich Prozesse nach Christoph Fasching. Die Module und *Werkzeuge* sind beliebig austauschbar und ergänzen sich wunderbar.

Manchmal, am Abend oder in der Nacht, lag ich weinend neben ihm und oftmals war mir, als würde ich neben Uwe erfrieren, weil seine Gefühlskälte für mich kaum auszuhalten war.

Sehr oft, wenn es darum ging, dass wir miteinander seine Themen angehen, streikte er, hatte er keine Lust, war er zu müde oder ähnliches. Ich sagte ihm immer wieder, dass, wenn er nicht „in die Hufe" käme, etwas geschehen würde, was ihn wachrüttelt. Vor vielen Jahren schon hatte ich irgendetwas ‚im Urin'.

Aber wie sagte Konfuzius bereits:

„*Gras wächst nicht schneller, wenn man daran zieht.*"

Nicht am Gras zu ziehen, war ein ständiger Lernprozess für mich und fiel mir äußerst schwer.

Unsere gemeinsame Vorgeschichte

Wir waren Klassenkameraden und seit dem 14. Lebensjahr zusammen. Nein, es war keine Liebe auf den ersten Blick. Wir wuchsen in all den Jahren zusammen, enger als wir uns das je hätten vorstellen können. Uwe wurde zur Liebe meines Lebens und ich zu seiner. Wir saßen einmal in einer kleinen Kirche in Köln Rodenkirchen, in der wir uns schon als Jugendliche versprachen: „Wenn wir eines Tages heiraten, dann hier." Die Eheschließung fand dort im Mai 1983, an einem Freitag dem 13., statt. Viele Krisen sollten folgen, die uns gleichzeitig immer tiefer zusammenschweißten.

Im Jahr 2004 kauften wir uns ein Haus. Dieses geschah auf Uwes Wunsch, denn wie er sagte, hätte er gern ein Haus an dem er „wuseln" kann.

Am Anfang, als Uwe das Dach von innen dämmte, stieg ich dort zu ihm hinauf und er erschien mir irgendwie komisch. Ich fragte, was los sei und sah, dass er feuchte Augen bekam, was höchst selten war. Ich hatte ihn noch niemals richtig weinen sehen. „Ich glaube, dass ich nicht mehr lange habe." Ich fragte, wie er denn darauf käme und er zuckte mit den Schultern. Seine Antwort: „Ich weiß nicht", war wie ein Mantra, welches sich durch unsere gemeinsamen Jahre zog.

Später erwähnte Uwe dann einmal mir gegenüber: „Wenn wir hier am Haus und mit allem anderen fertig sind, dann gehe ich." Ich fragte wie dieser Ausspruch gemeint sei. Schulterzucken war die Entgegnung. Waren diese Art von Bemerkungen das, was man Vorahnung nennt? Waren es Impulse der Seele?

Als wir das Haus kauften, sahen die Handwerker Uwe lieber von hinten als von vorn. Er konnte aus seiner Sicht handwerklich gar nichts, wie er mir mit feuchten Augen einmal sagte. Er war völlig desillusioniert. Ich tröstete ihn: „Uwe, du bist Fotograf und kein Handwerker im Baugewerbe. Woher willst du können, wofür andere drei Jahre lernen? Schau ihnen auf die Finger und dann wirst du lernen, was es zu lernen gilt." Das tat Uwe mit großem Erfolg! Ich erlebte, wie er endlich in seine männliche Kraft kam und ‚seinen Mann stand', zumindest im äußeren Bereich. Vielleicht spürte er – wenn auch nur kurzfristig – dass er WERT und gut war, und außerdem manch vielseitige Talente besaß.

Ganz allein verkleidete Uwe später den Altbau mit einer guten Außendämmung und brachte die Fassade darüber an. Als unser Dachdecker kam und sich Uwes Werk ansah, hörte ich die Worte, die er zu Uwe sprach: „Uwe, ich hole demnächst die Aufträge rein und du machst die Fassaden. Das hätte ich nicht besser machen können!" Uwe wurde zum Perfektionisten, der vielen Handwerkern in nichts nachstand. Im Gegenteil! Und so wuchs er mit seinen Aufgaben und arbeitete ohne Unterlass – oftmals ohne Pause.

Irgendwann pinkelte ihm unsere Katze in seine Arbeitsschuhe, nachdem ich Uwe einen Tag vorher gebeten hatte eine Pause einzulegen, die er rigoros ablehnte. Als er dann die nassen Arbeitsschuhe sah, kannte er deren Bedeutung sofort: Pause! Er legte einen Ruhetag ein.

Er wuselte, bastelte, werkelte, setzte das Bauliche betreffend, all unsere Ideen um, während ich mit dem kreativen Teil beschäftigt war und ebenfalls ständig etwas unter den Händen hatte was wachsen durfte. Wir erschufen uns ein wunderbares kleines Paradies, im Haus, wie auch im Außenbereich, unserem Garten.

Der Garten bekam einen Bachlauf mit einem großen Teich und einer wunderschönen Brücke. Wir empfanden tiefe Freude, wenn wir im Sommer abends auf einer der Terrassen saßen, um die zahlreichen Molche, Frösche und Wasserschnecken zu beobachten. Die Rehe kamen bis zum Zaun und um die Sommersonnenwende konnten wir hunderte von Glühwürmchen beobachten. Fernsehen brauchten wir nicht, wozu auch? Wir hatten unser Reich und – uns.

An irgendeinem Samstagvormittag gestaltete ich einen neuen Platz unter einer Kugelrobinie am Teich, mit wunderschönen farbigen Steinen und einer Granitbank für uns beide, mit Blick auf den Teich. Als ich fertig war, kam Uwe, setzte sich auf die Bank und sprach zu mir: „Hier will ich alt werden."

Wir wurden innerhalb von neun Jahren mit Haus und Garten fertig. Im Anschluss daran kam es zu Grenzstreitigkeiten mit einem neuen Nachbarn, durch den wir gezwungen wurden, einen großen Teil unseres Gartens in ‚Schutt und Asche' zu legen. Das brach Uwe das Herz und meines natürlich ebenfalls. Drei Tage lang schnitten wir 28 Säcke Efeu vom zwei Meter hohen und 20 Meter langen Zaun, um den Zaun dann abzureißen, damit die Grenze neu bestimmt werden konnte. Mit dem Bagger wurden unsere wunderbaren Kirschlorbeeren herausgerissen und, und, und … Uwe fraß alles in sich hinein. Nur vereinzelt ‚platzte' er lautstark und ließ in seltenen Fällen seinen ‚Dampf' ab, dann wuchs dort allerdings auch kein Gras mehr, während er die Kontrolle über seine hervorschießenden Emotionen verlor. Im Anschluss an einen solchen Ausbruch, richtete er seine Wut gegen sich selbst, weil ihm „das passiert" war.

Nach über einem Jahr des Wiederaufbaus unseres Gartens, hatten wir alles nach und nach wiederhergestellt und die zahlreichen geretteten Pflanzen wieder eingepflanzt.

Es kam mir die Idee mit den Hochbeeten, da wir in unserer Ernährung zu grünen Smoothies wechselten und es nichts Gesünderes gibt, als das Gemüse aus dem eigenen Garten zu genießen.

Uwe machte sich im Internet schlau, besorgte günstige Materialien und wie aus dem Nichts entstand das erste Hochbeet. Wieder hatte er wunderbare Arbeit geleistet. Nur dieses Mal ohne mich, da ich mir einen Muskelbündelriss im Oberschenkel zugezogen hatte, ich demzufolge im Ausnahmezustand und zu nichts fähig war. Diese Situation bedeutete außerdem, dass ich zum Arzt zur Blutabnahme musste. Meine Verletzung geschah im Mai 2014 und die Blutabnahme im Juni. „Uwe, gehe doch mit zur Blutabnahme, du bist eh mit einem Check-up dran", bat ich ihn. So am 13. Juni 2014 gesagt und getan.

Unsere Blutbilder waren schlecht. Bei mir war das aufgrund der Verletzung und Entzündung im Oberschenkel begründet und in Ordnung. Bei Uwe war das weniger okay und die Ärztin empfahl eine Kontrolle bei uns beiden, der wir selbstverständlich nachkamen. Bei der Nachkontrolle unseres Blutes am 19. August 2014, hatte ich gute Blutwerte und seine waren unverändert schlecht.

Die Ärztin rief Uwe im Büro an und bat ihn zu einem Gesprächstermin, bei dem sie Uwe genauer von dem Blutergebnis berichtete: Alle Blutzellen seien vermindert, die Blutgerinnung durch die Thrombozyten, die Immunabwehr durch die Leukozyten und der Sauerstofftransport durch die Erythrozyten. In dem Gespräch wurde Uwe geraten, einen „zeitnahen Termin bei einem Facharzt" abzusprechen. Uwe rief mich im Büro an und berichtete mir, dass die Ärztin das Wort Leukämie nicht in den Mund genommen hatte. Woher wusste er von diesem Wort? Er musste es gegoogelt haben. Wenn man googelt, bekommt man seitenweise Informationen. Irgendetwas davon wird Uwe gelesen haben. Hier die Definition von Leukämie:

> *„Leukämien umgangssprachlich auch als Blutkrebs bezeichnet, sind maligne Erkrankungen des blutbildenden oder des lymphatischen Systems und gehören im weiteren Sinne zu den Krebserkrankungen. Leukämien zeichnen sich durch stark vermehrte Bildung von funktionsuntüchtigen Vorläuferzellen der weißen Blutzellen aus. Diese werden auch Leukämiezellen genannt. Sie breiten sich im Knochenmark aus, verdrängen dort die übliche Blutbildung und treten in der Regel auch stark vermehrt im peripheren Blut auf. Sie können Leber, Milz, Lymphknoten und weitere Organe infiltrieren und dadurch ihre Funktion beeinträchtigen. Die Störung der Blutbildung vermindert die normalen Blutbestandteile. Es entsteht eine Anämie durch Mangel an Sauerstoff transportierenden roten Blutkörperchen, ein Mangel an blutungsstillenden Blutplättchen und ein Mangel an reifen funktionstüchtigen weißen Blutzellen. Je nach Verlauf unterscheidet man akute und chronische Leukämien. Die chronischen Leukämien haben einen eher schleichenden Verlauf. Akute Leukämien haben einen sehr schnellen und dramatischen Verlauf*

und sind lebensbedrohliche Erkrankungen, die unbehandelt in wenigen Wochen bis Monaten zum Tode führen." ²

"Alle bösartigen Krebserkrankungen des Knochenmarks werden Leukämie genannt. Am Anfang ist es nur eine Zelle im Knochenmark eines Menschen, die mutiert und sich anders verhält, als sie soll.

Alle Blutzellen im Körper eines Menschen stammen aus einer Zelle im Knochenmark, der Stammzelle. Normalerweise teilen und reifen die Blutzellen nach einem genau festgelegten Plan. Bei einer Leukämie aber ist dieser Plan außer Kraft gesetzt: Eine genetisch veränderte Zelle bleibt von den Abwehrmechanismen des Körpers unentdeckt und beginnt daraufhin, ihr Unwesen zu treiben. Sie vermehrt sich unkontrolliert und das auch noch extrem schnell. Die kaputten weißen Blutkörperchen nisten sich im Knochenmark ein, sie verdrängen dort immer mehr die gesunden Zellen. In der Folge kippt das Blut: Die Zahl der Leukozyten sinkt, im Körper der Erkrankten häufen sich Infektionen. [...]

[...]Die weißen Blutkörperchen sind Abwehrzellen und gehören zum Immunsystem eines jeden Menschen. Sie attackieren Krankheitserreger und beseitigen in der Regel auch mutierte Zellen. Somit schützen sie einen Körper auch vor sich selbst und seinen eigenen Defiziten. [...]

[...]Bei einer AML bricht die Immunabwehr zusammen, Blutgerinnung und Sauerstoffversorgung versagen. Ein Organ nach dem anderen kollabiert. In den Körpern der Betroffenen setzt eine Kettenreaktion ein, die nur ein Ende

---

² „Leukämie" http://de.wikipedia.org/wiki/Leukämie (15.12.2015)

kennt ... *Die akute myeloische Leukämie (AML) gehört zu den häufigsten Arten der Leukämie bei Erwachsenen. Ursache ist die genetische Veränderung einer Blutzelle. Diese Veränderung führt dazu, dass die Zelle sich unkontrolliert zu teilen beginnt. Schneller und aggressiver als die gesunden Zellen."* [3]

Die Leukämie wird fälschlicherweise Krebs genannt. Es verhält sich so, dass es sich nicht um entartete Zellen wie bei anderen Krebsarten handelt, sondern eher um geschädigte oder mutierte Zellen, die im Knochenmark entstehen, wodurch das Knochenmark nicht mehr in der Lage ist, gesunde Zellen herzustellen. Diese mutierten Zellen verdoppeln sich dann mit jeder Teilung, daher der rasante Verlauf dieser Art der Leukämie.

Der Facharzt hatte keinen „zeitnahen Termin" frei und so wurde dieser erst auf den 22. September 2014 gelegt. Und das, obwohl gerade bei der Diagnose der AML ein Wettlauf mit der Zeit beginnt. Hierbei zählt jeder einzelne Tag!

Ich war fassungslos über den späten Termin und sagte zu Uwe, er möge bitte die Ärztin beziehungsweise die Krankenkasse einschalten, damit der Termin weiter vorverlegt würde. „Die haben ja meine Telefonnummer falls früher was frei wird und ich bin ja auch gesund", war

---

[3] Guido Westerwelle: „Zwischen zwei Leben: Von Liebe, Tod und Zuversicht", Hoffmann und Campe Verlag Hamburg, 2015

seine Erklärung. Wollte er nicht wahrhaben, dass es anders sein könnte? Es war seine Entscheidung!

Mir war nachts neben Uwe aufgefallen, dass er seit Wochen circa fünf Mal so schnell atmete wie ich und das sagte ich ihm deutlich. Ich konnte es mir nicht erklären und er hatte, so wie er entgegnete, ansonsten keine Beschwerden. Diese traten erst im Laufe der folgenden Wochen auf.

So ganz nebenbei erwähnte Uwe mir gegenüber irgendwann, dass er Schwierigkeiten habe die Treppen hinaufzugehen und oben angekommen, kaum noch Luft bekäme. Er erlebte ständige Müdigkeit und Schwäche. Hier wurde klar, dass durch den Blutmangel viel zu wenig Sauerstoff transportiert werden konnte.

Ist das so, wenn man „gesund" ist? Ich war sicher, dass etwas Gravierendes nicht stimmte. Immer wieder bat ich ihn, gemeinsam mit mir innere Seelenreisen zu machen, um seine unerledigten Themen zu bearbeiten. Er tat alles, nur das nicht.

Irgendwann fuhr aus mir heraus: „Dann muss ich dich leider vor die Wand klatschen lassen." Wie mir später klar wurde, war dieser harte Ausspruch von mir ein vergeblicher Versuch Uwe loszulassen und an seine Eigenverantwortung zu appellieren. Ich durfte seiner Entwicklung mit dem ständigen ‚ihm etwas abnehmen' wollen, damit es nicht irgendwann gesundheitlich knallen würde, nicht im Wege stehen. Es war SEIN Weg, so sehr ich auch emotional involviert war. Ich begriff, dass ich genau das zu akzeptieren hatte, so schwer sich diese Umsetzung für mich darstellte. Mir wurde klar, dass ich es „knallen" lassen musste, alles andere war – aus der Entfernung betrachtet – Lernbehinderung. In der Theorie war mir das alles seit vielen Jahren bewusst, nur wenn man jemanden liebt und zusieht, wie er in sein vermeintliches Unglück rennt, ist das nicht gerade einfach! Ich sah ja, wie er unter seinem inneren Desaster litt. Sein Herzenswunsch war einen Zugang zu sich selbst finden, bekam nur „den Arsch nicht hoch", wie er mir gegenüber immer wieder rechtfertigte.

In einem Telefonat mit meiner Freundin Birgit sagte ich vor der Diagnosestellung einmal: „Wenn Uwe nicht an sich arbeitet, wird hier ein Unglück geschehen, entweder ich halte das nicht mehr aus und wir trennen uns oder wir werden vom Leben getrennt. Dann ist das eben so."
Dieser knallharte Satz spiegelte meine tiefe Resignation und Verzweiflung wider. Ich wusste keinen Ausweg. Jedoch sollten mir meine Worte später noch lange ‚über die Bettdecke laufen' ...

So oft hatte ich gemahnt, gewarnt, gebeten und gebettelt. „Mache Pausen, beschäftige dich mit dir selbst, tu dir was Gutes!" Nichts dergleichen geschah.

Wenn ich Uwe im Garten einen Liegestuhl rausholte und ihn bat, sich bitte dort hineinzulegen, weil ich ja das Gleiche tat, brüllte er mich an und wurde aggressiv, so dass ich die Liege oder den Stuhl ganz schnell wieder ins Haus hinein trug. Also lag ich allein in unserem Paradies.

Auch gut! Diese Situation anzunehmen, so wie sie war, fiel mir schwer.

Uwe baute im Sommer 2014 das zweite Hochbeet und stellte es in kurzer Zeit fertig. Wir hatten vereinbart, wenn er damit fertig sei, endlich einmal sein neues Fahrrad auszuprobieren. Ich hatte eine echte Zusage, dass er das tatsächlich zeitnah umsetzen wollte. Das Fahrrad stand bereits seit eineinhalb Jahren unbenutzt und nagelneu im Keller. Ich wusste, er träumte immer vom Fahrradfahren und tat es dennoch nie. Es erfolgten zahlreiche Einwände, warum gerade jetzt wieder keine Gelegenheit dazu sei: zu heiß, zu kalt, keine Zeit, keine Lust und so weiter. Ich verstand es nicht! Im Grunde war er vermutlich selbst dazu zu bequem, seinen ‚Arsch hochzubekommen' um loszufahren. An dem Wochenende, als Uwe sich Fahrradfahren – raus in die Natur – vorgenommen hatte, war er zu Aktivitäten gar nicht mehr in der Lage. Er fühlte sich schwach, schlief noch mehr als sonst und bekam schwer Luft. Die Folge war Angst und so war es ein Leichtes für mich, ihn endlich zum Facharzt zu jagen, wo er sofort einen Termin bekam, als er seine Ärztin einschaltete.

Am 11. September 2014 fand das Gespräch endlich statt.

Die Diagnose oder „Der Hammer"

Während Uwe den Termin beim Facharzt wahrnahm, lief ich zuhause Kreise durch die Wohnung – hin und her. Mich überfiel eine überaus tiefe Traurigkeit und wie mir meine Freundin Birgit später sagte, verspürte sie um die gleiche Uhrzeit ebenfalls diese Traurigkeit. Dann hörte ich in unserer Einfahrt das mir bekannte Autogeräusch und ich ging nach draußen, um meinen weinenden Mann in die Arme zu schließen. Einen derart weinenden Uwe sah ich zum ersten Mal in meinem Leben! Irgendwie war ich nicht überrascht und sehr gefasst und ruhig. Er bekam kein Wort heraus. Das brauchte er auch nicht, ich wusste eh Bescheid. Und so setzte ich ihn erst einmal auf die Couch, um ihn ausweinen zu lassen.

Ich war erstaunlich stark, keine Träne, was mir vollkommen fremd war, ganz klar in Sprache und Gedanken, völlig zentriert. Andererseits lief in mir ein Film ab: all die vertane Zeit, sein ‚nicht in die Hufe kommen', seine Trägheit, wenn es an die Eigenarbeit ging und, und, und.

Uwe war immer ein Spätzünder gewesen, aber darf man Spätzünder sein, wenn es um sein Leben geht? Natürlich darf man das. Alles hat seine Zeit und nur er selber konnte und durfte entscheiden, was gut und richtig für ihn erschien. Jetzt kam das *Leben* ins Spiel. Es hatte hart zugeschlagen, um ihn auf einen Weg zu bringen, der, wie sich zeigen sollte, wichtig für Uwe war.

Wir gehen alle denselben Weg, der eine früher, der andere später, der nächste mit *Nachhilfe*, wenn's freiwillig nicht so recht klappen will. Uwe bekam seinen nieder schmetternden Hammer, wie er selber erkannte. „Warum dieser Hammer?", fragte er immer wieder.

Uwe eröffnete mir: „Morgen früh kommt der Arzt extra für mich sehr zeitig in die Praxis, um noch einmal Blut abzunehmen und es eigenhändig auszuzählen, um einen maschinellen Fehler auszuschließen. Es kann sein, dass ich dann morgen noch für ein halbes Jahr ins Krankenhaus muss und vielleicht zwischen den Chemos einige Tage Urlaub von dort bekomme, um nach Hause zu gehen. Ich habe Leukämie aber er will sicher gehen und darum macht er die Blutuntersuchung morgen früh persönlich."

Uwe saß auf der Couch, völlig fertig, weinend, fassungslos und ich ahnte, was sich in seinem Innersten abspielte … Er stand auf, nahm sich eine Zigarette, ging auf die Terrasse und sah sich unser Paradies an, schaute auf die Granitbank und fragte mich: „War's das?" Ich erwiderte: „Willst du leben oder sterben? Wenn du eine Antwort darauf hast, lass sie mich wissen. Gleichgültig wie du dich entscheidest, es sollte deine eigene Entscheidung sein."

Darüber schwieg er mehrere Tage.

Am nächsten Morgen ging ich ins Büro und Uwe zum Arzt. Ich saß wie auf heißen Kohlen und wartete auf seinen Anruf, musste einmal kurz das Büro verlassen und als ich wieder herein kam, rief meine Vorgesetzte quer durch den Raum: „Angela, du möchtest bitte deinen

Mann anrufen, der ist im Krankenhaus." Hätte ich nicht ohnehin damit gerechnet, wäre ein Schock die Folge gewesen. Also rief ich Uwe zurück, der mir sehr gefasst berichtete, dass er bereits im Krankenhaus sei und dort für ein halbes Jahr bleiben müsse.

Es war Freitag, der 12. September 2014. Erst am 22. September sollte der Termin für den Facharzt sein …

Uwe hatte mir zuhause noch den Sperrmüll rausgestellt und Geld hingelegt. Er hatte einfach an alles gedacht, selbst eine Kopie des Befundes: „akute myeloische Leukämie", fand ich auf dem Schreibtisch vor. Das Auto stand in der Garage und er war mit dem Taxi ins Krankenhaus gefahren – ganz allein auf sich gestellt und mit sich allein.

Im Krankenhaus angekommen, bekommt Uwe sofort einen venösen Zugang gelegt, für den Fall, dass akut etwas geschieht. Außerdem darf er trotz Wochenende nicht nach Hause. Wie Uwe mir berichtet, kann es durch die psychische Belastung der Diagnose – die begleitend mit einem Schock für jeden Patienten einhergeht, zu einer plötzlichen Ohnmacht kommen, bei der er „einfach umfällt". Bei der Diagnose handelt es sich um einen tiefen Einschnitt im Leben eines jeden Menschen, was durchaus zum Kollaps führen kann.

Da ich selber nicht Auto fahre, werden für mich nun zukünftig Bus und Bahn an der Tagesordnung sein.

Als ich an diesem Samstag ins Krankenhaus komme, finde ich Uwe angezogen und am Fenster sitzend vor. Er bekommt schlecht Luft und ist nach wie vor sehr schwach. Uwe möchte an die frische Luft und wir genießen draußen im Krankenhauspark die Herbstsonne. Er legt auffallend oft seinen Arm um mich und ist äußerst liebevoll. Er möchte eine Zigarette haben und eröffnet mir, dass er ein Jahr nicht mehr rauchen werde und dann im nächsten September prüfen möchte, ob er damit ganz aufhören könne. Ich traue meinen Ohren nicht, Uwe und nicht mehr rauchen, wie oft hatten wir dieses Thema besprochen und er sagte immer: „Wozu aufhören, ich rauche gerne und gesund bin ich auch."

Während wir auf einer Bank in der Sonne sitzen, bemerkt Uwe eine Schwellung an Hand und Arm, dort wo der Zugang liegt. Ich vernehme: „Komisch!" und zeigt dabei auf die Schwellung. Nie hat er in seinen Körper gespürt, nie gewusst, was dieser braucht, nie hat er für sich und seine Belange und Bedürfnisse Eigenverantwortung gehabt. Es wird Zeit!
Da der Zugang vier Tage lang ohne Nutzung ist und aufgrund seines Blutbildes die Abwehr geschwächt ist, entzündet sich die gesamte Hand, in der die Kanüle sitzt. Im Arm entsteht eine Thrombophlebitis (Entzündung der Venen). Die Hand schwillt enorm an und dazu der gesamte Arm. Der komplette Arm wird im Anschluss an das Wochenende verbunden und völlig ruhig gestellt. Dieses wird vier bis sechs Wochen so sein.

Uwe erhielt bereits im August für mehrere Wochen Antibiotika vom Zahnarzt und so geht die Antibiotika-

Einnahme (Anti-Bios = gegen das Leben) übergangslos weiter, jetzt gegen die Thrombophlebitis.

Noch an diesem Wochenende bekomme ich am Abend einen Anruf von Uwe: „Ich habe mich entschieden, ich will leben." „Okay", erwidere ich, „dann arbeiten wir zusammen." Und siehe da, ich höre dann das Wort: „Gern." Das ist ungefähr der Zeitpunkt, als mir zum ersten Mal ‚die Ohren abfallen' ... und das soll nicht das letzte Mal sein ...

In der Woche darauf erzählt Uwe mir, dass er, „wenn es dem Arm besser geht, bald seine erste Chemo bekommt." Unser Wissen zur Chemobehandlung ist, dass Chemotherapie ebenso wie Bestrahlung krebserzeugende Maßnahmen sind, also schreit alles in mir: Nein! Uwe hingegen erwähnt das wie selbstverständlich. Mein Magen scheint sich in mir zu drehen und mich beschleicht ein ungutes Gefühl.

Bei der Chemotherapie findet eine medizinische, chemische, körperliche Vernichtung statt. Hier wird ‚Böses' mit ‚Bösem' bekämpft, damit Neues ‚Gutes' entstehen kann. Es verhält sich, als ob man den Teufel mit dem Beelzebub austreibt.

Es gibt Situationen im Leben, in denen wir zwischen zwei unschönen Übeln zu wählen haben und die Frage „Chemo oder nicht Chemo?", scheint eine solche Situation zu sein. Uwe hat diese Frage für sich beantwortet und die Verantwortung für sich hiermit übernommen.

Meine Gedanken schwirren, drehen sich im Kreis: Welche Alternativen gäbe es – jetzt, so schnell? Er benötigt Sauerstoff, Bluttransfusionen, um zu überleben. Das kann ich ihm zu Hause nicht bieten. Außerdem hat Uwe SEINE Entscheidung getroffen, eindeutig! Mir ist durchaus bewusst, dass wir je nach Situation und Erkrankung, die Schulmedizin in Anspruch nehmen müssen. Ich lasse die Situation los und befreie mich somit von innerem Druck.

Ich habe im Moment eh keinen ‚Zugriff'. Das bedeutet, es gibt eine Art ‚inneres Stoppschild', einen Impuls, der mir vermittelt, dass ich mich nicht einmischen darf. Ich kann und darf von mir aus an dieser Stelle nichts tun! Also muss ich respektieren, akzeptieren und geschehen lassen – ja – und zusehen … und tief in mir fühle ich, dass jetzt alles *seinen Lauf* nehmen wird. Darum liegt es mir fern, Uwe in seinen Entscheidungen zu beeinflussen, denn ich bin dankbar, dass er zunächst ihn selbst betreffende Angelegenheiten selber entscheidet. Das funktioniert plötzlich. Uwe hat keine Wahl, die Symptome sind akut und heftig, also geht er ins Vertrauen auf das Leben!

Uwe mag den folgenden Spruch, den er vielleicht unbewusst anwendet:

> *„Gott gebe mir die Gelassenheit, Dinge hinzunehmen, die ich nicht ändern kann, den Mut, Dinge zu ändern, die ich ändern kann und die Weisheit, das eine vom anderen zu unterscheiden."*

Bei seinen ersten Blutuntersuchungen werden sehr schlechte Nierenwerte festgestellt. Uwe erläutert mir, dass „im Blut wohl gar nichts so ist, wie es sein sollte."

An einem Tag der folgenden Woche, als ich gerade bei Uwe bin, kommt zufällig der Chefarzt mit der zuständigen Ärztin ins Zimmer. Ich stelle mich den beiden Ärzten vor und der Chefarzt berichtet uns, an welcher Art der Leukämie Uwe erkrankt sei und dass aufgrund dessen, dass die Blutwerte einer bestimmten Patientengruppe angehöre und Uwe relativ jung wäre, „die Heilung eine sehr gute Prognose" erlaube. Außerdem verdeutlicht er uns, dass es keine Krankheit gibt, „die das Wort akut so sehr verdient wie die akute myeloische Leukämie, da sie akut auftritt und sofortiges Handeln erfordert." Weiterhin erklärt er uns, dass „es unspezifische Symptome sind, die vorkommen können, bei denen sofort ein Arzt aufzusuchen ist, da es bei der AML zu einer Blutarmut (Anämie) kommen kann. Die Blutgerinnung funktioniert nicht mehr richtig. Die ersten Symptome sind daher oft Müdigkeit, eine erhöhte Anfälligkeit für Infektionen, für Blutungen sowie eingeschränkte Leistungsfähigkeit, Blässe, Schwindel oder Herzrasen." Er fügt hinzu: „dass die akute myeloische Leukämie zu den explosivsten und aggressivsten Krebsarten gehört, was die Ausbreitung im Organismus betrifft. Hierbei sind Leistungsschwäche und Luftnot das Leitsymptom, da zu wenig Sauerstoff im Blut ist. Die Vermehrung der ‚bösen Zellen' erfolgt wie ein Schneeballsystem. Es fängt mit einer Zelle an, die sich ‚falsch' teilt und mutiert und von da an wird die falsche Zellteilung verdoppelt. Die Verdoppelung geschieht jeweils um 100 Prozent."

Hat Uwe doch zu viel Zeit verstreichen lassen? Denn von Juni bis September, das ist schon eine lange Zeit, in der er sicher einiges hätte tun können! Vier Monate! Wann die Erkrankung angefangen hatte und seit wann sein Blut krank war, werden wir kaum erfahren. Uwe hatte in letzter Zeit öfter kleinere Entzündungen, Stiche auf die er ernsthaft reagierte und damit zum Arzt musste. Außerdem wollten Zahnerkrankungen nicht enden und wurden langwierig. Ständig klagte er über Entzündungen und bekam Antibiotika. Aus Sicht der Ärzte bestand ein Verdacht zu keiner Zeit. Die akuten Leukämien eskalieren oftmals innerhalb weniger Tage. Der Faktor Zeit ist hierbei gravierend! „Jeder Tag zählt", höre ich immer wieder. Jedenfalls sind wir beide guter Hoffnung. Ein etwas mulmiges Gefühl kann ich jedoch nicht verhehlen ... dieses Gefühl hält sich tief in mir versteckt und berührt hier und da mein Bewusstsein.

Uwe hat ein relativ schönes Zimmer und liegt dort allein, was er sehr begrüßt, denn er hat „viel vor", um sich zu heilen und „dazu ist Alleinsein genau das Richtige", wie er mir immer wieder beteuert.

Erste Erkenntnisse erfolgen im Tempo der Siebenmeilenstiefel

„Draußen scheint die Sonne und ich würde sooo gern im Garten sitzen. Ich möchte nach Hause, ich möchte Fahrrad fahren, ich habe noch nie drauf gesessen."
Den Fernseher in seinem Krankenzimmer hat Uwe nur selten eingeschaltet, lediglich abends hier und da kurz, danach ist Uwe wieder für sich und beschäftigt sich mit den geistigen Werkzeugen, die wir im Laufe der vielen Jahre gelernt und verinnerlicht haben.

Uwe absolvierte die komplette Ausbildung zum „Journey Practitioner" nach Brandon Bays. Als er von dem letzten Ausbildungsabschnitt begeistert nach Hause kam, sagte er: „Hätte ich diese Ausbildung nicht gemacht, hätte ich in meinem Leben etwas versäumt!" Diese Aussage machte mich überaus glücklich, denn die Ausbildung eröffnete ihm die Möglichkeit, dass er den Weg in seine Emotionen, den Weg nach innen, zu sich selbst finden konnte. Uwe berichtete mir freudestrahlend, dass die Teilnehmer bei ihm auffallend „Schlange standen", um von ihm Prozesse (innere Reisen) zu erhalten, da er Module anwendete, die sie nicht kannten. Ich hatte ein Heilungsritual entwickelt, welches er liebte und nach Bedarf gerne in die Reisen einbaute. Außerdem sprach sich herum, dass wir mit Tieren arbeiteten und jeder wollte wissen wie das funktioniere. Und so hatte Uwe häufig eine Traube von Teilnehmern um sich geschart, was ihm gut tat, wenn auch vielleicht nur seinem Ego (Ich). Das war mir gleichgültig, denn vielleicht half es ihm, sich einmal gut genug zu fühlen, ja, einmal wieder von anderen als von mir gesagt zu bekommen, dass er einfach gut ist. Aber kam diese Tatsache in ihm wirklich an? Trafen diese Erkenntnisse sein Herz? Wohl kaum, denn seine Begeisterung für sich verflog und verpuffte schnell wieder.

Wir besuchten etliche Seminare gemeinsam. So auch die von Christoph Fasching. Es war eine Premiere für Christoph und uns, als sein erstes Paar mit Problemen, auf der Bühne zu sitzen und vor den Teilnehmenden kundzutun, was es in unserer Beziehung zu heilen galt.

Uwe entschied jeweils für sich allein, ob er mit mir ein Seminar besuchte oder lieber zu Hause blieb. Jedoch wusste ich tief in mir, dass er in den 43 Jahren an meiner Seite, meistens nur mein Leben und sein eigenes Leben nur selten oder gar nicht lebte.

Im Laufe der Jahre hatte ich eine *Antenne* entwickelt und bemerkte sehr wohl, wann er sein eigenes Leben lebte und wann nicht, wann er ehrlich zu sich und zu mir war und wann nicht, wann er in sein großes vorhandenes Potential ging und wann nicht. Wenn ich Uwe ‚erwischte', dass er wieder einmal etwas meinetwegen tat und nicht, weil ER es wollte, wurde er wütend weil er sich ‚ertappt' fühlte. Irgendwann sagte ich nichts mehr zu diesen Vorkommnissen. Ab und an fragte ich nach seinen Visionen, Lebensträumen, Zielen. Außer einem Schulterzucken bekam ich nicht viel Konkretes zu hören. Wie oft fragte ich: „Was fühlst du gerade?" Die Antwort war lediglich ein Schulterzucken beziehungsweise ein trauriges: „Ich weiß es nicht."

Erst heute ist mir bewusst, dass Uwe es tatsächlich nicht wusste, sich nicht spüren und fühlen konnte, keine Emotionen zeigen konnte. Er lebte in einer Dauerabtrennung zu sich selbst.

„Wer nicht genau weiß, wohin er will, der darf sich nicht wundern, wenn er ganz woanders ankommt." (Mark Twain)

Noch vierzehn Tage vor Diagnosestellung erklärte Uwe mir, dass ihm nach wie vor Lebensfreude fehle und er Lebensfreude nicht fühlen könne. Da nutzten all meine Erklärungsversuche und Situationsbeschreibungen von einer blühenden Blume im Frühling oder einem Schmetterling nichts. Es kam nicht in ihm an. Seine Worte waren in den jeweiligen Situationen: „Ich höre, was du mir da sagst aber es kommt nichts in mir an."

Wir gaben gemeinsame Workshops nach den Lehren von Christoph Fasching und Uwe, so schien es mir, freute sich jedes Mal darauf. Hier konnte er sich einbringen und wurde mir zu einer riesengroßen Unterstützung. Die Teilnehmer waren zu jeder Zeit von Uwe angetan, von seiner Ruhe, seiner Art zu erklären, sich auf sie einzustellen. Ja, in den Workshops entfaltete er sich und seine Talente zur Vollkommenheit. Er lebte SICH! Wenn ich das spürte, durchströmte mich eine tiefe innere Freude.
Was mir dabei immer wieder auffiel war, dass Uwe ein künstliches Lächeln zeigte, wenn es um die Begrüßung der Workshopteilnehmer, unsere Freunde oder anderen uns nahestehenden Menschen ging. Ich nahm *die Wand* zwischen ihm und den ihn oftmals umarmenden Personen wahr. Ich bedauerte das sehr, denn ich wusste, er konnte

sich nicht so leben, wie er gern gewollt hätte und litt selber unter seiner eigenen Art, wenn er es hier und da bemerkte. Manches geschah unbewusst.

Dieses ‚nicht bei sich sein', wie so vieles andere, sollte sich bald ändern! Bereits in der ersten Woche des Krankenhausaufenthaltes geschieht enorm viel. Uwe fängt an zu ‚arbeiten' und macht innerlich enorme Fortschritte.
Er bekommt häufig Besuch: Freunde, Kegelbrüder, die sich rührend kümmern – auch um mich. Chris, einer der Kegelbrüder, bietet ihm einen Laptop an. Es sei doch langweilig ohne Kontakt zur Außenwelt, lautet die Begründung von Chris.
Uwe erzählt mir diese Begebenheit und dass er dankend abgelehnt und Chris erklärt habe, dass es einen Grund gäbe, warum er hier sei und ihn ein Laptop nur ablenke. Er habe, so erklärte er Chris, „eine Aufgabe zu erledigen, die meine gesamte Aufmerksamkeit erfordert." Auch all die vielen Bücher und Zeitschriften, die seine Besucher mitbringen, rührt er nicht an. Nichts, was ihm Ablenkung bringen könnte, ist für ihn interessant. Das Fernsehen ist, wie er sagt, so gut wie immer ausgeschaltet. Kein einziges Mal erlebe ich, dass es eingeschaltet ist, wenn ich das Krankenzimmer betrete. All das nehme ich mit Staunen zur Kenntnis.

Als ich einmal wieder im Krankenhaus bin – es ist noch vor der ersten Chemotherapie – treffe ich Uwe angezogen am Fenster sitzend an. In einem Gespräch eröffnet mir Uwe, während sich eine leise Träne in seinen Augen verselbständigt: „Ich kenne nicht nur die Werkzeuge von Christoph Fasching, ich LEBE sie." Nach einer kurzen Pause: „Ich weiß auch jetzt, was Lebensfreude ist. Ich kann sie fühlen." Dicke Tränen des Glücks und der Berührtheit über seine eigenen Worte und Gefühle rollen nun über seine Wangen.

Es ist schon eigenartig, dass erst dann, wenn wir einen Mangel oder Verlust erleben, wir erkennen was uns wirklich wichtig ist. Ich kann gar nicht beschreiben, was seine Worte alles in mir auslösen. Es ist als würde ich dahin schmelzen. Lasten fallen von meinen Schultern. Ich fühle diese oft verloren geglaubte grenzenlose Liebe für ihn und bin so unendlich dankbar, dass er endlich dabei ist, SEINEN Weg zu finden. Wir schauen uns lange in die Augen. Ich knie mich vor ihn auf den Boden und umschließe mit beiden Armen seine Beine. Worte sind hier nicht nötig, wir sind uns in diesem Moment spürbar nahe. Dieses soll noch öfter geschehen, denn in der Krankenhauszeit findet nun echte Beziehung statt – eine auf Augenhöhe, eine die sich richtig anfühlt. Neu und fremd für uns beide! Wir erleben uns als Mann und Frau, außerhalb jeglicher Rollenspiele, zu deren Abbau wir liebend gerne bereit sind, ja, sie vollkommen loszulassen.

Ich möchte gern von Uwe wissen, was und wie er mit sich selbst arbeitet, denn ich kenne diese Seite von Uwe ja noch gar nicht und bin neugierig, wie er dabei vorgeht. Daraufhin erzählt er mit einer gewissen Leichtigkeit und einem Lächeln: „Ich liege abends im Bett und schildere Körper, Seele und Geist meine Lage, sage ihnen, dass ich im Schlamassel stecke und bitte um Hilfe dort herauszukommen, bitte um Unterstützung und dann ‚geht immer die Post ab' ... ansonsten transformiere ich sehr viel in

mir und in meinem Körper." Nach einer kurzen Pause: „Wenn ich gar nicht weiter weiß, bitte ich: „Liebe Seele, was liegt an? Und dann geht's schon los! Es funktioniert immer!"
Was genau Transformation bedeutet, wird von mir im zweiten Teil des Buches erläutert.

Ganz langsam fangen wir an, uns in den Abendstunden telefonisch auf eine innere Reise zu begeben. Allerdings bin ich äußerst vorsichtig, was Instruktionen und Rat angeht, denn ich bemerke, dass ich immer noch keinen Zugang beziehungsweise Zugriff habe. Dieses innere Stoppschild in mir ist klar zu fühlen. Auch meine Freundin Birgit, die ich bitte, gewisse naturheilkundliche Präparate für Uwe mit diversen Techniken zu testen, ruft mich an und sagt: „Kein Zugriff!" Und so ist es zu diesem Zeitpunkt bei einigen Personen, die auf der energetischen Ebene helfen möchten. Es bedeutet, dass wir Uwe in seinem inneren, ganz eigenen Prozess nicht stören, genauer gesagt, keinen Einfluss nehmen dürfen.

Dieser Zustand ändert sich nach circa sechs Wochen. Zu diesem Zeitpunkt fängt Uwe mehr und mehr an authentisch zu sein und sich zu leben, zum Beispiel indem er Besuchern, zu denen er wenig Bezug hat, erklärt, dass ihm 20 Minuten Besuch lieber sind als längere Zeiträume, denn man hätte sich eh nichts zu sagen und krampfhaft nach Themen zu suchen sei überflüssig und unangebracht, was er mir dann freudig und über sich selbst erstaunt berichtet.

WOW, denke ich nur …

Diese Ehrlichkeit seinen Mitmenschen gegenüber zu leben, mit dem Risiko abgelehnt zu werden – für mich ist es wie eine Offenbarung, die ich schweigend zur Kenntnis nehme. Ich habe das Gefühl, dass er von mir keine Äußerung, beziehungsweise das obligatorische Lob erwartet, daher erwidere ich nichts darauf. Früher und das ist ja noch gar nicht lange her, rang Uwe regelrecht um ein Lob von mir. Immerhin scheinen diese Zeiten vorbei zu sein – endgültig! Lob und Anerkennung von außen sind eindeutig nicht mehr nötig, da er dabei ist, seinen eigenen Wert zu erkennen.

Wieder durchströmt mich tiefe Dankbarkeit.

Irgendwann in dieser Woche sagt Uwe zu mir, mit einem ernsten und tiefen Blick in den Augen: „Angela, du konntest mir nicht helfen, ich musste diese Krankheit bekommen und genau DIESE Krankheit – ohne Schmerzen, damit ich Gelegenheit zum Aufarbeiten bekomme. Ich kann mich fühlen, mich freuen, weinen. Es ist so wunderbar und für mich eine tiefe Bereicherung. All das, was ich nie geschafft habe, schaffe ich jetzt mit Leichtigkeit, nach und nach." Mir geht das Herz auf! Wir weinen beide vor Glück!

Um endlich mit sich ‚ins Reine zu kommen', war dieser „Hammer" – Uwes Worte – not-wendig. Uwe hatte, um ‚die Not in sich zu wenden', diese Krankheit offenbar bekommen. Das wurde ihm schnell klar! Was er sein ganzes Leben nicht an ging, weil er zu bequem war, wie er mir häufig darlegte, kam jetzt mit einem Paukenschlag zum Tragen und vom Erkennen ging es sofort in die

Umsetzung. Die Geschwindigkeit, mit der dies alles vonstattenging, war enorm. Er erklärte mir: „Irgendwann in meinem Leben hat es ‚pling' gemacht und ich war wie abgeschnitten von mir selbst. Zuerst waren in mir wie dünne Spinnennetze, dann wurden diese immer dichter und ich konnte mich nicht mehr befreien. Nun hat es wieder ‚pling' gemacht und von jetzt auf gleich habe ich Zugang zu allem, was ich immer so sehr vermisst habe."

Wie sehr bewunderte Uwe bei den jeweiligen Seminaren die Teilnehmer, die bereits in der ersten Minute einer inneren Reise weinten. Er fragte sich, wieso er das nicht konnte, wünschte es sich so sehr. Beim letzten Ausbildungsabschnitt zum „Journey-Practitioner", bei Brandon Bays in Holland, hatte ihn eine Journey Partnerin, die ihn in einer inneren Reise führte, dazu gebracht, dass Uwe eine Träne vergoss, und er erzählte es mir sofort und war glücklich: „So richtig weinen konnte ich immer noch nicht, aber es ist ein Anfang."

Zwischenzeitlich und in den vielen Wochen des Alleinseins, koche ich zu Hause für den Winter vor und fülle meine Tiefkühltruhen auf, mit allem was Uwe gern isst, natürlich in der Voraussicht, dass, wenn Uwe Urlaub aus dem Krankenhaus erhält, er seine Leibgerichte vorfindet: Grünkohl- und Rheinische Bohnen untereinander, Linsen- und Graupensuppe.

Die Vorbereitungen für die Chemotherapie

Uwe soll insgesamt drei Chemotherapien über je circa sieben Tage erhalten. Wenn dann die kranken Leukämiezellen zurückgedrängt sind, bekommt Uwe im Anschluss „sieben kleine Chemos über je zwei Tage, um damit den geheilten Zustand zu fixieren und zu festigen." Zwischen den drei großen Chemoabschnitten soll Uwe zu einem Kurzurlaub nach Hause entlassen werden, um sich zu regenerieren und um für den nächsten Schritt Kraft zu tanken. So ist es von den Ärzten geplant.

Seine zuständige Ärztin erklärt uns, dass sie sich diesen Ablauf für Uwe wünschen würde, denn eine Knochenmarktransplantation sei „Hardcore". In der Uni-Klinik Düsseldorf bekommen wir dazu eine explizite Aussage und Erklärung – dazu später mehr.

Die Nierenwerte sind jetzt ohne weiteren Befund. Gott sei Dank! Der Arm und die Hand sind noch nicht abgeschwollen und jeder hat bis auf weiteres Verbot, aus diesem kranken Körperteil Blut zu entnehmen oder etwas zu injizieren. Jedoch drängt die Zeit! Die Ärzte können anscheinend nicht länger warten, bis der Arm mit der Thrombophlebitis abgeheilt ist. Eigentlich war der Behandlungsablauf anders geplant. Der Ernst der Lage duldet allerdings keinen Aufschub und die Ärzte gehen, trotz der Entzündung im Arm, das Risiko einer Weiterbehandlung ein.

Uwes Arm wird insgesamt für fast sechs Wochen ruhig gestellt. Danach erfolgen Lymphdrainage und Physiotherapie. Mit der ersten Chemotherapie und den damit verbundenen Vorbereitungen wird nun vorzeitig begonnen. Hierzu gehört eine Beckenkammbiopsie, was bedeutet, dass ein kleiner Schnitt im Hüftbereich nötig ist und dann für die Untersuchung, durch eine sehr lange und recht dicke Kanüle die Knochenmarkentnahme stattfindet, exakt in dem Bereich, an dem die Blutbildung stattfindet. Der Eingriff wird vorgenommen, um den genauen Krankheitsstatus festzustellen. Dieser Vorgang geschieht vor und nach jeder Chemo. Nach der Chemotherapie wird das Behandlungsergebnis sorgfältig überprüft und verglichen.

Uwe lässt diesen Eingriff ohne jede Narkose vornehmen. Nur die kleine Einschnittstelle an der Haut wird örtlich betäubt. Man rät ihm von einer weiteren Narkose ab, weil Uwe dem behandelnden Arzt „Feedback" geben muss, was unter Narkose nicht möglich ist. Das heißt, Uwe muss genau spüren und mitteilen, was er bei der Untersuchung fühlt. Anschließend liegt er einige Zeit auf einem Sandsack, um Nachblutungen vorzubeugen und das war's. Uwe schildert mir diese Vorgehensweise als wenn es ‚ein Klacks' für ihn sei.

Nur allein schon die Vorstellung, dass man mir einen kleinen Schnitt in die Haut macht und mit einem Gerät, einer ziemlich langen Kanüle, bis zum Beckenkamm vordringt, um dort Mark zu entnehmen, lässt mich gruseln und gar nicht tapfer sein. Uwe war immer äußerst schmerzempfindlich, dennoch erlebe ich, dass er diese Untersuchung tatsächlich ‚mit links' wegsteckt.

Das Ziel der Chemotherapie

Bei Leukämiepatienten wird mit der Chemotherapie das gesamte Immunsystem „auf null heruntergesetzt" und man hofft auf diese Art die mutierten Zellen zu eliminieren. Die chemischen Substanzen werden gezielt auf schnellteilende Zellen gerichtet. Daher verliert man als erstes die Haare, was bei Uwe das kleinste Übel ist, denn Haare hat er recht wenig. Umso mehr Haare bilden seinen schönen Bart. Uwes Worte dazu: „Wenn's mehr nicht ist."

Die Schleimhäute wie zum Beispiel im Mundraum und in den Augen werden bei dieser Medikation in Mitleidenschaft gezogen, daher bekommt Uwe regelmäßig eine Suspension für den Mund und Augentropfen, die alle vier Stunden anzuwenden sind, weil sonst die Gefahr der Austrocknung besteht. Die Zeiten hierfür hält er gewissenhaft ein. Selbst hier erkenne ich seine neu entstandene Eigenverantwortung und seinen gelebten Lebenswillen.

Zur Vorbereitung der Chemo ist eine kleine Operation im Halsbereich notwendig, bei der ein sogenannter ZVK (Zentraler Venenkatheder) am Hals, in der Nähe des Schlüsselbeins eingebracht wird. Bei der Operation muss Uwe vollkommen ruhig liegen, da ein Schlauch direkt bis vor die rechte Herzkammer eingeführt wird. Durch diesen Schlauch wird die gewählte Medikation verabreicht, die auf normalem Wege seine Venen sehr reizen würde. An der Mündung des Zugangs schließen sich drei Schläuche an, welche wahlweise zum Blutabnehmen, für Bluttransfusionen, die Antibiotikagabe sowie die künstliche Ernährung genutzt werden können. Der Sinn des Eingriffes ist unter anderem, dass nicht für Jedes und Alles gestochen werden soll. Der Zugang hält ungefähr für circa sieben Tage, danach besteht Infektionsgefahr durch den Staphylococcus aureus, einem Bakterium, was für einen Menschen, bei dem das Immunsystem auf „null gesetzt wird", lebensbedrohlich sein kann.

Diese kleine Operation ist in der Regel ein Routineverfahren, dennoch kann es hierbei zu erheblichen Komplikationen kommen, daher sollte ein zentralvenöser Zugang nur nach sorgfältiger Abwägung von Risiko und Nutzen angelegt werden.

Vor diesem Eingriff hat Uwe Angst und so bittet er seinen Schutzengel um Hilfe. Von unserem Freund Engelbert bekam Uwe den Tipp, er möge seinen Kopf in den Schoß seines Schutzengels legen und sich einfach fallen lassen. Der Engel würde dann seine Flügel ausbreiten und Uwe beschützen. All das vollzieht Uwe genau so. Dieses Fallenlassen tat ihm sehr gut, wie er mir später berichtet. Er erklärt, absolut nichts gemerkt zu haben, obwohl keine Betäubung stattgefunden hat. Uwe transformierte den gesamten Eingriff mit allem was dazugehörte. Er hatte vertraut.

Uwe erzählte mir nach dem Eingriff, dass er jegliche Chemo transformieren wird. Diese Ideen kommen plötzlich von ganz allein *aus ihm hoch*. Es geschieht einfach.

Die erste Chemotherapie

Nun ist es so weit und die Chemo wird eingeleitet. Sie läuft vom 19. bis zum 29. September 2014 durch den ZVK am Hals.

Nach kurzer Zeit entzündet sich das gesamte Umfeld des Katheders und man stellt, trotz der permanent laufenden Antibiotika, prompt den Staphylococcus aureus fest. Der ZVK muss gezogen und auf der anderen Seite neu angelegt werden. Uwe erhält jetzt regelmäßig Bluttransfusionen und Thrombozyten, da die Gerinnungswerte gefährlich niedrig sind und es nirgendwo Blutungen geben darf. Außerdem bekommt er einen „Beipackzettel" und eine Anleitung für die Zeit während der Chemo, eine DIN A 4 Seite lang, auf der unter anderem sinngemäß steht: Ausschließlich Lebensmittel aus luftdichten Verpackungen, alles muss steril sein, kein Obst, kein Salat.
Alles was gesund wäre, ist während der Chemo verboten! Uwe bekommt jetzt jeden Abend das gleiche Abendessen: abgepacktes, zellophaniertes Brot mit Geflügelwurst und Senfgurke. Da Uwe seit einigen Jahren kein Fleisch mehr zu sich nimmt, ist er angewidert und bekommt es nicht runter und die Senfgurken kann er ebenso nicht mehr sehen. Auf seinen Wunsch hin wechselt man dann mit Gewürzgurke ab. Mit wenig Begeisterung in der Stimme bemerkt er: „Ja super!" Essen ist für Uwe lebenswichtig, denn wie sich später zeigt, wird er jedes Gramm Körperfett noch bitter benötigen! Die Geschmacksnerven werden bei der Chemo in Mitleidenschaft gezogen „ ... es schmeckt eh alles gleich."

Die Besucher bringen in liebevoller Absicht taschenweise Süßigkeiten mit, die Uwe jedoch nur sparsam zu sich nimmt, zumal er die Gefahr der Verpilzung kennt. Pilzmittel werden ohnehin regelmäßig eingenommen, weil bei den vielen Antibiotika die gesunde Darmflora eliminiert wird und Infektionen lauern. Gewarnt wird in der Zeit, während das Immunsystem abgebaut ist, vor Verletzungen, daher sind ausschließlich nur weiche Zahnbürsten erlaubt. Rasieren ist verboten!
Schnell lässt auch die Sehkraft nach, was wir erfreulicherweise mit einer anderen vorhandenen Brille ausgleichen können. Es wird in der Begleiterscheinungsanleitung der Chemotherapie darauf hingewiesen, dass es zu Übelkeit und Erbrechen kommen kann. Diese Symptome bleiben glücklicherweise aus. Ich glaube das ist das Einzige an Nebenwirkungen, was Uwe nicht „mitgenommen" hat. Alles andere und noch viel mehr allerdings schon. Später sagt einmal seine Ärztin zu mir: „Ihr Mann schreit immer nur HIER, wenn es darum geht, irgendeine Komplikation zu bekommen." Damals gab mir das noch nicht zu denken, denn ich war vertrauensvoll und bester Hoffnung, genau wie Uwe selbst.
Irgendwann ruft Uwe mich an und erzählt, er habe aktuell heftigen Diabetes und die Blutzuckerwerte seien „enorm hoch." Diabetes hatte Uwe nie. Es sei nicht die Regel aber eben eine mögliche Folge der Chemo und dies würde „man wohl wieder in den Griff bekommen." Es gibt laut Arzt keine Begleiterscheinung, die nicht auftreten kann, plus die Symptome der Grunderkrankung die noch „oben drauf" kommen, wie die Luftnot durch den einhergehenden Sauerstoffmangel im Blut, welcher Uwe schwer zu schaffen macht.

Als das Immunsystem bei null ist, dürfen wir keinen Körperkontakt haben, den wir beide schon länger eingestellt hatten – keinen Kuss! Wir wissen nie, was wir für Bakterien mit uns herumtragen, die gesunden Menschen nichts anhaben, gleichwohl den Kranken umbringen können. Jeder Besucher darf nur noch mit Kittel, Handschuhen und Mundschutz zu Uwe ins Zimmer. Er selbst darf das Zimmer nur mit entsprechender Kleidung verlassen, wenn überhaupt. Es hängt ein Schild vor der Türe mit dem Hinweis, dass hier ein Wagen mit den gesamten Utensilien steht sowie eine genaue Gebrauchsanleitung, was genau zu tun und zu beachten ist, bevor das Zimmer betreten wird: Hände desinfizieren, Handschuhe anziehen, Kittel an, Mundschutz und „Taschen nach Möglichkeit bitte draußen lassen."
Berührungen sind dementsprechend, nur durch die Handschuhe möglich. Wange an Wange ist ebenfalls nicht förderlich. Uwe möchte das auch nicht, er will nichts riskieren. Immer wenn ich dort bin, sorge ich dafür, dass der Wagen mit den Kitteln, Handschuhen, Mundschutz und Desinfektionsmitteln aufgefüllt wird. Ich lasse mir zeigen, wo alles zu finden ist und brauche so den Schwestern nicht damit auf die Nerven gehen. Denn ein Freund der ihn besucht, ohne sich umzuziehen, antwortet auf Uwes achtsame Nachfrage mit dem Hinweis(!) auf seine fehlende Schutzkleidung: „Da lag nichts."

Aller Anfang ist schwer

Im Laufe der nächsten Tage, während der ersten Chemoserie wird Uwes Bauch dick und dicker, wie ein Ballon, der gar nicht zum Rest des (noch) wohlgeformten Körpers gehört. Ich bitte ihn, den Bauch der Ärztin zu zeigen. Ich kenne ihn ja und weiß, dass er für sich als letztes sorgt und nie sagt, wenn er etwas hat – auch das soll sich bald ändern …!
Zu diesem Zeitpunkt schafft Uwe es noch nicht jedes Mal, wenn eine diesbezügliche Äußerung von ihm gewünscht wäre, obwohl die Aufforderung der Ärzte und Schwestern eindeutig ist: „Bitte geben Sie sofort Bescheid, wenn sie etwas Ungewöhnliches feststellen!" Uwe klingelt nicht gern nach den Schwestern, will ihnen nicht zur Last fallen. Die Schwestern haben Uwes Verhalten bereits bemerkt und erzählen es mir.

Wie gut kenne ich dieses Verhalten von ihm. Es gehört dem Leitgedanken an, Bedürfnisse zu äußern, wie Durst oder Hunger. Wie oft sagte ich zu Hause: „Wenn du Hunger hast, melde dich." Durstig sein und etwas zu trinken zu fordern, hatte Uwe nach langer Zeit irgendwann gelernt. Allerdings war das mit dem Hunger so eine Sache. Oft wartete ich ab, ob er von sich aus etwas sagte, statt hinter Uwe herzulaufen. Doch da konnte ich lange warten! Manchmal ‚fiel ich fast vom Fleisch', und wenn ich mir dann etwas zu essen kochte, bemerkte er schließlich, dass „ich jetzt doch Hunger habe". Diese Situationen gab es ständig.

Uwe steht hier im Krankenhaus nun am Anfang seines neuen ICH, ja, seiner gesamten und völlig neuen Persönlichkeit. Mir fällt es schwer, mich nun auf einmal und so rasch von meinen alten bemutternden und fürsorgenden Verhaltensmustern zu lösen. Ich kann gar nicht so schnell aus dieser ‚Rolle' heraus, wie es hier oftmals ‚dran' wäre. Es braucht schon ein paar Tage, bis ich begreife, dass ich mich ebenso weiter entwickeln muss. Und schon falle ich im nächsten Abschnitt – wie so oft – wieder in mein mir bekanntes Verhaltensmuster hinein.

Ich bringe Uwe einen Schreibblock mit, um sich Notizen zu machen, was er die Ärzte alles fragen möchte und um darauf die Antworten zu notieren, damit nichts in Vergessenheit gerät, weil auch ich wissen möchte, was die Ärzte bei den Visiten berichten. Außerdem werde ich das Gefühl nicht los, dass er mich Dinge fragt, die er die Ärzte fragen sollte. Mit dem Block will ich Abhilfe schaffen und da Uwe ihn nutzt, um sich seine Fragen aufzuschreiben, gelingt das sogar.

Hier und da bekommt Uwe morgens Untersuchungen, bei denen er aus dem Zimmer hinaus gefahren wird. Eines Morgens, als ihn die Schwester zurück aufs Zimmer begleitet, äußert Uwe den Wunsch, dass er „gern ein höhenverstellbares elektrisches Bett hätte", da er es nicht allein schafft und nicht in der Lage ist, allein sein Bett in die gewünschte Position zu verstellen. Sie sind noch auf dem Gang, auf dem Rückweg zu seinem Zimmer und die Schwester antwortet ihm: „Schauen sie mal, da steht ein solches Bett auf dem Gang, wir steigen jetzt sofort um und dann geht's mit dem neuen Bett zurück ins Zimmer."

Uwe ist glücklich! Vor allem weil er ein Bedürfnis äußerte. Glückwunsch! Er freut sich sehr darüber, denn es ist ihm bewusst, was für einen wichtigen Schritt er getan hat und berichtet mir davon später freudestrahlend.

Ich bekomme von Uwe erzählt, dass er seit Tagen „wie Blut im Stuhl hat" und er daraufhin zum Proktologen musste. Er hatte diesen Zustand nicht sofort geäußert, sondern ließ zunächst einige Tage verstreichen. Bei der Untersuchung wurden Hämorrhoiden diagnostiziert, ein altes Leiden. Dies ist nicht ungefährlich. Jede Blutung kann momentan mit dem Tod enden.

Kurz darauf kann Uwe plötzlich nicht zur Toilette gehen und erhält folglich ein Abführmittel, welches er viel zu lange einnimmt. Selbst als er wieder Stuhl absetzen kann und Durchfall bekommt, nimmt er das Abführmittel weiterhin. Uwe erzählt es mir und ich sage: „STOPP damit! Wozu das Mittel, wenn du gehen kannst. Jetzt hast du doch Durchfall." „Ja, aber die Ärztin hat gesagt, ich solle das einige Tage nehmen." Oh Uwe! Dann versuche ich ihm klar zu machen: „Könnte dieser Umstand auch bedeuten zu erkennen, wenn Beschwerden verschwunden sind, dass du das Medikament – und es IST ein Medikament – eventuell absetzen kannst?! Vor allem wäre es wichtig gewesen, diese Stuhlveränderung und den Durchfall, der Ärztin mitzuteilen, damit sie eine Möglichkeit hat entsprechend zu handeln."

Aller Anfang ist eben schwer!

In den folgenden Tagen wächst Uwes Bauch weiterhin an. Regelmäßig, wenn ich das Zimmer betrete, er auf dem Rücken liegt und die Decke wieder weiter angehoben ist, bekomme ich einen ordentlichen Schrecken. Ich erwische die zuständige Ärztin auf dem Flur und bitte um ein Gespräch. Sie scheint erleichtert zu sein, dass wir uns treffen, da sie mir heute einiges mitzuteilen hat. Sie merkt an, dass Uwe sich nicht meldet, wenn er etwas hat. Ich nicke zustimmend und vermittle ihr, dass ich das nur zu gut kenne und ich nicht mehr tun kann, als ihn ständig aufzufordern, den Mund aufzumachen. Sie erklärt mir, „den Mund aufzumachen, kann lebensrettend sein" und dass er „Blut im Stuhl" viel zu spät geäußert habe. Er hätte aufgrund der zu geringen Gerinnungswerte innerlich verbluten können.

Na super!

Genau diese Worte gebe ich später, als ich das Zimmer wieder betrete, im Anschluss an das Gespräch mit der Ärztin, an Uwe weiter und er ist äußerst erschrocken und plötzlich hochmotiviert, ab sofort mitzuteilen, wenn zukünftig etwas Außergewöhnliches vorliegen würde.

In dem Gespräch berichtet mir die Ärztin weiter, dass Uwe einen paralytischen Ileus (Darmlähmung) hatte, vermutlich aufgrund dessen, dass er das Abführmittel zu lange nahm. Es könnte allerdings auch schon vorher gewesen sein, genau weiß sie das nicht. Jedenfalls ist sofort nach der heutigen Untersuchung und Feststellung ein Mittel verabreicht worden, was die Darmtätigkeit

wieder in Gang setzt. Daher vermutlich jetzt der akute Durchfall?!
Ich bemerke, das ich fast nicht mehr durchblicke, wann hier was gewesen sein soll, zumal ich selber wie gelähmt bin, denn von einem paralytischen Ileus wusste ich bis zu diesem Moment nichts.
Ein paralytischer Ileus hat eine funktionelle Ursache. Im Darm befindet sich eine unzureichende Muskeltätigkeit oder sie fehlt ganz. So kann der Darminhalt nicht transportiert werden. Der Darm ist gelähmt (paralysiert). Ein lähmender Darmverschluss lässt die Darmbewegung, die sogenannte Peristaltik, plötzlich abbrechen. Der Darminhalt kann aufgrund der Darmlähmung nicht mehr in Richtung Enddarm befördert werden. Beim Darmverschluss können die im Darminhalt enthaltenen Keime die Darmwand durchwandern. Sie gelangen in die Bauchhöhle und führen zu einer Bauchfellentzündung. Es kommt zu einem so genannten „akuten Bauch" oder auch „akutes Abdomen".
Inwieweit das alles bereits stattgefunden hat, erfrage ich lieber gar nicht erst! Eine Bauchfellentzündung scheint Uwe erspart geblieben zu sein, denn er ist schmerzfrei.

„Ihr Mann bewegt sich zu wenig." Das, was ich Uwe seit Tagen ‚vorgebetet' habe, tut er nicht. Denn er ist sehr schlapp und kraftlos, sagt dabei immer wieder, dass er die Chemo sehr gut verträgt. „Andere bekommen Übelkeit und Erbrechen, ich nicht, ist doch gut."
Als ich zurück zu Uwe ins Zimmer gehe, erkläre ich ihm noch einmal liebevoll, wie wichtig Bewegung ist und zähle ihm Lösungsmöglichkeiten, auch innerhalb des Zimmers auf. Am Abend rufe ich alle möglichen Besucher an und animiere jeden, der Uwe besucht, ihn aus dem

Zimmer hinaus auf den Gang mitzunehmen – natürlich nicht ohne seinen Mundschutz!

Mein Bruder Thomas kümmert sich rührend um Uwe. Er wohnt fünf Minuten vom Krankenhaus entfernt und besucht ihn oft nur, um mit Uwe einmal über den Gang zu gehen. Manchmal ruft Uwe ihn allerdings an und sagt Thomas, dass er zu Hause bleiben möge, er sei zu schwach zum Aufstehen.

Als Begleiterscheinung der Chemo wird Uwes Appetit weniger, bis er fast nichts mehr isst. Gegen Übelkeit und Erbrechen erhält Uwe Medikamente, folglich hat er zwar keine Übelkeit, dennoch keinen Appetit.
Was geht da vor sich: Der Körper merkt, dass er Gift bekommt und bildet im Grunde einen Selbstschutz. Daher wird alles an Nahrung ‚verweigert', zumindest was oral zugeführt wird. Eigentlich logisch, dennoch tödlich!
Daher strebe ich bei der Ärztin an, Uwe künstlich zu ernähren, was dann später geschieht. Allerdings gestaltet sich das als schwierig, weil sich am ZVK nur drei Schläuche befinden, die ständig genutzt sind. Die künstliche Nahrung sollte nicht zu lange am ‚Medikamentenbaum' hängen oder in Gebrauch sein. Einmal angebrochen darf sie nicht mehr wieder angeschlossen werden.
Ich erkundige mich bei der Ärztin genau, was Uwe essen darf und was nicht: „Selbstgekochtes vom gleichen Tag ist möglich."
Wie soll ich das machen? Ich muss arbeiten und von da aus zum Krankenhaus und bin abends erst spät zu Hause. Uwe wünscht sich Schnitzelchen und Kasseler. Dass er sich plötzlich Fleisch wünscht, wundert mich – aber egal. Er

soll essen, was das Zeug hält, Hauptsache ESSEN! Essen heißt im Moment – Leben! Also brate ich ihm gern die kleinen Schnitzelchen und Kasseler, die ich sofort portionsweise einfriere, koche Eier und mein Bruder besorgt einen kleinen Mini-Kühlschrank. Dort bewahren wir die mitgebrachten Lebensmittel auf, die Uwe sich gewünscht hat und vereinbaren, dass sie schnellstmöglich (innerhalb von wenigen Stunden) gegessen werden müssen. Ich kaufe Mayonnaise in kleinen Tütchen. So kann Uwe sich am Abend ein Ei-Butterbrot machen. Na, das ist doch was. Er genießt das sichtlich, ist aber auch bald die Eier leid – logisch. Uwe hat oftmals so wenig Appetit, dass selbst diese Lebensmittel alle in den Müll wandern.

Eines Sonntagmorgens bekomme ich einen Anruf von dem japsenden und flüsternden Uwe: „Ich muss jetzt unter Sauerstoff, bitte rufe nicht an, du brauchst nicht kommen, ich kriege nur keine Luft mehr."
Nur keine Luft mehr? NUR? Zuhause laufe ich erneut ‚wie ein Kuckuck' auf und ab und wieder meine Kreise. Jetzt zu ihm hinzufahren und mich über seine klare Anweisung hinwegzusetzen, wäre fatal, denn Uwe sagte NEIN. Nach für mich unendlich quälenden Stunden, erhalte ich die „Entwarnung". Ein erneuter Anruf von Uwe: Sauerstoff war wohl doch nicht nötig, „Es kam ein Notarzt, der was gespritzt hat."

Achterbahnfahren ist langweilig im Hinblick auf das, was ich täglich erlebe. Es ist ein Hin- und Hergerissensein zwischen Gefühlen der Liebe, Verzweiflung und Zuversicht. Wie lange hält man einen solchen Zustand aus?

Der erste Urlaub zu Hause

Manchmal, wenn Uwe das schöne Wetter sieht, sagt er zu mir: „Ich wäre so gern zu Hause. Das ist doch hier vergeudete Lebenszeit. Ich könnte doch in der Zeit Fahrrad fahren oder im Garten buddeln oder einfach nichts tun, jedenfalls nicht hier herumliegen. Auf der anderen Seite habe ich den Sinn erkannt, warum ich hier liege und dann ist es keine vergeudete Lebenszeit – im Gegenteil! Und dann kann ich damit auch gut leben und hier sein."

Nach sechs Wochen Krankenhausaufenthalt, als nach dem ersten Chemoblock das Immunsystem wieder hergestellt ist, soll Uwe für ein paar Tage nach Hause dürfen. Eine erneute Beckenkammbiopsie wird vorgenommen, um festzustellen, welchen Erfolg die Therapie aufweist. Das Ergebnis hierzu liegt erst in ein paar Tagen vor.
Der Bauch ist noch immens dick und so wird Uwe kurz vor der Entlassung, nachdem er den Bauch einem Arzt gezeigt hat, punktiert und um anderthalb Liter Wasser erleichtert. Dies geschieht alles auf dem Zimmer in seinem Bett. Der Arzt hat das gesamte Zubehör ins Zimmer befördert. Nach dem Eingriff schickt der Arzt Uwe in den wohlverdienten und langersehnten Urlaub. Die Ärzte empfehlen diesen Urlaub zur Regeneration der Psyche, um einem sogenannten „Krankenhauskoller" vorzubeugen. Uwe ist vom 17. bis zum 26. Oktober 2014 zu Hause.

Ein lieber Kegelbruder holt Uwe gegen Mittag vom Krankenhaus ab. Als Uwe hier zu Hause aus dem Auto

steigt, sehe ich dicke Freudentränen. Mit Schrecken erkenne ich, dass Uwe vollständig gelb im Gesicht ist – LEBER! „Chemo macht gelb!", so sagt man.
Uwe lässt sich gern sofort auf die Couch betten, denn schon allein von der Autofahrt ist er fix und fertig. Sofort telefoniere ich mit meiner Freundin Birgit, um mit ihr abzustimmen, was mit der Leber zu tun sei: „Mariendistel- und Brennnesseltee von großen Brennnesseln", höre ich sie sagen. Ich bestelle alles umgehend in der Apotheke und lasse die Präparate am Nachmittag liefern. Uwe nimmt die Mariendistel-Tropfen und trinkt den Tee. Er achtet peinlich genau auf die Dosierungen und Regelmäßigkeiten der Einnahme sowie auf das Trinken des Tees. „Der Tee ist einfach nur ihhh!", höre ich Uwe grummeln, „wenn's denn hilft – dann rein damit."

Die Sonne scheint, und es ist strahlend schön draußen, wie für Uwe bestellt. Er friert ständig und möchte heute noch nicht raus gehen. So genießt er von der Couch aus den Ausblick in den Garten und fühlt sich „sau-wohl hier." Genauso genießt er am Abend sein eigenes Bett und steigt – wenn auch sehr langsam und Stück für Stück – die Treppe hinauf ins Schlafzimmer. Uwe ist glücklich über Kleinigkeiten, die er als ein Geschenk empfindet. Ich fühle seine Gedanken und Emotionen und bin in mir berührt von der Weichheit und Nähe zwischen uns, die ich in letzter Zeit immer wieder erfahren darf.

Am nächsten Tag, es ist ein Samstag, unternehmen wir einen Spaziergang durch den Garten und ich setze Uwe im Anschluss daran auf der Terrasse in einen bequemen Stuhl in die Sonne, mit Blick auf den großen Teich. Er trägt eine sehr dicke Fleecejacke für den Winter, obwohl das Thermometer im Oktober an diesen Tagen über 20°C im Schatten misst.

Später fragt er mich, ob ich eine Liege herausholen könne, weil er sich gerne unter einen Baum legen würde. Um einen solchen Wunsch von Uwe zu hören, mussten offenbar viele Jahre ins Land gehen. Als er bequem liegt, entferne ich mich und überlasse ihn sich selbst und seinen Gedanken. Nach einiger Zeit komme ich zurück, um nach ihm zu schauen – er weint. Als ich mich sanft über ihn beuge und seine Wange streichele, frage ich, was denn los wäre und es stellt sich heraus, dass dies Freudentränen seien, dass er „das noch mal – dieses Jahr jedenfalls – erleben darf." Uwe ist aus tiefstem Herzen dankbar! Ich glaube, wir haben in diesem Moment beide ‚krumme Gedanken' und ein eigenartiges Gefühl. Ich wische es in mir ganz schnell weg. Was in Uwe wirklich zu diesem Zeitpunkt vorgeht, bleibt vor mir verschlossen.

Im Krankenhaus hatte er immer wieder erwähnt, dass er sich wünsche, sein Krankenbett würde bei uns im Garten stehen. Dann würde er sicher schneller gesund, sagte er. Wie gern hätte ich ihm diesen Wunsch erfüllt!

Bitte mich, dir die Sterne vom Himmel zu holen, und ich begebe mich auf den Weg dorthin. Ich würde ALLES für dich tun, habe stets alles für dich getan, genau wie du für mich. Vor allem lief ich niemals weg, wenn es ungemütlich wurde. Wir trennten uns in jungen Jahren einige Male, um dann festzustellen, dass wir untrennbar zueinander gehören. Auch in jüngerer Vergangenheit war das ein Thema, doch wussten wir aus der Erfahrung beide nur zu gut, dass wir es ohne einander nicht lange aushalten. Also wozu Trennung? Dieses *Gummiband* war DA und es fühlte sich wunderbar an. Zu wissen, wo wir hingehören, zu wissen, wir sind füreinander da „ ... in guten wie in schlechten Zeiten ... ", ja, das haben wir uns am 13. Mai 1983 in Köln Rodenkirchen versprochen und wir haben uns das gern versprochen, ja uns immer daran gehalten. Je schlimmer die Krisen waren, umso näher wuchsen wir zusammen. Wir waren im Laufe der vielen Jahre Teil voneinander geworden.

Hunger hat Uwe an keinem dieser Tage. Somit habe ich vergeblich eingekauft was das Zeug hält, um alles im Hause zu haben, was er gern isst. Denn mein Bestreben ist es, ihm eine größtmögliche Vielfalt und Auswahl anbieten zu können. Kein geäußerter Wunsch soll offen bleiben. Mit Ach und Krach bekommt er morgens eine Banane runter, manchmal nur eine halbe oder einen Bissen vom Brötchen. Bei den leckeren grünen Smoothies – Energie pur – bekommt Uwe Würgereiz und vom Quark mit frischen Früchten maximal zwei Esslöffel runter. Diesen Umstand mitzuerleben ist überaus schmerzvoll.

In der Woche darauf hat Uwe einen Termin im Krankenhaus zur Blutabnahme und -kontrolle, außerdem liegt das Ergebnis der Beckenkammbiopsie vor und somit die Wirkung der ersten Chemobehandlung. Ich muss an dem Tag arbeiten. Uwe fährt mit dem Taxi zum Krankenhaus. Als ich von der Arbeit, kurz nach Mittag, zu Hause eintreffe und die Türe aufschließe, sehe ich, wie Uwe am Kaminofen steht und mühevoll die Holzscheite dort hinein legt. Jeder Handgriff ist anstrengend und fällt schwer. Uwe erzählt mir, sich an der Ofentür festhaltend, kaum fähig, sich auf den Beinen zu halten, dass er gleich noch zur Hausärztin müsse, um die Krankenkassenkarte dort abzugeben, weil sie ein Rezept für die Medikamente ausstellen solle, die er hier zu Hause nach Anweisung des Krankenhauses einzunehmen habe. Um zu der Hausärztin zu gelangen, benötigt man mit dem Bus anderthalb Stunden von Tür zu Tür. Danach will er in die Stadt zur Apotheke, um das Rezept einzulösen. Er fängt an zu weinen, weil, wie er sagt, der Krankenhausbesuch ihn heute Morgen „vor lauter Anstrengung total umgehauen hat. Die langen Gänge waren schlimm." Danach sei er hier zuhause ins Bett gefallen und sofort eingeschlafen, ohne zu wissen, wie er die Treppe hinauf gekommen sei. Ja und nun hat Uwe für nachmittags noch diese Planung, welche er mir weinend kundtut, wissend, dass er das gar nicht schaffen kann!

Als ich seine Worte höre, stehe ich noch im Mantel da und flippe (innerlich) aus, beruhige ihn und handle umgehend! Ich gehe zur Nachbarin und bitte sie, schnell mit dem Auto zur Ärztin zu fahren, damit sie ihre Krankenkassenkarte bekommt und das Rezept für die notwendigen Medikamente ausstellt. In der Apotheke rufe ich an, schildere den Fall und lasse das Rezept vom Arzt aus an die Apotheke faxen – alles stellt kein Problem dar. Eine Stunde später habe ich die Präparate bereits im Haus. Die Apotheke hat sie geliefert. Wunderbar, geht doch!

Uwe berichtet mir von dem Ergebnis der Chemo: „Sie hat nicht das gebracht, was man sich erhoffte! Eigentlich gar nichts", wie wir später noch einmal von der Ärztin selber erfahren werden.

Außerdem erzählt mir Uwe er sei ohne Mundschutz mit dem Taxi gefahren „Was soll da schon passieren?" Mir wird ganz schlecht! Als ich ihm den Sachverhalt, der auch in einem Taxi gilt, dann in Ruhe erkläre, versteht er den Sinn. Der Mundschutz ist lebenswichtig!
Uwe liegt nun schwach, jedoch erleichtert seine Medikamente erhalten zu haben, auf der Couch. Er nimmt sie alle pünktlich ein, auch die pflanzlichen Präparate – alles gut! Ich versorge ihn soweit mir das möglich ist. Diese Hilflosigkeit, die Uwe völlig fertig macht, kann ich gut nachvollziehen, dennoch gelingt es mir, ihn aufzumuntern, indem ich ihm bewusst mache, dass er hier zu Hause ist und diese Situation für uns beide doch ein Grund zur Freude sein sollte.

An den Abenden isst Uwe häppchenweise wie ein Spatz und sagt mir, dass er ein Vielfaches vom Krankenhaus zu sich nimmt, weil ihm die ‚Luft' hier zu Hause sehr gut tut. Die körperliche Schwäche bleibt, ebenso der außerordentlich dicke Bauch – vergleichbar mit einer Schwangerschaft zwischen dem siebten und neunten Monat.

Uwe hatte immer mal wieder geäußert, dass er Stiche im Rücken habe und wurde diesbezüglich regelmäßig geröntgt. Es war keine Lungenentzündung in Sicht – noch nicht. „Sie haben sich vermutlich beim Liegen verspannt ... ." Vorbeugend bekommt Uwe einen Lungentrainer, den er jedoch fast nie nutzt, weil diese Übung dort hineinzublasen, um die bunten Bälle darin zu bewegen, anstrengend ist. Ich erkläre Uwe, wie wichtig das ist und was es mit einer Bettlungenentzündung auf sich hat: „Durch mangelnde Bewegung, wird die Lunge unzureichend belüftet und so können sich leicht Bakterien in den unbelüfteten Lungenabschnitten einnisten, die dann zur Lungenentzündung führen, weil sie durch die zu flache Atmung nicht abtransportiert werden können", was Uwe einsieht, sich jedoch schließlich nichts ändert. Desweiteren bewegt er sich nach wie vor viel zu wenig. Es fehlt jegliche Kraft!

Uwe hat nun Fieber! Und so wird sein Zustand hier zu Hause immer bedenklicher. Eigentlich ist er noch bis zur nächsten Chemo beurlaubt. Ich erkundige mich bei Uwe, wenn es Morgen (Sonntag) nicht besser gehe, ob er einverstanden sei, wenn wir dann ins Krankenhaus fahren würden. Ablehnend und barsch erwidert er: „Doch nicht auf einem Sonntag." Ich fasse das nicht! Es ist allein SEINE Entscheidung – nicht meine. Intuitiv habe ich seit Langem begriffen, dass Uwe das Zepter für sein Leben in die Hand genommen hat und ich Sendepause habe. Genau das war ja all die Jahre mein Wunsch! Ich schweige.

Es ist Sonntagmorgen und ich messe erneut Fieber. Das Thermometer zeigt 39° C! Es geht Uwe durch die Luftnot und den fürchterlich anstrengenden Husten sehr schlecht. Ich frage Uwe, um mich nach dem neuesten Stand in seinem Inneren zu erkundigen, wie er heute darüber denkt ins Krankenhaus zurückzugehen. „Ich glaube das wäre jetzt angebracht, oder?", richtet er die Gegenfrage an mich und spielt mir damit den Ball zu. „DU entscheidest – nicht ich!", höre ich mich antworten. Das Ergebnis: Wir fahren ins Krankenhaus, in die Notaufnahme.

Zurück im Krankenhaus

Ich begebe mich zur Station und sage dort Bescheid, damit Uwe in sein bisheriges Zimmer beziehen kann. „Das ist belegt", erfahre ich von der Schwester, „wir haben aber ein anderes frei." Diese Situation bedeutet außerdem eine andere Ärztin. Okay, dann ist das so. Bei der Begutachtung des neuen Zimmers bekomme ich einen gehörigen Schrecken. Oh Graus. Es ist ein schlimmes Zimmer, sehr groß, eigentlich ein Zweibettzimmer. Kein Bild hängt an der Wand. Es sieht karg und leer aus, renovierungsbedürftig, ungemütlich, ein Tisch mit Stuhl, ein Schrank, ein benutzter Toilettenstuhl, ein schmutziges Waschbecken, ein voller Papierkorb. Was soll ich tun? Ich erbitte ein höhenverstellbares elektrisches Bett. Die Schwestern besorgen dieses dann schnell und säubern das fürchterliche Zimmer notdürftig oder sagen wir, sie heben Müllreste vom Boden auf. Sauber ist irgendwie anders. Der Papierkorb bleibt voll, das Waschbecken dreckig. Ja, es ist halt Sonntag – dieser freie Tag sei den Reinigungskräften von Herzen gegönnt!

Uwe ist in der Notaufnahme und wird durchgecheckt. Bereits zu diesem Zeitpunkt wird es schwierig, neue Zugänge anzulegen oder Blut abzunehmen, da bereits alles zerstochen ist und die Venen „kaputt" sind. Die Ärztin in der Aufnahme verzweifelt daran. Außerdem ist es verboten an dem Thrombosearm herumzustechen, der dennoch bald dazu genutzt wird, weil es keine andere Möglichkeit mehr gibt.

Ich hole alle Taschen ins Zimmer und begebe mich ans Einräumen. Uwes Untersuchung kann noch eine Weile dauern, wie man mir sagt.

Und so wird heute, am 26.Oktober 2014 die erste Lungenentzündung diagnostiziert. Es war höchste Eisenbahn, dass Uwe – wenn auch viel zu früh – seinen Urlaub beendet und sich wieder ins Krankenhaus begeben hat.

Im Rollstuhl bringe ich Uwe von der Notaufnahme ins neue Zimmer. Ich erzähle ihm, dass sein bisheriges Zimmer leider belegt sei. Sogar Uwe bemerkt, dass dieses hier irgendwie anders ist, sagt allerdings nichts dazu. Jammern oder Ansprüche stellen kenne ich von Uwe nicht. Dieses Verhalten machte es von jeher manchmal schwer zu erkennen, wann es ihm wirklich schlecht ging und so bin ich heilfroh, dass er die Zusage für den Abbruch seines langersehnten Urlaubes gab, was natürlich auch bedeutet, dass es Uwe äußerst schlecht gehen muss.

Er hat hier wieder seinen Toilettenstuhl neben dem Bett stehen, dennoch steht das Bett so, dass er nicht aus dem Fenster schauen kann, was mir gar nicht zusagt. Ich frage ihn, ob wir das Bett umstellen sollen: „Nein, das ist nicht nötig. Ist doch gut so."

Uwe nimmt seine von mir empfohlenen Medikamente auffällig regelmäßig und erstellt Strichlisten. Außerdem führt er so etwas wie ein „Medikamenten- und Arztgespräch-Tagebuch". Das bedeutet, dass er den von mir mitgebrachten Block, zu dem er anfangs bemerkte: „Was soll ich denn damit?", nun durchaus nützlich findet. Uwe notiert ordentlich jeweils das, was er an Utensilien im Krankenhaus benötigt und ich mitbringen soll und teilt mir das am Abend telefonisch mit. Ebenso habe ich zu Hause ständig einen Block am Telefon liegen, der mir als Hilfestellung dienlich ist, weil mein Kopf eh nichts mehr behalten kann. Unter anderem steht dort eines Abends auf meinem Zettel und von Uwe diktiert: Frische Hausschuhe. Uwe begründet mir auf meine Nachfrage, was es damit auf sich habe: „Die, die ich hier habe, sind bekackt." Es stellt sich heraus, dass es für unterschiedliche Toilettenstühle, unterschiedliche Eimer gibt und die Führungen der Schienen unter dem Stuhl nur für bestimmte Eimer sind. Die anderen fallen raus, was ihm passiert ist und so lag „der gesamte Kladderadatsch auf dem Boden" und Uwe hatte äußerste Mühe „das Grobe wegzubekommen", statt natürlich auf die Klingel zu drücken und es die Schwestern entfernen zu lassen. Seither informiert Uwe jede Schwester, die einen falschen Eimer bringt, über diese unterschiedlichen Systeme und meint später zu mir: „ ... das muss ich nicht noch mal haben!"

Bei der morgendlichen Visite klärt die Ärztin Uwe auf, dass „die erste Chemo definitiv gar nichts gebracht hat." Uwe erzählt mir etwas von einem Gendefekt, bei der eine Chemo zwecklos sei. (Darauf werde ich im 3. Teil des Buches genauer eingehen, nachdem ich ein Gespräch mit dem Chefarzt führte.) Uwe ruft seine Hausärztin an und enthüllt ihr, es wäre alles viel zu spät gewesen und fragt, warum sie ihm keinen Druck gemacht habe. Zu dem Zeitpunkt war ihm offensichtlich noch nicht klar, dass ER nicht genug Druck bei der Terminvergabe gemacht hat, nicht achtsam genug mit sich selbst war. ICH hatte reichlich Druck ausgeübt – vergebens. Die Ärztin sagte damals: „bitte einen zeitnahen Termin beim Facharzt" – ebenfalls vergebens.

Ab dem 30. Oktober 2014 wird eine Rückbildung der Lungenentzündung dokumentiert. Uwe ist völlig kraftlos, was ich nur zu gut nachvollziehen kann.
Die Ärzte haben mich wieder angesprochen und ich sehe mich in der Zwangssituation Uwe noch einmal auf den Lungentrainer anzusprechen. Selbstdisziplin ist Uwe in all den Jahren äußerst schwer gefallen, verständlicherweise so auch jetzt. Ebenso scheint das Thema Eigenverantwortung noch nicht ganz bearbeitet zu sein. Der Lungentrainer, den Uwe mehrmals täglich einsetzen soll, steht mehr herum, als dass er genutzt wird. Also spreche ich ihn heute erneut an und frage, wie oft er das Gerät anwendet. Wie jedes Mal bei meiner Anfrage, bekomme ich nur ungenügende Antworten von „Gar nicht" bis hin zu „Zwei Mal". Und so beschließe ich für mich, ihn damit in Frieden zu lassen.

Bevor eine zweite Chemotherapie vorgenommen wird, muss die Lungenentzündung abgeheilt sein. Dennoch dürfen zwischen zwei Chemos die Abstände nicht zu groß sein. Die Zeit drängt und so frage ich die Ärztin, wie es weitergehen soll, da Uwes körperlicher Abbau keinem entgeht. Die Ärztin ist äußerst bemüht und Uwe erzählt mir, dass sie sogar am Wochenende, in ihrer Freizeit, im Schwesternzimmer anruft, um sich nach den täglichen Blutergebnissen und Uwes Befinden zu erkundigen. Für uns bedeutet ihre Mühe, dass sie ihr Herz am rechten Fleck trägt, was uns beide ganz besonders berührt.

An einem Nachmittag sehe ich draußen im Gang zufällig einen Karton gelieferter Chemo stehen, die standardisiert ist, dennoch vor Verabreichung immer individuell auf den Patienten angepasst wird. Auf dem Karton steht sinngemäß, dass es sich um Gefahrgut handelt, welches mit den entsprechenden Vorsichtsmaßnahmen zu handhaben ist und dass die leeren Gefäße zum Sondermüll gehören. Die Beutel mit dem Zellgift dürfen ausschließlich mit Handschuhen angefasst werden. Mir wird übel, weil mir bewusst wird, dass Menschen diese Stoffe ins Blut bekommen. Immer wieder muss ich mich selber beruhigen, weil es allein Uwes Entscheidung war, sich für diesen Behandlungsweg zu entscheiden. Wie hätte er auch anderes beschließen sollen? Alles gut.

Ich bekomme eine E-Mail von einer Bekannten, die auf ein Video mit einer alternativen Chemo hinweist. Diese Therapie ist nicht so aggressiv und besser verträglich. Ich bitte Uwe, dieses an die Ärztin weiterzugeben, um zu erfragen, was es damit auf sich habe. Wie so oft antwortet Uwe mir: „Du, die haben das studiert, ich mache nicht deren Job. Die wissen schon, was sie tun." Thema vom Tisch! Fertig! Noch einmal ein klarer Hinweis für mich: Mund halten, aushalten, raushalten!

Unterdessen läuft die Gabe der Antibiotika nach wie vor in maximaler Dosierung weiter in Uwe hinein, was nicht ohne Folgen bleibt ...

Uwe bekommt Durchfall, dazu unerträglichen Juckreiz im Analbereich. Bei einer Untersuchung stellt sich heraus, dass es sich bei dem Juckreiz um einen starken Pilzbefall handelt, was durch die Antibiotikagabe abzusehen war. Eine Pilzcreme für den Analbereich muss her. Im Mundbereich nimmt er ja schon von Anfang an vorbeugend etwas gegen Pilzbefall. Gott sei Dank lässt der schlimme Juckreiz nach wenigen Tagen etwas nach, der Durchfall dagegen wird häufiger. Es ist nicht wirklich viel im Toilettenstuhl zu finden, weil Uwe kaum isst. Ich kaufe etliche Schlüpfer, da ich mit Waschen kaum nachkomme. Eigentlich ist Uwe ausschließlich damit beschäftigt, Zeit auf dem Toilettenstuhl zu verbringen und sich nach jedem Durchfall mit dem Medikamentenbaum und den Schläuchen zum Waschbecken zu quälen, um sich zu säubern. Dieser Zustand nagt erheblich an seinen Nerven und ich höre: „Ich bin es sooo leid. Wann hört das auf?" Es kostet ihn alles sehr viel Kraft. Er kann immer weniger ohne Stütze stehen. Uwe sorgt für sich und fordert Windeln an, denn mit den zahlreichen Schlüpfern, die Uwe immer notdürftig auswäscht, kann es so nicht weitergehen. Schnell aus dem Bett zu kommen, ist ihm nicht mehr möglich und so bekommt er zusätzlich eine wasserdichte Unterlage, da einiges an Durchfällen im Bett ‚verloren' geht. Dieses bedeutet für Uwe einen körperlichen Kontrollverlust, mit dem er nicht umzugehen weiß und der ihm zu schaffen macht. Ich bitte ihn zu versuchen es so zu nehmen wie es ist, diesen Jetzt-Zustand anzunehmen. Er entgegnet mir, dass ihm das (verständlicherweise) noch nicht möglich sei.

Intensive Zweisamkeit und gravierende Persönlichkeitsveränderungen in Uwe

Eines Nachmittags, als ich Uwes Zimmer betrete, bietet sich mir ein Bild des Erbarmens. Uwe trägt seinen weichen Fleece-Jogginganzug. Es ist das einzige Kleidungsstück was noch passt, da Uwe bereits dreißig Kilogramm abgenommen hat. Zehn weitere Kilogramm werden noch folgen. Bei der Einlieferung ins Krankenhaus zeigte die Waage 110 Kilogramm an. Der Anblick an diesem Nachmittag trifft mich mitten ins Herz! Uwe steht mit dem Rücken zu mir und hält sich am Medikamentenbaum und dessen Schläuchen fest. Es ist ein rollbarer Ständer, der ihm Halt gibt und den er überall mit hinnehmen muss. Er gehört jetzt zu ihm. Dieser 1,90 Meter große Mann dreht sich langsam zu mir um – wie in Zeitlupe. Ich bleibe wie angewurzelt im Türrahmen stehen, weil ich in diesem Moment bewusst wahrnehme, wie sehr er sich äußerlich verändert hat. Da steht ein Greis vor mir – oder eher ein Geist? Ohne seinen wunderbaren Bart, nun ganz ohne Behaarung. Nur ein paar graue Stoppeln im Gesicht sind übrig geblieben. Die klaren Augen liegen in tiefen Höhlen. Ich sehe, wie es ihm geht. Ein mühsames Lächeln entweicht ihm, als er mich erblickt und wir uns begrüßen. Ebenso gehört zu den Bildern, die ich wohl niemals vergessen werde, der sich mir zeigende Anblick, wenn ich an anderen Tagen das Zimmer betrete und er ganz langsam den Kopf vom Kopfkissen anhebt, um zu sehen wer da herein kommt. Manchmal nehme ich ein kleines Lächeln wahr, wenn er mich anschaut.
Zurzeit wird kein Mundschutz benötigt. Schon seit der Einlieferung habe ich ihn nicht mehr so geküsst, wie sich

zwei Liebende küssen. Wir schmusen Wange an Wange, wenn dies möglich ist und gerade keine Chemotherapie verabreicht wird. Diese verbietet jeglichen direkten Hautkontakt, weil jeder Keim an Haut und Haaren übertragen werden könnte. Uwe kuschelt gern, was bedeutet, dass wir eng umschlungen, nebeneinander auf dem Bett sitzen. Oft sitze ich auf seiner Bettkante, wenn er zu schwach ist sich aufzusetzen und lege meinen Kopf auf seinen Bauch. So verbringen wir sehr viel Zeit miteinander, oft schweigend. Jedes Mal, wenn ich meine streichelnde Hand auf seinen Brustkorb lege, spreche ich die Worte „Mein Diamant", denn das ist Uwe tief in meinem Herzen für mich immer gewesen. Irgendwann ‚google' ich die Bedeutung eines Diamanten und staune nicht schlecht:

Der Glanz des Diamanten symbolisiert die Ewigkeit, die kosmische Vollkommenheit und die seelische Ganzheit. Der Diamant versinnbildlicht die absolute Reinheit, Unverletzlichkeit und Standhaftigkeit. Er ist Symbol für Licht und Leben, Beständigkeit und Aufrichtigkeit.

Ein Diamant gilt als „unbezwingbar", und ist für seine besondere Härte, Reinheit und Seltenheit geschätzt.

Als Träne der Götter bei den antiken Völkern, als Symbol der Sonne im Alten Ägypten, als Sternenstaub bei den alten Griechen oder auch als Form der sichtbaren Welt bei den Tibetern wurden dem Diamanten schon immer positive Eigenschaften zugeschrieben. Durch seine Härte steht er für Perfektion und Kraft, durch seine Transparenz für Beständigkeit und Reinheit.

Im Buddhismus ist er aufgrund seiner Härte von besonderer Bedeutung, die für die beständige spirituelle Reinheit und

Kraft steht. Die abendländische Kultur bringt ihn mit Unverwüstlichkeit, Unschuld und Weisheit in Verbindung. Das Christentum ist insbesondere von seinem Licht angetan, das für absolute Schönheit steht und ein Zeichen für die himmlische Erleuchtung ist. Im Laufe der Geschichte glaubten einige Zivilisationen an seine reinigenden Eigenschaften, an die Fähigkeit, spontan andere Diamanten hervorzubringen und sogar Ängste zu zerstreuen oder Geister zu vertreiben.

Heute ist der Diamant Symbol des Lichts und des Lebens, der Beständigkeit in der Liebe, der absoluten Reinheit und Wahrhaftigkeit.

Er wird als Heilstein genutzt. da ihm viele Heilwirkungen auf den Körper und die Psyche nachgesagt werden. So kann er zum Beispiel den Charakter stärken und nach schweren Erkrankungen zu einer schnelleren Erholung beitragen.

Der Diamant gehört zu den wichtigsten Heilsteinen überhaupt.

Wirkung auf die Psyche / Seele: Der Diamant symbolisiert Unbezwingbarkeit, Schönheit und Kraft. Diese Werte überträgt der Diamant auf seinen Träger, denn er gibt ihm Charakterstärke, Willenskraft und Selbstbewusstsein. Doch der Diamant vermittelt auch den Drang nach geistiger Freiheit. Er ist ein Symbol der Reinheit und sorgt so für klare Gedanken und vor allem die Treue zu uns selbst. Zusätzlich stärkt der Diamant auch Eigenschaften wie Einsicht und Lernfähigkeit. Denn das Streben des Diamanten nach Reinheit wirkt sich auch auf die Umgebung aus. So wird sein Träger durch ihn verantwortungsbewusster sowohl sich selbst, als auch anderen gegenüber. Krankheiten seelischen Ursprungs lassen sich durch das Tragen eines Diamants manchmal sogar erkennen und dadurch bewältigen.

Wirkung auf den Körper: Er wird vor allem dazu eingesetzt, die Reinigungsprozesse des Körpers zu aktivieren und zu unterstützen. Durch ihn können energetische Blockaden und Verunreinigungen des Blutes unterstützend eingesetzt werden. Hilfreiche Unterstützung kann der Diamant zusätzlich bieten, um die Hintergründe einer Krankheit seelischen Ursprungs zu verdeutlichen, damit eine Heilung stattfinden kann. Der Diamant soll zudem auch eine fiebersenkende Wirkung haben und nach schwerer Krankheit zu einer baldigen Genesung verhelfen.

Heilwirkung im Überblick: Unbezwingbarkeit, Treue, Charakter, Freiheit, Gedanken, Erkenntnis, Selbstbewusstsein, Selbstvertrauen, Selbstwertgefühl, Selbstsicherheit, Selbstständigkeit, Verantwortung, Einsicht, Willensstärke, Lernfähigkeit, Krisenbewältigung, Harmonie, Reinigung, Entschlackung, Leukämie, Magen, Darm, Fieber, Erholung.

Aufladen, Entladen, Reinigen Diamant: Diamanten müssen weder entladen noch aufgeladen werden.

Wir sind uns jetzt oft so nahe wie noch nie in unserer gesamten Ehe. Diese neue Erfahrung spüren wir beide. Uwe sagt einmal zu mir: „Ich kann mir im Moment noch nicht vorstellen, mit dir zu schlafen, wünschen tue ich mir das sehr und ich hoffe, dass das irgendwann auch wieder klappt." Ich freue mich über diese besondere Äußerung, die ich kommentarlos in mir wirken lasse

Plötzlich erwähnt Uwe, dass er gedenke, beruflich eine 30-Stundenwoche anzustreben, um mehr Freizeit und häufiger Zeit für sich zu haben. Ich traue meinen Ohren nicht, als die Worte: „Ich habe mir mal überlegt, dass ich vielleicht auf eine 30-Stundenwoche gehen könnte", fröhlich aus ihm heraussprudeln. Dieser Mann macht sich

Gedanken um SICH. Dies ist in diesem Moment absolutes Neuland für ihn wie für mich. Er erkennt endlich, dass wir nicht leben um zu arbeiten, sondern arbeiten um zu leben! Ja, Uwe musste offenbar tatsächlich ernsthaft krank werden, um viele tiefe Offenbarungen für sich zu erfahren, die bisher im normalen Alltag nie zustande kamen.

Uwe ist als Fotograf bei der Stadtverwaltung angestellt und aktuell damit beschäftigt, das immense Fotoarchiv der Stadt in einer Datenbank unterzubringen. Hierbei handelt es sich um hunderttausende Fotos, die es zu benennen und zu nummerieren gilt. Aufnahmen die über Jahrzehnte hinweg aufwendig von Uwe aufgearbeitet werden müssen. Diesen Vorgang nennt er sein „Lebenswerk" und Ziel ist es, bis zur Rente diese Aufarbeitung für seine Nachfolger fertiggestellt zu haben. Es ist geplant, dass Uwe Schulungen mit den Mitarbeitern macht, um sie in das von ihm verwendete Computerprogramm einzuweisen. Außerdem rief Uwe vor vielen Jahren die Produktion von Luftbildaufnahmen ins Leben, bei denen er ein Mal pro Jahr aus dem Hubschrauber heraus Bauprojekte verschiedener Städte fotografiert. Er liebt diesen Job! Wie ehrfürchtig war ich in all den Jahren immer, wenn ich wusste, dass er flog, ich den Hubschrauber hörte, dann gen Himmel schaute und sah, wie er angeschnallt in der Hubschraubertüre sitzend, die Füße auf den Kufen abgestützt, fotografierte. Jedes Mal kamen mir die Tränen und ich empfand tiefste Gefühle für diesen wunderbaren Mann.

Mit der Idee, weniger zu arbeiten, zieht Uwe nun endlich die längst überfällige Konsequenz aus einer Erkenntnis,

die er schon viel früher hatte. Denn schon lange vor dem Krankenhausaufenthalt diskutierten wir dieses Thema gelegentlich. Er erkannte bereits damals, dass er ständig viel zu viel von sich erwarte, sich nie gut genug fühle, weil er angeblich zu wenig leiste – ob für andere oder für sich selbst.
Hier jetzt im Krankenhaus, an seinem Bett sitzend, bin ich dankbar für seine Absicht, diese Erkenntnis nun endlich umzusetzen und in Zukunft weniger arbeiten zu wollen.

Was ich von Uwe in diesen Zeiten der Krankenhauswochen oftmals höre, ist, dass sich sein und unser gemeinsames Leben ändern müsse, da er erkannt habe, das vieles falsch gelaufen sei, auch zwischen uns und es jetzt an Ihm sei, aktiv zu handeln.
In vielen Situationen erkenne ich, dass bei Uwe eine tiefgreifende Persönlichkeitsveränderung in gravierender Art und Weise vonstattengeht. Ich bemerke überdies schon seit längerem, dass sich seine Augenfarbe verändert hat, von grau-grün hin zu himmelblau. Dazu ein Glanz und ein Strahlen, wie ich es noch niemals bei einem lebenden Menschen gesehen habe. Ich beobachte diesen gleichbleibenden Augenausdruck und bemerke, dass dieses Aussehen selbst an fieberfreien Tagen so ist. Einzelne Besucher nehmen diese Veränderung ebenfalls wahr. Einmal wurde ich von einem Freund angesprochen: „Was ist mit Uwes Augen? Die glänzen so. Dort ist so ein Leuchten und Strahlen. Sind das die Medikamente?"
„Nein", erwiderte ich, „das ist die Seele, die sich freut."
Unsere Augen sind die Spiegelbilder der Seele.

Uwe selber weint, wenn er vor dem Spiegel steht, seinen Anblick ertragen muss und seine körperlichen Veränderungen bemerkt. Außerdem bedecken den gesamten Körper kleine braune Flecken, die sich dort zusehends ausbreiten. Es sind Einblutungen, sogenannte „Petechien", die zur Blutgerinnungsstörung gehören, wie die Ärztin uns erklärt. Sehr oft erhält Uwe hierfür „Blutplättchen" über den Tropf. Zusätzlich gefühlte ‚unzählige' weitere Bluttransfusionen.

Mein Bruder Thomas kümmert sich täglich um Uwe. Dabei flippt Uwe regelrecht aus, wenn mein Bruder ihm Gutes tun möchte und Vorschläge macht, was Uwe essen könne und er ihm gerne mitbringen würde, seien es Pommes, die Uwe so sehr liebt oder etwas anderes. Thomas bietet ihm an, wenn Uwe, gern auch spät abends, Appetit bekommen sollte: „Ein Anruf reicht und ich bringe dir, was du willst." Mein Bruder macht diese Angebote, weil er Uwe kennt. Thomas weiß, Uwe hat niemals eigene Bedürfnisse kundgetan. Er konnte es einfach nicht. Ich selbst musste immer alles ‚riechen', ihn fragen, ob er etwas benötigt oder es ihm von den Augen ablesen. Diese jetzt aktuelle Situation bedeutet, dass mein Bruder noch im Glauben ist, wir müssten Uwe alles ‚vorbeten' und eventuelle Bedürfnisse aus ihm herauslocken – weit gefehlt, dem ist nicht mehr so!

In diesem Zusammenhang ruft mein Bruder mich an, um sich zu erkundigen, was er tun könne. Uwe würde ihn „sehr böse anpflaumen" und diese Art Telefonate schnell beenden. Ich erkläre meinem Bruder, dass Uwe jetzt soweit ist, seine Bedürfnisse selber zu formulieren und auszusprechen – und das ganz ehrlich! Uwes Handlungsweise ist ungewohnt und absolut neu. Also richten wir beide uns mit Freude darauf ein und streichen in uns den ‚alten Uwe' und seine bisherigen Verhaltensweisen.

Als ich einmal das Zimmer betrete, sehe ich, wie die beiden Männer sich in den Armen liegen und ich nehme wahr, dass von Uwe keine Distanz mehr ausgeht. Da ist eine wunderbare, reine Liebe und dazu bietet sich mir das Bild von Uwe mit den feuchten, strahlenden, glänzenden Augen. Uwe erzählt mir, als wir allein sind, dass er mit Thomas ein Gespräch hatte, bei dem es darum ging, für mich zu sorgen, mir zu helfen, wenn ihm etwas zustoßen würde. Uwe sagte ihm außerdem, dass mein Bruder „ein Geschenk" sei, bedankte sich für alles, was er für Uwe bisher unternommen habe und entschuldigte sich für seinen häufig barschen Ton, wenn es um ein „Nein" bei den oftmals täglichen Essensvorschlägen von Thomas ging. Uwe tut das alles von sich aus – ich staune schweigend!
Dieser Austausch und das Besprochene gehören zu den seltenen Äußerungen in Bezug darauf, dass seine Krankheit anders enden könne, als von ihm gewünscht.

Eine weitere Begebenheit betrifft seinen besten Freund Rainer. Uwe ärgert sich darüber, dass Rainer ihn bevormundet und ihm sagt, was gut und richtig für Uwe ist – ähnlich wie Thomas und ich das all die Jahre getan haben. Ich bitte Uwe diesen Konflikt in einem Gespräch mit Rainer zu klären, weil ich beabsichtige, ihn diesen Schritt, im Vertrauen auf seine neu erwachte Stärke, selber tun zu lassen. Als Rainer ins Krankenhaus kommt, verlasse ich das Zimmer, um die beiden allein zulassen und mir klar ist, dass es jetzt zur Aussprache kommt. Bei der Rückkehr ins Zimmer ist Rainer über den liegenden Uwe gebeugt und die beiden Männer umarmen sich fest. Ich höre wie Uwe sagt: „Rainer, du bist ein Geschenk für uns!" Wieder fließen Tränen und ich kann diese ehrliche, reine Liebe bei Uwe sehen, keine Schranke, keine Distanz, keine *Wand* wie früher. Ich bekomme Gänsehaut bei diesem Anblick der Schönheit und bedingungslosen Liebe, die von Uwe ausgeht und verneige mich innerlich tief vor ihm und seiner ungeheuren Entwicklung.

Irgendwann packe ich die verschmutzte Wäsche ein und lege seinen Schlafanzug, den Uwe gerade nicht trägt, in seinem Bett von A nach B und erkundige mich, ob dieser gewaschen werden soll? In dem Moment ranzt Uwe mich an und sagt mir ganz klar, wo es lang geht. An den Wortlaut selbst erinnere ich mich dabei nicht mehr. Es ist nicht der einzige heftige Ausbruch in der letzten Zeit. Ich habe bisher nichts dazu gesagt, weil die Freude über seine innere Befreiung größer ist, als das, was ich wegzustecken habe. Doch sage ich ihm an diesem Tag mit ruhigen Worten, dass ich zwar sehr dankbar bin, dass er jetzt in der Lage ist, seine Meinung zu äußern und dabei sehr ehrlich sei, dennoch richte ich meine Bitte an Uwe, ob er das gegebenenfalls in einem etwas netteren Ton formulieren könne. Sofort entschuldigt er sich und gibt mir zu verstehen, dass dieses alles auch für ihn noch sehr neu und ungewohnt sei und er „den Ton erst üben muss." Er bemerke, dass er mit mir oftmals sehr barsch umgehe, obwohl ich alles für ihn täte und das würde ich doch nicht verdienen und, und, und ... „Nein!", schreit alles in mir, „nicht wieder zum kleinen Jungen umswitchen, nur weil ich gemuckt habe!", was ich allerdings nicht laut ausspreche. Ich erwidere Uwe, dass mir lieber ist, er vergreift sich im Ton und ist ehrlich, als dass er in sein altes Verhaltensmuster zurück fällt, was Uwe auch Gott sei Dank genau so versteht.

Was macht dieser Mann für Entwicklungssprünge, löst Lebensprogramme mit großer Geschwindigkeit und allesamt unerwartet, schnell und wie von selbst. Die Lektionen des Lebens scheinen vollständig und fast blitzartig präsent zu sein. Dementsprechend und sichtbar fällt äußerlich eine Häutung auf, als Folge der Chemo. Körperlich wie seelisch wird Schicht für Schicht ‚entblättert', ja, ent-wickelt, bis der wahre Kern, sein wahres Wesen sichtbar werden kann. Ich stelle mir das wie bei einer Zwiebel vor, die man Schicht für Schicht häuten kann, um in den Kern vorzudringen.

Eine zu meisternde Lebenssituation, an der Uwe bereits sein ganzes Leben zu knabbern hat, ist die Bequemlichkeit im Bezug auf Eigeninitiative um seiner selbst willen. An diesem Punkt scheint er nicht recht weiterzukommen und bemerkt daher immer wieder: „Ich bekomme immer noch nicht so richtig meinen Arsch hoch." Als ich nachfrage: „Bei was?", erklärt er mir, dass es zum Beispiel um das Lungentraining geht oder darum, mehr Bewegung von sich zu fordern, indem er vor seinem Zimmer im Gang spazieren geht.
Ich frage mich, ob Uwe gerade in diesem Moment nicht ein wenig zu viel von sich verlangt, so schlecht wie es ihm geht. Seine Bemühung hingegen nehme ich sehr wohl zur Kenntnis und ich höre mich das Wort „Geduld" sprechen.

Mir wird bewusst, dass auch ich meinen Hintern bewegen muss und ich bekomme dieses von Uwe gerade in diesem Moment *gespiegelt*, weil ich in unserem Haus, gerade was Technik angeht, keine Ahnung habe. Gut Ding will Weile haben und alles auf einmal und augenblicklich zu lernen, ist unmöglich. Für uns beide! Kraftlos sind wir ebenfalls beide, jeder auf seine Art, darum fällt ohnehin vieles sehr schwer. Also gilt das Wort „Geduld" ebenso für mich.

Zu allem rund um das Thema Technik rufe ich Uwe im Krankenzimmer an. Zum Beispiel um mir erklären zu lassen, wie die Teichpumpen ab- und auseinandergebaut werden: „Was ist da genau zu tun?" Er erklärt es mir telefonisch und ergänzt: „ …nächstes Jahr mache ich das ja wieder selber." Ich begebe mich so gut ich kann, an die Technik der Pumpen und freue mich über kleine Erfolge bei solcherlei Arbeiten, von denen mich Uwe immer ferngehalten hat. Wir hatten in vielen Bereichen Arbeitsteilung, was immer sehr gut funktionierte. Häufig bat ich ihn, mir bestimmte Abläufe zu zeigen, mich an technischen Dingen teilhaben zu lassen, so auch bei der Büroablage, mir seine Excel-Tabellen zu erklären und vieles mehr. Dennoch gab er mir nur selten eine Chance und einen Einblick in die genannten Vorgänge. Er erledigte immer alles allein und wenn ich dazu kam, war es oftmals zu spät. Sofern ich das bemerkte, kam ein: „Habe ich schon erledigt." Auch wenn bestimmte Uhren, teilweise programmierte Zeitschaltuhren, von Sommer- auf Winterzeit umzustellen waren, konnte ich das nicht. Woher auch?

Irgendwann als ich wieder auf seinem Bett sitze, schaut er mich sehr ernst an und sagt: „Wenn ich mir überlege, was du jetzt alles zu stemmen hast, deine Arbeit, Haus, Gartenabbau für den Winter, die Tiere, Einkäufe und alles ohne Auto und dann noch ich hier ... weißt du eigentlich, wie stolz ich auf dich bin? Weißt du, wie sehr ich vor dir den Hut ziehe? Du hast allein die Teichpumpen abgebaut, sauber gemacht und wieder zusammengesetzt, inklusive den Schrauben und Muttern, die dazu gehören." Tränen rollen dabei seine Wangen hinunter und er hält meine Hand bei meinen Worten: „Bekomme ich alles hin." Ich bemerke seinerseits eine dicke Portion von schlechtem Gewissen, was nur natürlich ist, aber auch unverkennbare, echte Bewunderung, denn er weiß nur zu gut, dass ich ein absoluter technischer Depp bin – jedoch lernfähig und anscheinend mit einem Potential, welches ich da in mir hervorkommen sehe und anfange dieses zu leben.

Etwas in dieser Art von Uwe zu hören, so etwas Emotionales, eine Anerkennung meiner Person, ist sehr fremd für meine Ohren. Von einer solchen Art der Äußerung hätte ich vor Uwes Krankenhausaufenthalt nie zu träumen gewagt. Es geschieht immer wieder in dieser Zeit, dass ich sprachlos bin vor lauter Staunen. In der für mich völlig neuen ‚Gefühlssprache' von Uwe gelobt und anerkannt zu werden, ist neu und sinkt ganz tief in mich hinein. Ich erlebe, dass ich manches Gesagte in mich aufnehme, wie ein ausgedörrter Schwamm. Endlich darf ich dieses unverhoffte Glück erleben! Einer von vielen wunderbaren Momenten, die mir in dieser Zeit mit Uwe widerfahren.

Körperpflege – ein Herzenswunsch

Einmal sagt Uwe: „Ich würde sooo gern mal duschen", was ich nur zu gut verstehe. Alleine traut er sich das nicht und ist dazu eh viel zu schwach. Einige Räume weiter gibt es einen sehr großen Duschraum, den ich mir daraufhin anschaue. Wir planen das Duschen für einen Samstagnachmittag, wenn dort niemand ist und wir allein sein können, mit viel Ruhe und Zeit.

Gesagt, getan! Am folgenden Wochenende ist es dann schon soweit. Vorsichtshalber lasse ich den Medikamenten-Zugang an Uwes Arm von einer Schwester entfernen, um damit nicht hängen zu bleiben. So kann kein Wasser unerwünscht hin- oder reinlaufen, wo keines hin soll. Ich packe Duschzeug ein, alles was wir sonst noch benötigen, besorge einen Rollstuhl und so ‚rollen' wir bepackt gemeinsam in den Duschraum, der gut beheizt ist. Ich lasse Uwe in der großen Dusche auf einem Hocker Platz nehmen. Ich selber stehe mit in der Dusche und wir beginnen. Es verläuft alles sehr schwerfällig und ich sehe, dass Uwe eigentlich richtig 'eingeweicht' werden müsste. Eine der Nebenwirkungen der Chemo, dass sich die komplette Haut an den Handinnenflächen und unter den Fußsohlen abschält, ist unübersehbar. Die großen Hautfetzen hängen herunter und müssten länger aufgeweicht und vorsichtig entfernt werden. Außerdem erkenne ich noch sonnengebräunte Hautstellen vom Sommer an seinem Körper. Die ganze Haut sieht scheckig aus. Ich seife Uwe sanft ein und wasche ihn ab. Uwe fängt sofort an zu frieren, was nicht gesundheitsförderlich ist. Für mich bedeutet das, zügig fertig werden und ihn schnell wieder abtrocknen!

Ich kaufte Uwe vor kurzem einen warmen Bademantel aus Mikrofaser, in grau, mit Kapuze und wunderbar kuschelig. Den liebt er sehr! In den wickele ich ihn ein, um ihn wieder zurück ins Zimmer zu ‚rollen'. Na, sauber ist was anderes, denn die großen Hautfetzen sind noch sichtbar und scheckig ist Uwe auch noch, dennoch fühlt er sich „pudel wohl", wie er strahlend bemerkt und nur das ist an dieser Stelle wichtig und zählt!

Zwischen Bangen und Hoffen

Zwischenzeitlich wurde mehrfach bei Uwe der ZVK (zentraler Venenkatheder) erneuert und bei dieser Gelegenheit jedes Mal die Positionierung getauscht, mal rechts, mal links am Hals, um Entzündungen der jeweils betroffenen Seite weitestgehend zu vermeiden, was allerdings misslang.
Der Durchfall hält an. Uwe hat immer noch keinen Appetit. Und jetzt die zweite Chemo?
Diesbezüglich ruft mich ein Kegelbruder an und empört sich: „Das überlebt Uwe doch gar nicht." Einige Freunde haben ihre Zweifel, die sie bei mir ‚anmelden'. Ich weiß selber nicht, wie das alles gehen soll. Ich vertraue, was mir mal besser, mal schlechter gelingt. Uwe hat sehr viel mehr Vertrauen. Er hat Träume, die er mir immer wieder kundtut: „Ich hoffe bloß, dass ich noch mal im Garten buddeln kann." Ich entgegne ihm, dass es da gar nichts Großartiges mehr zu buddeln gibt, wir doch fertig sind und Uwe meint: „Ja dann würde ich gern im Garten einfach nur rumbusseln, mal hier schneiden, mal da was machen." Es folgt noch: „Ich will Fahrrad fahren."
All das waren feste Willensabsichten, die Uwe beständig im Krankenhaus unter Tränen äußerte. Es waren Tränen von freudigem Berührtsein, bei der Vorstellung, seine Anliegen tatsächlich zu tun. Es erfüllte Uwe, diese Gedanken zu haben und ich sagte ihm, dass er diese gut pflegen möge, so wie eine junge Pflanze, die man zart behandelt, damit sie gedeihen kann. Denn diese Gedanken waren neu und jung, als Folge neuer Lebenserkenntnisse und es zeigte außerdem seinen uneingeschränkten Lebenswillen.

Wolfgang ruft an, ein alter Freund und ehemaliger Vorgesetzter bei der Bundeswehr und muntert Uwe auf, dass er mit ihm endlich die Bergtour machen möchte, die sie vor Jahren planten. Uwe weiß von nichts, er hat es regelrecht vergessen. So oft bat ich ihn, zu seinen alten Freunden nach Cuxhaven zu fahren, endlich mit Wolfgang die beabsichtigte Bergtour umzusetzen, denn Uwe hatte mir tatsächlich vor Jahren von diesem Vorhaben der beiden Männer erzählt und gesagt, dass er da Lust zu habe. Doch das alles hat er irgendwann tatsächlich vergessen! Wolfgang erinnert ihn jetzt glücklicherweise daran und Uwe erzählt mir mit strahlenden Augen davon, meldet jedoch dazu Zweifel an, denn so wie er aus dem Leben gerissen worden sei, könne er sich im Moment nicht vorstellen, fähig zu sein, einen Berg zu besteigen. „Da muss ich wohl noch etwas Geduld aufbringen." Daraufhin erzähle ich ihm von vielen Fällen der Genesung und auch die Ärzte erklärten ja, dass die Prognose bei Uwe gut sei.

Häufig hatte ich angeregt, dass Uwe allein ausgehen möge, mit seinen alten Freunden ein Bier trinken, Kontakte pflegen, vielleicht einer Männergruppe beitreten, in der echte Männeraktivitäten veranstaltet werden. Nichts dergleichen geschah! Auch jetzt und hier hörte ich zwischen den gesprochenen Worten eine Umkehrung seiner seit Jahren eingefahrenen Gedankenmuster.

Seinen Kegelclub liebt er. Ein Kegelverein, in dem äußerst wenig Alkohol getrunken wird oder jemand Frauengeschichten hat – das ist offenbar die Devise, welche die Jungs haben. So erzählte es mir Uwe damals vor vielen

Jahren, als er dort beigetreten war. Hier erlebte er immer wieder ein Stück weit Erfüllung.

Alle zwei Jahre reisen die Männer während einer großen Kegeltour für eine Woche auf einer angemieteten Segelyacht. Zwei Jahre wird dafür gespart. Dafür ‚brennt' Uwe, denn er liebt diese Fahrten sehr und ‚fiebert' diesen Ausflügen regelmäßig entgegen! Gerade während des Krankenhausaufenthaltes sind seine Freunde wieder auf dem Wasser unterwegs und Uwes Herz ‚blutet'. Wie gern wäre er mitgefahren …!

Wie sehr hätte ich ihm dieses, für ihn wichtige Highlight gewünscht!

Die zweite Chemoserie läuft an

Vom 3. bis 13. November 2014 findet die zweite Chemotherapie statt. Dieses erfordert ein erneutes Einsetzen eines ZVK in einer kleinen Operation, um die Zugänge der Medikationen legen zu lassen. Alles verläuft wie gehabt gut. Nochmals wird das Immunsystem heruntergefahren und wieder dürfen wir Besucher nur mit steriler Kleidung und Handschuhen das Zimmer betreten.

Die Durchfälle nehmen zu! Uwe mochte stets gern Mandarinen und ich bringe ihm eine mit, die er Stück für Stück langsam zu sich nimmt. Das Ergebnis ist, dass sie unverdaut wieder im Toilettenstuhl ausgeschieden wird. Also lassen wir das mit den Mandarinen sein.

Nach zehn Tagen Chemo wird das Immunsystem von neuem aufgebaut. Es erfolgt eine erneute Beckenkammbiopsie und wir hadern mit dem bevorstehenden Ergebnis, welches wir mit gemischten Gefühlen erwarten. Die Ärztin ist, noch bevor die Ergebnisse vorliegen, guter Dinge „ ... weil die Nebenwirkungen, die sie haben so schlimm sind.", wie sie uns erklärt. Doch weit gefehlt, denn die Chemo ist wieder ohne jeden Erfolg! Die Ärztin erläutert Uwe ehrlich, dass die beiden Chemotherapien bisher wohl eher für ihn lebensrettend, ja lebensverlängernd gewirkt haben, als dass sie gegen die kranken Zellen wirksam gewesen wären und es bis zur Knochenmarktransplantation zwar noch etwas Zeit ist, diese allerdings „ ... nicht auf die lange Bank geschoben werden sollte." Jetzt wird die Knochenmarktransplantation für Uwe tatsächlich ein realer Therapieschritt und die Ärztin nennt erneut das Wort „Hardcore" ...

Als Uwe mit mir über das Ergebnis der Chemo spricht, weint er und bemerkt: „Weißt du, es ist sicher kein schönes Ergebnis, aber ich freue mich, dass ich darüber weinen, meine Gefühle leben und ihnen freien Lauf ermöglichen kann. Das macht mich sehr glücklich und ist so neu für mich. Kannst du dir vorstellen, dass ich mich darüber sehr freue? "
So hat jedes Ereignis mehr als nur zwei Seiten und Uwe schafft es, etwas spürbar Positives zu sehen und zu fühlen. Hier geschehen echte Wunder!

Am 18. November 2014 bekommt Uwe eine zweite Lungenentzündung, die am 8. Dezember 2014, laut Arztbericht „rückläufig ist." In der Zwischenzeit erleben wir ...

...eine beeindruckende Überraschung

Ende November bekomme ich ein Riesenpaket nach Hause geliefert, mit einer handschriftlichen und oben aufgeklebten Mitteilung: „Dieses Paket ist für Uwe. Bitte lassen Sie es ihn selber aufmachen!", unterschrieben von einer Kollegin von Uwe. Ich rufe die Kollegin sofort an und sage ihr, dass es für mich nicht zu bewältigen ist, das große Paket mit ins Krankenhaus zunehmen. Sie bittet mich es zu öffnen, dort sei eine Karte enthalten und die solle ich vorab schon einmal Uwe zeigen, ich könne sie gern lesen. Gesagt, getan! Ich öffne das Paket und finde gleich die große Karte, es sind Kleeblätter darauf abgebildet. Als ich sie aufklappe, weine ich unaufhaltsam, denn dort steht etwas sehr Persönliches für Uwe geschrieben und außerdem ist die Karte beidseitig angefüllt mit Unterschriften, bis auf den letzten Fleck. Es sind beeindruckend viele. Ich bin so voller Dankbarkeit, denn mir wird beim Blick in den Karton klar, was Uwe für ein wunderbares Kollegium bei der Stadtverwaltung hat und welch liebevolle Anteilnahme ihm mit dieser großen Geste hier entgegen gebracht wird. Ich schaue auf sehr viele kleine und größere Päckchen, jedes einzeln schön verpackt, die ich ihn bei seinem nächsten Besuch hier zu Hause auspacken lassen werde. Die Karte nehme ich mit ins Krankenhaus und es ist unbeschreiblich, wie Uwe reagiert. Tiefe Freude und Dankbarkeit erfüllen sein Herz und als ich ihm andeute, was zu Hause noch auf ihn wartet, kann er sich kaum noch halten: „Das tut mir sooo gut!"

Der zweite Urlaub beginnt

Uwe ist einigermaßen hergestellt und so kann ich ihn ein zweites Mal für ein kurzes Wochenende nach Hause holen. Wenn alles normal verlaufen und er fit wäre, würde er einen Dauerurlaub bekommen bis zur Transplantation. In seinem gegenwärtigen Zustand ist das jedoch unwahrscheinlich.

Es ist jetzt Ende November. Bernd, sein langjähriger Schulfreund, bringt Uwe an einem Samstag nach Hause und unsere Freude ist groß. Uwe erscheint dieses Mal mit einem Rollator, den ich mir für ihn im Krankenhaus besorgt und ausgeliehen habe. Einen eigenen Rollator, der speziell für seine Körpergröße angefertigt wird, habe ich bereits bestellt.

Seit einiger Zeit ist Uwe nicht mehr gelb im Gesicht. Die Mariendistel hat gute Wirkung gezeigt, trotz der verabreichten hochdosierten und ununterbrochenen Medikationen. Uwe ist äußerst geschwächt; an Baden oder Duschen ist nicht zu denken. Leider! Die Durchfälle werden häufiger und der Appetit weniger. Als er sich von der kurzen aber anstrengenden Reise nach Hause ausgeruht hat, übergebe ich Uwe das Riesenpaket der Kolleg/Innen und er packt es auf der Couch aus. Er öffnet jedes einzelne Päckchen unter Tränen, denn es ist offensichtlich, dass sich seine Kolleg/Innen besonders viele Gedanken gemacht haben, egal, ob es sich um Süßigkeiten handelt, die mit einem Text versehen sind oder um Kleinigkeiten, die rein symbolischer Natur sind. Ebenso dass, was er an kleinen Büchern hier findet, ist mit großem Bedacht, großer Mühe und Liebe gekauft und eingepackt worden. Er ist tief berührt und sagt mir, dass ihm der Beistand seiner Kollegen/Innen Kraft gibt. Die kann er brauchen! Gut so!

Am Abend hat Uwe keinen Appetit. Ich kann anbieten, was ich will, es bleibt ihm regelrecht im Hals stecken. Ein Viertel Brötchen am Morgen ist das Maximum. Im Krankenhaus, so wie auch hier zu Hause, scheint dieser Umstand ein schwerer Kampf für Uwe zu sein, den er oft genug verliert – alles geht nur häppchenweise. Außerdem hat Uwe Angst zu essen, weil er weiß, dass dann der Durchfall weiter zunimmt. Es sind circa dreißig Durchfälle pro Tag. Mir wird klar, dass da irgendetwas nicht stimmen kann! Uwe hat sich Windeln mitgebracht. Er leidet sehr unter seinem hilflosen Zustand. Ich lege ihm nun, nachdem der Durchfall in die Windeln und daran vorbei Richtung Wolldecke und Sofa entwichen ist, eine wasserdichte Babyunterlage unter seine Sitzfläche. Weil der Flüssigkeitsverlust immens ist, kann Uwe gar nicht so viel trinken, wie unten wieder herauskommt und vermag den hohen Flüssigkeitsverlust nicht auszugleichen – unmöglich! Er schafft es oftmals nicht bis zur Toilette und ich höre ihn dort einmal fürchterlich fluchen, denn alles ist beim Windel entfernen danebengegangen und er möchte es weg wischen, schafft es schließlich alleine nicht. Uwe flucht, weil er die Kontrolle über seinen Körper verloren hat – sein Kernthema, was ihm bekannt ist, welches ihm nun auf körperlicher Ebene *gezeigt* wird. Er scheint keine Wahl zu haben, dieses tiefe Thema wirklich in sich anzunehmen und jetzt zu leben. Wenn Uwe diesen Zustand verinnerlichen könnte, wäre es vielleicht nicht mehr notwendig, ihn auf körperlicher Ebene zu erleben. Wenn's denn so leicht wäre ...und ...was wissen wir schon ...Was ist, wenn sich alles ganz anders verhält? Es ist schwer, Uwe verständlich zu machen, dass ihm dieses Geschehen hier nicht peinlich sein muss, er nicht wütend auf sich selbst sein sollte und dass es mir absolut nichts ausmacht alles zu säubern. Uwe weint.

Als wir das Sofa wieder erreicht haben, höre ich die leisen Worte: „Wenn das nicht bald aufhört, habe ich keine Lust mehr." Ich antworte ihm gegenüber spontan und liebevoll, was ich sehr ehrlich fühle und wovon mein Herz gerade in diesem Moment überläuft. Und so drücke ich ihm gegenüber meine Bewunderung aus, für seine Tapferkeit in allen Lebenslagen, die er meistert. Ja, ich habe große Achtung und Respekt vor diesem Mann! Und – ich liebe ihn aus tiefstem Herzen – bedingungslos!

An diesem Samstagabend als Uwe, mehr liegend als sitzend, seine Couch mit Wolldecke und in meinem Arm versucht zu genießen, jedoch verstehbar frustriert scheint, höre ich ihn nach einem längeren Schweigen weiter sagen: „Wenn die Knochenmarktransplantation nicht hilft, war's das wohl." Mir scheint, dass Uwe einen Misserfolg und damit den Tod in Erwägung zieht. Weinend fügt er hinzu: „Meinen Lebensplan habe ich fast erfüllt, da ist nicht mehr viel was noch übrig wäre." Auf mein Nachfragen erklärt er mir, dass er damit unser Haus und dessen Fertigstellung meint – also äußere Dinge. Ich sehe andererseits die inneren Abläufe, all das, was er in den letzten Wochen, seit Beginn der Diagnosestellung

umgesetzt hat und erahne, dass Uwe auch dort fast alles erreicht hat, was es zu erfüllen gibt.
Später am Abend ist er glücklich wieder eine Nacht in seinem Bett zu verbringen.

Die beiden Tage bestehen vorwiegend aus Wäsche waschen, Uwe versorgen und unserer beider Ohnmacht, zusehen zu müssen, wie Uwe dieser Zustand quält.

Wieder im Krankenhaus

Nach diesem Wochenende kehrt Uwe wieder ins Krankenhaus zurück. Die Ärztin strebt nun an, die Ursache der zunehmenden Durchfälle abzuklären und so wird der Stuhlgang oder sagen wir das, was man Stuhl nennen könnte, untersucht. Der Sichtbefund ist schleimig, gleichzusetzen mit ausgeschiedener Darmschleimhaut. Das Ergebnis der Stuhluntersuchung: „Clostridien, eine Bakterienart, in Massen!" Wie mir weiter berichtet wird, ist die Wechselwirkung im Krankenhaus bekannt: Durch die hohe Antibiotikagabe wird die gesunde Darmflora eliminiert, das heißt, dass die gesunden Bakterien verschwinden. Clostridien befinden sich in fast jedem Darm, nur dagegen sind die normalen Antibiotika unwirksam und so breiten sich die Clostridien jetzt frei im Darm aus, da die gesunden Bakterien abgetötet wurden, nach dem Motto: „Hier ist eine große freie Spielwiese, wir können uns jetzt so richtig vermehren." Dieses Bakterium, wenn es im Übermaß vorkommt, löst genau diese hohe Anzahl von Durchfällen aus. Gegen die Clostridien, wirkt kein herkömmliches Antibiotikum, folglich muss ein zweites spezifisches Antibiotikum verabreicht werden. Das heißt, Uwe erhält nun zweimal zwei Gaben verschiedener Antibiotika pro Tag – und das wiederum über einen derzeit noch nicht absehbaren Zeitraum. Die Verabreichung geschieht erst einmal ohne jedes Ergebnis und ohne jeden Fortschritt. Sein Gewicht und seine Kraft schwinden immer mehr, was Uwe nicht gerade ermutigt.

Eine weitere Beschwerlichkeit

Uwe bekommt ein sogenanntes „Chemo-Hirn".

Uns ist aufgefallen, dass Uwe mehr als nur etwas vergesslich ist. Manches Mal, wenn wir telefonieren und ich einen Satz ausspreche, bittet er mich, statt einer Antwort: „Bitte wiederhole noch mal, was du gesagt hast, ich habe es vergessen." Hierbei ist die Tendenz ansteigend. Der Status des ‚Chemo-Hirn' gehört zu einer Begleiterscheinung der Chemobehandlung, ebenso, wie die etwas verwaschene Sprache, da Gehirnnerven des Sprachzentrums in Mitleidenschaft gezogen werden. All das ist für Uwe zusätzlich arg belastend, weil er befürchtet, dass dieser Zustand bleibt. Ich schaffe es, ihn zu beruhigen und schlage vor, Konzentrationsübungen durchzuführen, die er jedoch leider nicht imstande ist zu verwirklichen – er vergisst es regelrecht.

Ich bitte Uwe, wenn er nicht aufstehen kann, vielleicht leichte Bewegungsübungen im Bett zu verrichten. Daraufhin erstellt er sich einen „Sportplan", den er mir stolz einen Tag später zeigt und an dem ich erkenne, dass ich seine Schrift fast nicht mehr lesen kann – so sehr hat auch sie sich verändert.

Auf dem Plan stehen in einer Tabelle beispielsweise Übungen wie:

- 2 x linker Arm hoch
- 2 x rechter Arm hoch
- 2 x linkes Bein hoch
- 2 x rechtes Bein hoch
- 3 x täglich Atemtrainer nutzen

Als mein Blick nach einigen Tagen auf die Liste fällt, sind vielleicht fünf Striche darauf. Uwe schafft es einfach nicht. Meine Anerkennung gilt seinem guten Willen und seiner ehrlichen Bereitschaft!

Unser Besuch in der Universität Düsseldorf oder auch Lungenentzündung, die Dritte.

Am 11. Dezember 2014 wird eine erneute, dritte Lungenentzündung diagnostiziert. Am 13. Dezember erklärt mir ein Arzt, dass Uwe nun zur Besprechung der Knochenmarktransplantation in die Universitätsklinik müsse und ich bitte mitfahren möge. Es soll ein aufklärendes Gespräch stattfinden und erklärt werden, worum es bei der Knochenmarktransplantation geht und wie der Verlauf sein wird. Hierzu muss vor Ort Blut abgenommen und eingehend untersucht werden. Bis zum Nachmittag des Vortages steht noch nicht fest, ob Uwe überhaupt transportfähig ist und demzufolge der Besuch in der Uni-Klinik überhaupt stattfinden kann. Wenn jedoch die Möglichkeit besteht, wird es auf jeden Fall ein „Liegendtransport".

Der Termin ist der 16. Dezember 2014 um 10:00 Uhr und so bin ich rechtzeitig im Krankenhaus, um Uwe beim Ankleiden zu helfen. Draußen ist es kalt und ich packe Uwe warm ein. Es bleibt in diesem Fall nur der gewohnte Jogginganzug. Wir hatten vorher zu Hause diverse Hosen anprobiert, jedoch rutschten sie alle im geschlossenen Zustand schneller bis auf die Füße hinunter, als uns lieb war. Uwe weinte, als er das sah.
Also heißt es jetzt nur noch Mütze auf und Mundschutz nicht vergessen!
Die Trage wird von den Begleitern ins Zimmer gebracht, dazu kommt eine Schwester und erledigt die Übergabe der ärztlichen Unterlagen an die Fahrer und dann geht's

auch schon ab in den eiskalten Krankenwagen. Schaurig! Wir haben Winter!
Uwe ist viel zu lang für die Trage und die Füße mit den Schuhen, die zum Glück noch passen, stehen weit über, dennoch klappt es irgendwie und eine Wolldecke ist auch da, die ihn allerdings nur unzureichend warm hält. Uwe hofft, dass er auf der Fahrt keinen Durchfall bekommt, der erfreulicherweise seit einigen Tagen etwas nachgelassen hat.

In der Universitätsklinik angekommen, müssen wir noch einige Zeit im Wartezimmer warten. Uns wird sofort ein Rollstuhl zur Verfügung gestellt. Wie Uwe, sitzen alle dort mit Mundschutz. Uwe mag den Mundschutz nicht gern, weil er damit noch schlechter Luft bekommt. Jedoch, hat er eine Wahl? Nein, nicht wirklich.
Mit den Begleitern wird vereinbart, dass angerufen wird, wenn wir hier fertig sind, daher treten sie nun mit dem Krankenwagen den Heimweg an.

Es erfolgt die Blutabnahme von jemandem der das „auffällig gut kann", wie Uwe mir berichtet. Zwischendurch muss er auf die Toilette – der Durchfall meldet sich. Ich begleite ihn, unterstütze ihn bei dem Toilettengang, weil er das allein nicht bewältigen kann. Als wir an der Reihe sind, bittet uns der Arzt in sein Sprechzimmer. Nach der Begrüßung malt er für uns erklärende Bildchen zur Verdeutlichung auf, was bei Uwe durchgeführt werden soll und dann traue ich meinen Ohren nicht: „Ihr Mann hat eine viel zu schwache Chemo bekommen. Das war eine Standard-Chemo, die hätte um ein Vielfaches stärker sein müssen."

Ich bin sehr erschrocken und schweigend frage ich mich: ‚Mit dem Ergebnis eines noch desolateren Befindens von Uwe als jetzt?'
Der Arzt erklärt uns, was genau auf Uwe zukommt, wenn ein Spender gefunden wird: In der Regel spricht man von vier bis sechs Wochen, bis für die Transplantation ein passender Spender ermittelt ist. Der Ablauf der Behandlung bedingt diverse einleitende, starke Chemos – „sehr viel stärkere Chemos als bisher" – jeweils zwei Tage lang, danach erfolgt eine kurze Therapie-Pause. Es handelt sich um mehrere Phasen, um das, was an Immunsystem noch vorhanden ist, völlig herunterzusetzen. Damit wird der Boden für die eigentliche Transplantation bereitet. Darauf erfolgt dann die Infusion mit den neuen Knochenmarkzellen, die sich im Knochenmark festsetzen, beziehungsweise anwachsen sollen. Uwe wird in dieser Behandlungszeit für circa fünf Wochen in absoluter Isolation liegen, in einem Raum mit spezieller Luft, um Infekten vorzubeugen. Eine Kontaminierung mit Bakterien, die ihn ansonsten sofort umbringt, ist unbedingt zu vermeiden. Dazu skizziert er wieder Zeichnungen und macht uns den Ablauf damit vorstellbarer. Danach erfolgt für Uwe eine circa drei wöchige Quarantänezeit, so lange, bis das Immunsystem wieder aufgebaut ist. Im Anschluss daran besteht die Möglichkeit, einer Abstoßungsphase, welcher Art das sein kann, ist nicht vorherzusehen. Die Abstoßung kann auch nach Jahren noch auftreten. Hierbei können sehr unschöne Symptome auftreten. Auch dieser Arzt nennt diese Art der Therapie und deren unabsehbare Folgen „Hardcore", sowie uns das die Ärztin ebenfalls beschrieben hatte. „Ihr Mann ist allerdings im Moment gar nicht transplantationsfähig!" Mir fällt ein Stein vom Herzen, weil ich erleichtert bin, das der Arzt diese Gegebenheit sehr wohl erkennt. Er

schaut mich an und ich kann seine Gedanken lesen ... Uwe hat aufgrund seines Zustandes und wegen seines „Chemo-Hirns" von alledem nur wenig mitbekommen, worüber ich recht froh bin. Denn der Arzt erklärt weiter, dass eine Heilungschance bestehe, er diese trotzdem nicht garantieren könne.

Mir ist es während des Gespräches übel in der Magengegend und ich bekomme eine Gänsehaut nach der anderen. Ich kann eine Knochenmarktransplantation nicht *sehen*. Wenn ich in die Zukunft schaue und mein Bewusstsein darauf hin ausrichte, rechne ich immer damit, dass vorher ein Wunder geschieht. Eine Transplantation ist für mich nicht denkbar. Meine Vermutung ist, dass Uwe alles auf die Transplantation setzt und sich hiervon endlich Heilung verspricht!

Als das Arztgespräch beendet ist, wird der Rücktransport veranlasst. Der Krankenwagen trifft nach einer weiteren Stunde in der Universitätsklinik ein, um uns von dort abzuholen. Wir bringen Uwe zurück ins Krankenhaus und auf sein Zimmer. Er ist völlig am Ende und möchte weder Essen noch sonst etwas, sondern einfach nur schlafen. Ich fahre nach Hause und wir telefonieren wie jeden Abend miteinander.

Große Ereignisse werfen ihre Schatten voraus!

Ein Spender soll gesucht werden. Ich kontaktiere die mir bereits bekannte Arbeitskollegin von Uwe, welche seit Jahren eng mit ihm zusammen arbeitet. Sie erzählt mir, wie sehr alle geschockt sind über das, was Uwe widerfahren ist. Jeder will helfen, doch keiner weiß wie. Ich berichte ihr, dass die Suche nach einem passenden Knochenmarkspender begonnen hat.

Die Stadtverwaltung schaltet daraufhin, am 17. Dezember 2014 im Intranet[4] einen Aufruf mit Uwes Bild an Tausende von Mitarbeitern. Darüber hinaus ist von der Medienabteilung geplant, mit Uwe im Krankenhaus ein Interview, inklusive Fotos und möglichst viel Medienrummel vorzunehmen, um die Menschen zur freiwilligen Stammzellen-Typisierung bei der DKMS[5] aufzurütteln. Die Kollegin bittet mich Uwe zu fragen, ob ihm das recht sei, weil mit den Reportern ein schneller Termin gefunden werden müsse. Auf meine Frage antwortet Uwe: „Wenn es die einzige Möglichkeit ist, mein Leben zu retten – Ja!" Ich bitte ihn, sich diese belastende Anstrengung genau zu überlegen und erkläre, wenn er geheilt werden *soll*, brauche es das alles nicht, dann ist bereits ein passender Spender DA, der bald in Erscheinung treten wird. Er erwidert, dass ich das völlig richtig sehe und auch er diesen Medienrummel kaum zu überstehen wüsste.

---

[4] Ein Stadt-internes Informationsnetzwerk
[5] DKSM: Deutsche Knochenmarks Spenderdatei.

Die Arbeitskollegen schalten nach Uwes Einwilligung Interviews im Radio und sind in jeder Beziehung äußerst aktiv. Uwe erhält von einigen seiner Kolleg/Innen Besuche, worüber er sichtlich erfreut ist und die ihn tief berühren.

Nach dem Besuch in der Universität, schreibe ich am Abend Rundmails an circa zweihundert Menschen aus unserem Freundes- und Bekanntenkreis, mit der kurzen Mitteilung, was Uwe geschehen ist und dass er jetzt dringend einen Knochenmarkspender benötigt, was keinen Aufschub duldet. Die Ärztin spricht von maximal noch sieben Wochen, „ ... dann wird es kritisch."

Die Flut an Rückmeldungen ist überwältigend. Oft sitze ich bis tief in die Nacht am Computer um E-Mails zu beantworten. Tränen der Rührung laufen mir immer wieder auf die Tastatur. Ganze Familien lassen sich registrieren – Menschen die ich nicht einmal kenne. Viele die bereits das fünfundfünfzigste Lebensjahr überschritten haben und zu alt für eine Knochenmarkspende sind, wie ich selbst, spenden Geldbeträge an die DKMS. Uwe hatte sich bereits schon vor vielen Jahren dort registrieren lassen. Auch er war bereit Leben zu retten.

Uwe Meiswinkel braucht Hilfe

Die Diagnose kam im September und war ein Schock: Uwe Meiswinkel (57), Fotograf im Ressort Vermessung, Katasteramt und Geodaten ist an Leukämie erkrankt. Inzwischen hat er die zweite Chemotherapie absolviert, um den Krankheitsverlauf zu stoppen. Helfen kann ihm aber nur eine Stammzellentherapie.

Seine direkten Arbeitskolleginnen und -kollegen bitten deshalb alle Mitarbeiterinnen und Mitarbeiter der Stadtverwaltung um Hilfe:

Liebe Kolleginnen und Kollegen,

Uwe Meiswinkel

Für eine stadtweite Typisierungsaktion, die Vorbereitungszeit erfordert und auch eine gewisse Medienpräsenz von Uwe Meiswinkel, fehlt ihm schlichtweg die Zeit und die Kraft. Er benötigt dringend einen geeigneten Stammzellenspender. Hilfe erhofft er sich von der Deutschen Knochenmarkspenderdatei (DKMS), in der die Daten aller Spender registriert sind. Sie ist die zentrale Adressdatei für die Erkrankten. Hier kann sich jeder zwischen 18 und 55 Jahren registrieren lassen, wenn er helfen möchte.

Wie kann ich Uwe Meiswinkel helfen?

Auf der Homepage www.dkms.de gibt es zwei Möglichkeiten zu helfen:

Zeitgleich erhalte ich zahlreiche Nachfragen von Mitmenschen, die sich liebevoll nach Uwes Befinden erkundigen, viele E-Mails von Freunden und Bekannten, dazu in den Abendstunden reichlich Anrufe. Ich gebe alles an Uwe weiter: jeden Gruß, jede Aufmunterung. Uwe ist oftmals überwältigt und sagt mir, dass jeder einzelne Gruß ihm Mut machen würde und es sehr wichtig für ihn sei, zu wissen, dass all diese Menschen hinter ihm stehen.

Spontan teile ich Uwe meine Idee mit, dass, wenn er wieder gesund sei, wir mit all denen, die ihm und mir geholfen haben und begleitend an unserer Seite standen, eine riesen Feier in unserem Haus machen würden. „Da gibt es nur ein Problem", füge ich schmunzelnd hinzu, „diese vielen Menschen passen bei uns nicht alle ins Haus hinein." Wir liegen uns in den Armen und vergießen reichlich Tränen. Es sind Freudentränen, Tränen des Berührtseins über so viel Zuwendung und Aktivität. Beide spüren wir den großartigen Reichtum, den wir hautnah in dieser schweren Zeit erfahren dürfen.

Und dann ist da noch unsere große ‚Journey-Familie'.

Bettina Hallifax, die rechte Hand von Brandon Bays, zuständig für den deutschsprachigen europäischen Raum, organisiert eine „Stille Minute" der besonderen Art. In einer groß angelegten Rundmail legt sie den Termin auf den 23. Dezember 2014 um 18 Uhr fest. Uwe wird sich zum genannten Zeitpunkt vollständig öffnen, um das, was man ihm und mir in Gebeten und auf der energetischen Ebene schicken wird, zu empfangen und wirken zu lassen. Als ich ihm das erzähle, ist er völlig überwältigt vor Glück und Dankbarkeit und erinnert sich an seine Ausbildung zum „Journey Practitioner" und daran, dass es sehr viele Menschen in der Gemeinschaft gibt, die ihn kennen. Zu Bettina haben Uwe und ich immer einen ganz besonderen *Draht* gehabt.

Ich habe mittlerweile fünf Kilogramm an Gewicht verloren und bringe nur noch 45 Kg auf die Waage, was unbedeutend ist, im Vergleich zu 40 Kg Gewichtsabnahme bei Uwe, von 110 Kg auf 70 Kg, bei einer Körpergröße von einem Meter neunzig. Wir beide können daher jegliche Unterstützung und Kraft-Spende sehr gut brauchen – in welcher Form auch immer diese uns erreichen mag.

Ihr Lieben,

ich bitte Euch um eure Unterstützung für Uwe Meiswinkel. Ein Journey Praktitioner Freund und Kollege, den ihr vielleicht persönlich kennt oder auf einem der Seminare erlebt habt. Es ist immer wieder schockierend, wenn jemand, den man über die Jahre so lieb gewonnen hat, plötzlich ernsthaft erkrankt und ich möchte euch daher bitten, diesen Brief zu lesen und für Uwe zu beten.

Dieser Brief, siehe unten, (*gemeint ist der Intranet Aufruf der Stadtverwaltung*) wurde von einem seiner Kollegen geschrieben und ich leite ihn hiermit an euch weiter, in der Hoffnung einen Spender zu finden.

Von Angela, seiner Frau, die bestimmt auch einigen von euch bekannt ist, weiß ich, dass sie beide offen sind für alles und das eine Transplantation nur als letzte Möglichkeit in Betracht gezogen wird und doch ist es wichtig, alle Türen zu öffnen, daher, je mehr sich bereit erklären, desto grösser ist die Wahrscheinlichkeit einen geeigneten Spender zu finden.

Wir alle wissen um die Kraft der Visualisation und des gemeinsamen Gebetes, daher möchte ich euch bitten, mit mir gemeinsam am 23.12.2014 in der Zeit von 18.00 Uhr bis 18.30 Uhr in die Stille zu gehen und an Uwe und Angela seine Frau, ein Gebet zu senden, in dem wir Uwe als bereits geheilt und befreit sehen.

Ich danke euch und sende euch eine liebe Umarmung,
Bettina

Eine weitere, bewegende Nachricht, welche uns in diesen schwierigen Tagen erreicht, ist, dass Klaus, unser Freund und Arzt aus Bad Grönenbach, sich zum Jahresende als Teilnehmer bei einem Journey Seminar mit Brandon Bays in Holland befindet. Er schreibt Uwe eine SMS, dass er im Seminarraum gebeten hat, etwas für Uwe zu tun – nur wer möchte. Wie Klaus Uwe weiter mitteilt, geschieht dieses dann innerhalb dieser Runde „mit großer Anteilnahme". Was sich dort genau zugetragen hat, ist mir nicht bekannt.

Uwe zeigt mir wortlos die SMS von Klaus und ist dabei sichtlich gerührt. Für einen Moment wirkt er in sich gekehrt und nachdenklich, als er leise und besonnen die folgenden Worte zu mir spricht: „Alles ist möglich!"

Bei Brandon Bays hatten wir diesen Satz viele Male gehört und tief in uns verinnerlicht, weil wir die daraus resultierenden Tatsächlichkeiten mehrfach selber erleben und sehen durften. So wurde „Alles ist möglich", für uns zu einer Grundwirklichkeit, einer inneren Gewissheit. Für Uwe scheint „Alles ist möglich", offenbar jetzt ein Anker zu sein, dem er tief vertraut, das kann ich in diesem Augenblick spüren.

Krankenhausalltag und weitere Verwandlungen des Patienten

Weder ein Besucher noch die netten Schwestern hören Uwe jemals klagen. Er meint, wenn diese entsetzliche Schwäche nicht wäre, ginge es ihm fast gut, da auch der Durchfall nachgelassen habe. Mutterseelenallein fällt ihm im Zimmer durchaus ein wenig die Decke auf den Kopf. Jammern gibt es allerdings nicht und er will unbedingt nach Hause, all das, was er gelernt hat, endlich umsetzen, um mit mir ein neues Leben, ja eine neue Beziehung aufzubauen, mit viel Freude und natürlich Freizeit für sich. Für mich in dem Moment fühlbar, wie die sinngemäßen Worte von Gandhi, dass wir selber die Veränderung sein sollten, die wir im Leben sehen möchten.

Uwe lässt sich von Thomas eine Taschenlampe mitbringen, um abends und nachts den Medikamentenbaum zu überprüfen, ob dort das Richtige dranhängt, denn es sind immer mehrere Medikationen oder Transfusionen, die in Abfolge dort zu hängen haben. Auch kann er dann besser erkennen, wenn ein Gefäß leer ist und nach einer Schwester klingeln. Ja, auch das hat Uwe mittlerweile zur Vollkommenheit gelernt: Die Klingel darf benutzt werden und dient seinen Interessen. DAS nenne ich Eigenverantwortung. Hut ab!

Unsere wunderbare Freundin Karin, die Frau von Rainer, besucht erstmalig Uwe und bringt ihm selbstgebackene Weihnachtsplätzchen mit, die Uwe liebt und Gott sei Dank hier und da eines von isst.

Karin war in der letzten Zeit oftmals erkältet, denn sie arbeitet im Kindergarten und hatte arge Bedenken, Uwe zu besuchen. Endlich ist sie da! Sie ist mit ihrem Mann Rainer im Krankenhaus. Rainer besucht Uwe recht häufig. Am Abend ruft sie mich fassungslos an: „Dieses Zimmer, dieses fürchterliche Zimmer. Wie hält der das aus? Ich kann gar nicht in Worte fassen, wie dieses Zimmer auf mich gewirkt hat. Dazu nicht lesen, nur die Decke anstarren. Das Bett muss umgestellt werden, damit Uwe aus dem Fenster schauen kann." Ich weiß das alles nur zu gut! Karins Worte richte ich Uwe aus, dem der Blick nach draußen zunächst „ganz egal" ist. Dennoch erreiche ich mit großer Mühe, dass ich endlich das Bett umstellen darf. Nach der Umsetzung findet Uwe diesen Ausblick dann „doch angenehmer".

An einem der Abende ruft Uwe mich an und erzählt mir von einem Assistenzarzt der „an ihm üben" will oder muss: Wie gewohnt wird jeden Abend Blut zur Untersuchung abgenommen. Der junge Arzt kommt heute ins Zimmer und piekst mit einer Nadel circa fünfzehn Mal – auch in Uwes Füße, was sich als sehr schmerzhaft erweist. Aus Uwe ist kein Blut herauszubekommen. Erfahrungsgemäß ist eine Nadel nach zwei bis vier Einstichen stumpf und es tut einfach nur noch weh. Uwe berichtet mir, dass er den Arzt dann regelrecht rausgeschmissen habe. Dieser besuchte daraufhin zunächst seine anderen Patienten und kam im Anschluss zu Uwe zurück, um zu erklären, dass er bei keinem der Patienten Probleme gehabt habe und es jetzt sein müsse auch von Uwe Blut zu erhalten; es ginge kein Weg daran vorbei. Irgendwann, nach circa zehn weiteren Stichen, hatte der Arzt dann endlich Erfolg.

Uwe beschwert sich am nächsten Tag bei seiner Ärztin, die einerseits zustimmend nickt, andererseits meint, dass auch Assistenzärzte üben müssen. Dennoch bedauert sie diesen Vorfall und es tut ihr äußerst leid, was keinen wirklichen Trost für Uwe darstellt. Jedoch hat Uwe sich vehement gewehrt!

Bezüglich des Essens, besteht ein besonderer Grund zur Freude, wenn Uwe hier und da zustimmt, dass ich ihm Pommes aus der Krankenhauskantine mitbringen darf. Er erlaubt es mir leider nur viel zu selten. Daher habe ich einen Trick entwickelt: Obwohl ich keinen Hunger habe, hole ich mir Pommes und zwinge mir ein paar davon hinein – und siehe da, Uwe fragt dann, ob er etwas davon haben kann. Ich freue mich darüber wie ein kleines Kind und denke bei mir: geht doch!

Es ist kurz vor Weihnachten, der Weihnachtsmarkt hat geöffnet und – oh Wunder – Uwe wünscht sich etliche Male Reibekuchen vom Markt, auch eine Tüte gebrannte Mandeln darf es sein. Meinen Bruder Thomas und mich bringen solche kleinen Wünsche in echte Hochstimmung und wir freuen uns über jeden Bissen, den Uwe zu sich nimmt. Thomas und ich wechseln uns beim Besorgen und Mitbringen ab und sind sehr erstaunt, dass Uwe tatsächlich zwei Reibekuchen isst und sogar verträgt. Uns ist das unerklärlich, denn er isst ansonsten so gut wie nichts, was bedeutet, dass all das Fett der Reibekuchen direkt in seinen nüchternen Magen gelangt. Die Hauptsache ist, dass Uwe etwas zu sich nimmt – und das mit Appetit! An Gewichtszunahme ist eh nicht zu denken.

An einem Nachmittag besucht ein befreundetes Ehepaar Uwe. Während ich neben ihm auf der Bettkante sitze, verspeist er wieder die von mir mitgebrachten Reibekuchen und ich erzähle den Freunden freudestrahlend, dass er die jetzt fast täglich bekommt und isst. Er rastet aus und schnauzt mich an: „Erzähl doch nicht so einen Mist, es ist vielleicht ein oder zwei Mal pro Woche!" Ich denke: ‚Okay, ich hatte gesagt „fast täglich", was mehr als ein oder zwei Mal pro Woche bedeutet, aber letztlich ist es doch egal, wie oft.' Schweigend nehme ich das Kontra von Uwe zur Kenntnis und freue mich, dass er die Reibekuchen genießt.
Uwe setzt sich hier erneut zur Wehr und zeigt mir ganz klar meine Grenzen auf!
Einige Minuten später erwähne ich und übertreibe dabei scherzhaft, dass, wenn Uwe über Weihnachten nach Hause käme, er nicht wieder „die Hälfte" seiner Sachen auf dem Zimmer vergessen solle, wie schon einmal, als eines unserer Gästehandtücher abhanden gekommen war. Nachdem Uwe bei Wiedereinlieferung ein neues Zimmer beziehen musste, war es natürlich unauffindbar. Erneut schnauzt er mich an: „Da habe ich EIN MAL ein Handtuch vergessen, weil ich die Sachen gar nicht selber gepackt habe (was ich nicht wusste!) und das hältst du mir jetzt die nächsten zehn Jahre vor." Da schaltet sich dann die Frau des Ehepaares ein: „Uwe, das war doch nur ein kleiner, nicht böse gemeinter Scherz. Was hast du für einen Ton deiner Frau gegenüber? Sie tut wirklich alles für dich und diesen Ton hat sie, glaube ich, nicht verdient. So etwas sind wir von dir ja gar nicht gewöhnt." Uwe entschuldigt sich bei mir für seinen Ton und fügt erklärend hinzu, dass er ja noch übe. Ja, dieses Verhalten ist für alle neu! Uwe wehrt sich – und das mit Recht! Mir

wird klar, dass kleine Scherze zur Hebung der Stimmung, nicht gerade beitragen. Außerdem hatte ich tatsächlich maßlos übertrieben. Für meinen Ausspruch entschuldige ich mich bei Uwe und füge hinzu, dass ich nicht wusste, dass er gar nicht selber seine Sachen gepackt hatte. Es ist heute wohl nicht mein Tag und manchmal bin ich ein ganz schöner ‚Stoffel' und benehme mich so unpassend wie ein Elefant im Porzellanladen.
Was ist das nur für eine Zeit? Uwe wie auch ich sind völlig am Limit. Andererseits verhält Uwe sich jetzt häufig überaus liebevoll mir gegenüber. Er zeigt bemerkenswert viel Gefühl, was ich nie gekannt und mir in all den Jahren so sehr für ihn und für mich gewünscht hatte. Häufig sagt er, wenn ich ihn besuche: „Komm, wir kuscheln!", setzt sich dann mit mir auf die Bettkante – sofern er das kann – und legt seinen Arm liebevoll um mich. All das ist neu für mich. Wir genießen das beide sehr und sind uns dabei wohltuend nahe. Die tiefen Gefühle tun sooo gut – ihm wie mir. Es hat etwas Heilendes. Schweigend sitzen wir in diesen Momenten eng beieinander und fühlen einfach nur diese grenzenlose Liebe und Nähe füreinander.
Am Anfang der Krankheit und hin und wieder zwischendurch, sprach Uwe äußerst eindringlich zu mir: „Pass auf dich auf, du bist der wichtigste Mensch in deinem Leben! Es gibt kein größeres Gut als die Gesundheit und dass du umkippst, können wir jetzt beide nicht brauchen. Lass den Garten Garten sein, kümmere dich lieber um dich selbst!"
Ich traute oftmals meinen Ohren nicht, denn eigentlich war das immer meine ‚Ansprache' an seine Person gewesen. Dennoch, die Worte sind bis heute in mir wie eingebrannt und ich erinnere mich in heftigen Situationen immer wieder daran und fühle mich liebevoll von ihm ermahnt. Ja, ich höre darauf! Danke Uwe!

Weihnachten naht

Eine Woche vor Weihnachten sehe ich die Ärztin bei der Abschluss-Visite, während sie sich von Uwe verabschiedet. Danach hat sie Urlaub. Somit findet heute ihre letzte Visite statt: „Ich wünsche Ihnen ein schönes Weihnachtsfest und natürlich dürfen Sie nach Hause gehen. Ich möchte Sie im Januar, wenn ich wiederkomme, nicht mehr hier sehen, denn Sie sind ja fit und zu Hause können Sie in Ruhe auf den Knochenmarkspender warten. Sie bekommen dann von der Uni-Klinik Bescheid." Mir bleibt das Herz stehen! Uwe offenbar ebenfalls, denn ich höre, wie er ihr erklärt, dass er alles andere als „FIT" ist, starke Schmerzen im oberen bis mittleren Rückenbereich hat und außerdem schwer Luft bekommt. „Sie werden sich verlegen haben, denn die Lunge ist ja im Moment ohne Befund." Ich gebe zu bedenken, dass ich arbeiten und hierzu das Haus verlassen muss, ich Uwe unmöglich die vielen Stunden allein lassen möchte. Die Ärztin meint, dass ich ihm ja Essen ans Bett stellen und einen Toilettenstuhl für zu Hause von der Krankenkasse bekommen kann. Standfest vertrete ich meine Meinung und erkläre ihr, dass ich nichts lieber hätte als Uwe bei mir zu Hause, ich dennoch diese von ihr angestrebte Regelung für Uwe, für unverantwortlich halte, weil er den ganzen Tag allein im Haus ist und die Wohnräume nur über eine steile Treppe erreichbar sind. Nachdenklich geworden, sieht sie die Sachlage ernsthaft ein und meint, dass unter diesen Umständen ihr Patient im Krankenhaus auf einen Spender warten muss, Uwe im Krankenhaus besser aufgehoben und im Notfall medizinisch versorgt ist – denn auch diese Möglichkeit gebe ich zu bedenken. Wir sind beide erleichtert. Uwe fühlt sich in seinem Zustand im Krankenhaus sicherer, wie er mich hatte wissen lassen, wenn er zu einem Urlaub hier im Hause war und es ihm nicht gut ging – so sehr er sich das in all den Wochen anders gewünscht hätte.

Weitere Nebenwirkungen der Chemotherapie

Es ist der 19. Dezember 2014. Aufgrund seiner Schmerzen im Rückenbereich wird Uwe ein weiteres Mal geröntgt und der Befund ergibt eine Verschlechterung der dritten Lungenentzündung. Als er Tage vorher über die Schmerzen klagte, handelte es sich hierbei, seine Lunge betreffend, bereits um die Vorboten. Unter den gegebenen Umständen steigt das fast schon ständig vorhandene Fieber gefährlich an. Häufig bekommt Uwe jetzt starken Schüttelfrost, bei dem er am gesamten Körper zittert und vor lauter Schütteln kaum sprechen kann. Das gesamte Bett wackelt. Für mich als Beobachter ist das, was ich da sehe, kaum auszuhalten. Die gesamten fiebersenkenden Mittel, die Uwe in den letzten Monaten bekam, helfen nicht mehr so wie sie sollen, folglich wird das Schütteln jetzt häufiger. Außerdem ist er während der Entfieberungsphasen, die für ein paar Stunden anhalten, völlig schweißnass. Die Schüttelfröste ziehen sich über einen längeren Zeitraum hin. Immer wieder treten Fieber mit heftigem Schwitzen und für Uwe üblen Entfieberungsphasen auf. Folglich muss jeweils rundum das gesamte Bett neu bezogen werden, weil es vollständig durchnässt ist.

Die Ärzte wollen aus medizinischen Gründen und gemäß dem Röntgenbefund, Uwe nun doch Weihnachten nicht nach Hause gehen lassen, was sie in weiser Voraussicht und Uwes Psyche berücksichtigend später und schlussendlich doch erlauben. Ein quälender Husten ist jetzt begleitend und macht Uwe schwer zu schaffen. Dieser Umstand wirkt sich mindernd auf die eh schon schwindenden Kräfte aus.

Der Heilige Abend und die Weihnachtstage

Uwe darf Heiligabend 2014 nach Hause und wird von einem Freund abgeholt. Mein Bruder ist dabei. Uwe befindet sich in einem erbärmlichen Zustand und so wackelt er mit seinem Rollator ins Haus. Ohne Stütze kann Uwe nicht alleine gehen. Es ist gut, dass ihm der heute Morgen gelieferte Rollator, der auf seine Größe abgestimmt ist, jetzt zur Verfügung steht.

Uwe hat feuchte Augen und wir freuen uns, dass wir an Heiligabend zusammen sein dürfen, wenn auch anders als sonst. Dass es überhaupt hierzu kommt, verdanken wir den mitfühlenden Ärzten. Und ich denke heute, dass sie wussten, warum sie ihn gehen ließen. Er muss jedoch am Abend wieder zurück, da der Zustand eine Übernachtung zu Hause nicht zulässt, denn weiterhin hat Uwe Fieber.

Heiligabend bereite ich, seit ich denken kann, kalte Platten. Es gibt Canapés mit verschiedenen Sorten Fisch, dazu Krabbencocktail und halben Eiern mit Kaviar. Wir haben diese Art von Festtagsmenü immer geliebt. In fröhlicher Runde sind von sieben Personen unserer gesamten Familie in den letzten Jahren nur Thomas, Uwe und ich übrig geblieben. Die Mengen, die ich zuzubereiten hatte, wurden mit jedem Versterben eines Elternteils zusehends kleiner.

Geschenke hat es bei uns zu Weihnachten seit der Kindheit nicht mehr gegeben, denn es ging uns viel mehr um ein harmonisches Beisammensein im Kreise unserer Familien. Normalerweise schmückten wir beide in Haus und Garten jedes Jahr recht üppig. Um die jeweilige Gartenbeleuchtung kümmerte sich Uwe mit großer Freude. Er hatte diverse Stromkonstruktionen mit Zeitschaltuhren gebastelt, bei denen ich nicht durchblickte – Technik und ich waren ja zwei Welten. Dieses Jahr steht lediglich ein großer Adventskranz auf dem Tisch. Uwe und mir ist nicht der Sinn nach aufwendigem Weihnachtsschmuck. Das Zusammensein ist uns wichtiger. Wir genießen an diesem Tag UNS und das wir drei zusammen sein dürfen – nur das zählt und hat für uns einen echten Wert!

Ich bitte Uwe und meinen Bruder an den schön gedeckten Tisch. Wohlweislich bereitete ich weniger als sonst, im Hinblick darauf, dass ein ‚Spatz' mit isst. Wider Erwarten isst Uwe mehr, als ich vermutet hatte, worüber er selber staunt – also etwas mehr als ein Spatz, von normal ist das hier weit entfernt. Ich esse, weil ich essen muss; mein Appetit bleibt aus, wie so oft in der letzten Zeit, ebenfalls an diesem Abend!

Plötzlich fängt Uwe an zu weinen und sagt: „Wenn ich mir vorstelle, dass ich nächstes Jahr um diese Zeit hier sitze und gesund bin ..." Ich nehme spontan seine Hand und wir schauen uns tief in die Augen. Da sind seine strahlenden, glänzenden, tiefblauen Augen, die wie Seen in den tiefen Augenhöhlen liegen und zu dem greisenhaft gewordenen Gesicht gehören. Ja, wir haben alle Hoffnung der Welt, Wunder dürfen geschehen! Vorstellbar ist dies allerdings kaum. Wie so viele Situationen, gehören dieser Anblick und die Worte von Uwe, zu den Bildern und Augenblicken, die in mir eingebrannt sind. Mein

Bruder schaut mich bei Uwes Worten an. Mir bleibt irgendwie ‚der Bissen im Halse stecken' – dennoch ist dieses ein großer Moment, insbesondere für Uwe und mich.

Wie oft hatte mich Thomas gefragt, ob ich glaube, Uwe würde noch einmal gesund werden. Meine Antwort lautete stets: „Ja, das glaube ich." Ich empfand es wie ein tiefes Wissen, welches direkt aus meinem Herzen entsprang. Was ich damit genau meinte und was ich da genau wusste, wurde mir erst viel später klar.

Wir verbringen einen relativ entspannten und gemütlichen Abend zu dritt und mein Bruder bringt später Uwe mit dem Taxi ins Krankenhaus zurück und gibt den Schwestern darüber Bescheid. Dann hilft er Uwe ins Bett. Wir hoffen sehr, dass er am nächsten Tag erneut nach Hause kommen darf. Von den Schwestern im Krankenhaus wird ihm mitgeteilt, wenn er kein Fieber habe, könne er gehen, dies müsse allein vom Arzt genehmigt werden.

Am ersten Weihnachtstag erhalte ich einen Anruf von Uwe, dass er käme. Ich freue mich wahnsinnig und frage nicht nach dem Fieber, da ich voraussetze, dass er keines hat, sonst hätte er ja die Erlaubnis, nach Hause gehen zu dürfen, nicht bekommen. „Der Arzt war nicht da, also kann ich gehen", erwähnt Uwe, als er hier eintrifft. Er kommt zum Mittagessen oder sagen wir, zu dem, was man kaum Mittagessen nennen kann. Während ich in der Küche die Mahlzeit vorbereite, beobachte ich aus den Augenwinkeln, wie Uwe auf seinen Rollator gestützt vor der großen Terrassentüre steht und in den Garten blickt, auf *seine* Bank – die Granitbank – und den Teich. Als ich genauer hinsehe, bemerke ich, wie ihm Tränen die Wangen runter rollen und mir schießt es durch den Kopf: „Das ist das letzte Mal!" Ich erschrecke über meine Gedanken, schiebe sie sofort weg. Auch dieser Moment wird zu einem Bild, welches in mir weiterleben wird.

Ich versprach Uwe, dass wir Weihnachten, wenn es möglich sei, Uwe baden würden. Seine Augen strahlten vor Freude – noch mehr als sie es ohnehin seit Oktober schon taten: „Au ja, da freue ich mich drauf!", sprudelte es freudig aus ihm heraus. Für diesen Zweck hatte ich einen höhenverstellbaren Hocker sowie einen Haltegriff für über die Badewanne gekauft. Beides war gut und richtig, denn das sollte uns so manches erleichtern. Ich gab auch meiner Nachbarin Bescheid, die gelernte Altenpflegerin ist, dass ich sie rufen würde, wenn ich Hilfe brauchen sollte. Doch sie sträubte sich, denn sie konnte bisher Uwes Anblick nicht ertragen, wenn er hier zu Besuch war, ohne zu weinen. Sie hatte ihn äußerst gern, wie jeder unserer Nachbarn. Außerdem erklärte sie mir, dass sie Gäste bekäme. Schließlich sagte sie mir ihre Hilfe zu. Doch kurz nach diesem Moment, beschloss ich für mich, sie nicht zu rufen, ihr diesen emotionalen Stress nicht zuzumuten und die Badeaktion irgendwie allein hinzubekommen. Wie, war mir nicht klar.

Ich heize also das Badezimmer ordentlich auf und verkünde Uwe, zuerst eine Trockenübung mit ihm gemeinsam vorzunehmen, bevor er sich entkleidet, um in den praktischen Teil übergehen. Denn es könnte sein, dass er

überhaupt nicht in die Wanne hineinsteigen kann oder womöglich nicht wieder heraus. Mit ‚Hängen und Würgen' und unter höchster Anstrengung von uns beiden bekommen wir die Trockenübung des Einsteigevorgangs tatsächlich alleine hin.
Uwe möchte, wie er mir sagt, einfach nur einmal baden, seinen ganzen „Dreck" einweichen und abwaschen lassen. Seinen Wunsch kann ich nur zu gut nachvollziehen.
Gesagt, getan! Schaumbad eingelassen, die Temperatur des Badewassers für ihn wohltuend bereitet und dann erfolgt die Nass-Übung. Einsteigen, gaaanz langsam und vorsichtig. Uwe schafft es! Ich kann gar nicht in Worte fassen, was für ein Gefühl das für uns beide ist – er ist so glücklich! Und ich auch! Ich lasse Uwes Haut etwas einweichen. Dabei fällt mir auf, wie die alte, noch vom Sommer gebräunte Haut, regelrecht abblättert. Auch die Haut an den Füssen und Händen löst sich weitestgehend jetzt ganz leicht ab. „Ich fühle mich wie neu", sprudelt es aus ihm heraus. Ich wasche Uwe sanft und er genießt es in der großen Badewanne zu sitzen. Dann heißt es aussteigen: Achtung, fertig, los! Gaaanz langsam helfe ich ihm auf die Beine und als nächstes irgendwie hinaus aus der Wanne. Bei der Aktion entsteht eine regelrechte Überschwemmung im Badezimmer. Egal! Wir haben es gemeinsam geschafft und sind einfach nur glücklich. Uwe ist von der körperlichen Anstrengung recht müde. Nachdem ich ihn auf dem Hocker Platz nehmen lasse, trockne ich ihn vorsichtig ab und er erklärt mir, dass er sich gern einen Moment ins Bett legen würde, um ein wenig auszuruhen, bis ich im Bad „klar Schiff" gemacht hätte. So begleite ich Uwe bis zum Bett. Neben ihm liegt unser Kater Bennie.

Als ich das Bad wieder trockengelegt habe, gehe ich leise ins Schlafzimmer. Uwe hat sich die Bettdecke hochgezogen und liegt auf der Seite, dem schnurrenden Kater zugewandt, den er zärtlich streichelt. Die Liebe zwischen den Beiden ist großartig und spürbar. Erneut schießen mir Gedanken durch den Kopf: Ist diese Situation ein gegenseitiger Abschied?
Wie gern hätte ich mich zu Uwe gekuschelt, ihn ganz nahe bei mir gefühlt, seinen Körper gespürt. Warum handel ich in diesem Augenblick nicht ganz einfach, meinem Herzen folgend, anstatt lange herumzufackeln? Manche Dinge sollte man einfach tun, ohne groß darüber nachzudenken. Denn es gibt Gelegenheiten im Leben, die nie wiederkehren. Der Verstand kann oft sehr störend sein, wenn das Herz sprechen möchte. Und so höre ich mich anstelle dessen fragen: „Möchtest du einen Augenblick schlafen?" Und Uwe antwortet, schneller als es mir lieb ist: „Nein, ich stehe jetzt wieder auf. Aber es ist so schön, hier in meinem Bett zu liegen; ich wollte mich nur kurz ausruhen." Und schon steht Uwe auf und ich begleite ihn die Treppe hinunter auf die Couch. Diese Chance habe ich vertan, bitter vertan! Andererseits, so ehrlich und authentisch wie Uwe geworden ist, wenn er gewollt hätte, dass ich mich zu ihm lege, hätte er es sicher gesagt!?

Kurze Zeit später erscheint Rainer und bringt Uwe wieder in die Klinik zurück. Ich rufe im Schwesternzimmer an, um Bescheid zu geben, dass er auf dem Weg sei. „Ihr Mann hätte gar nicht raus gedurft, weil sein Fieber heute Morgen viel zu hoch war. Wir haben nach ihm geschaut, uns dann aber schon gedacht, dass er wohl nach Hause gefahren sein wird. Wo sollte er sonst so lange sein. Es ist schon okay so." Ich erzählte Uwe dies später und ich glaube, er wusste, tief in seinem Herzen, dass er keine Erlaubnis hatte zu gehen, wollte aber unbedingt nach Hause. Gut so! Und so hoffen wir beide, dass Uwe am nächsten Tag erneut kommen kann.

Am zweiten Weihnachtstag ruft er mich an, um mir mitzuteilen, dass er das Bett nicht verlassen dürfe, weil das Fieber aufgrund der Lungenentzündung zu hoch sei. Fiebersenkende Mittel stehen wieder auf dem Plan. Ob Uwe in diesem Augenblick traurig ist, vermag ich nicht zu sagen. Meine Traurigkeit lasse ich mir nicht anmerken. Beide wissen wir, dass Uwe in brenzligen Situationen in der Klinik besser aufgehoben ist, als hier zu Hause. Wir haben beide keine Wahl und nehmen diese Information akzeptierend und ohne Murren an.

Silvester 2014 naht

Uwe bekommt am 30.12.2014 gegen Abend sehr schlecht Luft und wir müssen unser allabendliches Telefonat und die bereits angefangene innere Reise abbrechen. Er hustet unaufhörlich und das Ringen nach Luft wirkt auf mich beängstigend. Im Verlauf des Abends wird Uwe eine kleine Sauerstoffmaske angelegt. Später rufe ich, einem inneren, sich bedrohlich anfühlenden Impuls folgend, im Schwesternzimmer an und erkundige mich, ob die Maske verloren gehen kann oder ob sie fixiert ist. Die Schwestern erklären mir, dass sie gut sitzt, Uwe sie sich aber selber abnehmen und wieder aufsetzen kann, wenn er auf den Toilettenstuhl möchte, denn so weit reichen die Schläuche nicht. Dann rufe ich Uwe an und bitte ihn darauf zu achten, dass er sich die Maske, wenn er sie abgenommen hat, nach dem Toilettengang wieder aufsetzt. In mir verspüre ich plötzlich große Angst nahen. Ich bin beunruhigt, was ich auch nicht abzuschütteln vermag oder durch Vertrauen ersetzen könnte. Ob ich zu diesem Zeitpunkt irgendetwas ahnte?

Es ist der 31. Dezember 2014, Silvester. Ich bekomme um 7:30 Uhr einen Anruf aus dem Krankenhaus von einem Arzt, der mich bittet zu kommen, da es Uwe sehr schlecht gehe und er Luftprobleme habe. Sie hätten ihn in einem desolaten Zustand, mit extremem Sauerstoffmangel und ohne seine Atemmaske vorgefunden.
Es war genau das geschehen, was ich gestern Abend als ein Bild vor mir sehen konnte und daraufhin im Schwesternzimmer anrief. Uwe hat mir dann bestätigt, dass er in

der Nacht, vom Gang zum Toilettenstuhl ins Bett, die Maske „vergessen" hatte wieder aufzusetzen!
Nach dem Anruf des Arztes, fahre ich in einem Taxi ‚mit fliegenden Fahnen' zum Krankenhaus. Hier finde ich Uwe mit der Maske auf Nase und Mund vor – staunend, mich zu sehen. Etwas unfreundlich und genervt fragt er mich: „Was machst du denn schon hier?" Ich lüge ihn ohne zu überlegen an: "Ich hatte hier etwas zu erledigen, musste früh zum Markt und dachte, ich schaue kurz vorbei, weil ich Sehnsucht habe." Ihn in Panik zu versetzen, liegt mir fern. Es reicht, wenn ich selber Angst habe. Ich hoffe, dass mein innerer Zustand unbemerkt bleibt.

Ob Uwe weiß, dass heute Silvester ist? Ich hoffe nicht, denn dann würde sein Herz ‚bluten' und das würde ich nur schwer aushalten können. Ich schweige, denn Silvester war in all den Jahren UNSER Tag. Wir verlobten uns um 0:00 Uhr zum Jahreswechsel 1975 auf 1976 in Brilon, im Sauerland, unter einer Tanne und ganz für uns allein. Seit über 20 Jahren, bei Wind und Wetter, fuhren wir an jedem Silvesterabend gegen 22:00 Uhr nach Köln – unserer Stadt! Hier wurden wir kirchlich getraut, hier stand in Uwes Kinder- und Jugendzeit der Wohnwagen seiner Eltern auf dem Campingplatz in Rodenkirchen. Hier war unser zweites Zuhause. Wir fühlten tiefe Freude uns an Silvester zwischen die Hohenzollern- und die Deutzer Brücke zu stellen, um dort das Feuerwerk zu erleben, die vielen Partyschiffe und die grandiose Sicht auf den Kölner Dom. Wir besaßen dazu spezielle Silvesterbekleidung, die auch getrost ein Brandloch vertragen konnte und waren, jeweils dem Wetter entsprechend, gekleidet und geschützt. Oftmals hatten hier und da Freunde Gefallen daran gefunden und jeweilig wechselnd fuhren mal die Einen mal die Anderen mit. Auch unsere Eltern haben dies alles in früheren Jahren mit großer Freude erlebt. Für uns fand hier in Köln das Highlight des Jahres statt!

Abdruck mit freundlicher Genehmigung und Dank an Wilhelm Hermann

Als ich an diesem Silvestermorgen nach Uwe sehe, verlasse ich kurz das Zimmer, denn ich möchte den diensthabenden Arzt sprechen, der nicht lange auf sich warten lässt. Er erklärt mir die Sachlage und fragt mich, ob es eine Patientenverfügung gäbe und: „Soll sein Leben verlängert werden?" „Ja es gibt eine Patientenverfügung", höre ich mich sagen, „doch ist die fürs Alter! Mein Mann will jetzt leben! Aber in Ordnung, ich gehe zu ihm und frage noch einmal ausdrücklich nach. Ich gebe ihnen gleich Bescheid." Der Arzt stoppt mich und fügt erklärend hinzu, dass der Zustand mit dieser kleinen Maske, die Sauerstoffversorgung betreffend, nicht ausreichen wird.

Uwe soll sofort auf die Intensivstation und dort an ein Beatmungsgerät und vermutlich in ein paar Stunden in ein künstliches Koma versetzt werden. Dann bleibt abzuwarten, ob sich die Lungenentzündung bessert oder nicht. Es könne sein, dass er aus dem Koma nicht mehr erwacht. „Okay", höre ich mich sagen, „ich erkläre meinem Mann ihre Planungen und frage nach seiner Einwilligung." Gesagt, getan: „Uwe, dein Zustand ist wegen des Sauerstoffmangels bedenklich. Du sollst auf die Intensiv-Station verlegt und dort eventuell in ein künstliches Koma versetzt werden. Die Ärzte tun alles, um dir zu helfen. Ist das okay für dich? Ist es so, dass dein Wunsch noch gilt, dass du leben willst?" Uwe nimmt die Maske ab: „Ja, ich will leben und das mit der Intensivstation ist okay. Die Ärzte sollen tun, was getan werden muss." So tüddelig Uwe durch den aktuell akuten Sauerstoffmangel ist, diese Beantwortung gibt er mir erstaunlich sicher und klar.

Das kleine Sauerstoffgerät, an dem er angeschlossen ist, macht Geräusche und daher erhebe ich deutlich meine Stimme, was mir gar nicht bewusst ist. Jedenfalls fragt Uwe mich, warum ich „so schreie". Ich erkläre ihm, er solle alles verstehen können, was ich sage und dass ich ja nicht wissen kann, dass die normale Lautstärke für ihn völlig ausreichend ist. Mir ist bewusst, dass Uwe die Sauerstoffmaske nervt, deren ständiges Geräusch sowie auch seine Gesamtsituation. Wir sind offenbar gerade beide gereizt! Außerdem weiß ich nicht mehr wo mir der Kopf steht.

Dem Arzt berichte ich: „Mein Mann will nach wie vor leben und ist mit ihrem gesamten Vorhaben einverstanden." Ich kann im Gesicht des Arztes ein augenscheinliches Entsetzen – oder ist es Überraschung? – wahrnehmen und höre ein: „Okay, dann geben wir alles!" Er dreht sich rasch um und geht. Was auch immer dieses „alles" bedeuten mag – ich will es zu diesem Zeitpunkt gar nicht genau wissen.

An diesem Morgen kuscheln wir nicht mehr. Uwe geht es äußerst schlecht und ich habe mit mir selber ordentlich zu tun, um auf den Beinen zu bleiben. Die Schwestern reichen mir Kaffee. Essen kann ich nichts.

Wir warten nicht lange auf die Verlegung zur Intensivstation und so schieben eine Schwester und ich gemeinsam, Uwe in seinem Bett liegend, mit den nötigsten Utensilien über den Gang zur anderen Station. All das geschieht im Schnellverfahren! Auf der Intensivstation wird einiges anders gehandhabt, als wir es gewohnt sind. Ich suche sofort nach einem Toilettenstuhl, der hier nicht vor Ort ist. Die Erlaubnis, ihn zu holen, wird mir erteilt und so eile ich zurück ins Zimmer, um Uwe den Stuhl umgehend zu bringen. Das Zimmer, in dem Uwe bisher lag, kann so bleiben wie es ist, erklären mir die netten Schwestern, die selber arg betroffen über den Vorgang und die rapide Verschlechterung des Gesundheitszustandes sind. Uwe war dort „Langzeitpatient" und die Schwestern haben ihn alle in ihre Herzen geschlossen, wie sie mir sagen. Ich bedanke mich bei der fürsorglichen Schwester, auf deren Anregung hin der Arzt mich heute Morgen recht früh anrief. Offenbar mache ich keinen guten Eindruck, weil ich permanent zittere und sie geben mir erneut eine Tasse Kaffee und sind bemüht mich mit lieben Worten aufzumuntern. Ja, ich bemerke, dass ich erheblich ‚neben mir stehe', wie unter Schock, versuche immer wieder zu vertrauen, den Ärzten, den Schutzengeln ebenso wie Uwes Optimismus und unserem Glauben, das Wunder geschehen dürfen.

Das neue Krankenzimmer hat trotz der vielen Schläuche und Geräte etwas Gemütliches. Es ist relativ klein. Die Raufasertapete an den Wänden ist in einem gedeckten gelb gestrichen. Es gibt dort ein Waschbecken. Auf einem kleinen Buchenschrank liegt Uwes Akte, in die alles eingetragen wird, selbst die Urinmenge, was mir zu diesem Zeitpunkt noch unbekannt ist. Darauf komme ich später zurück. Das kleine, weiße Metallschränkchen am Bett räume ich mit Bademantel, Tempos und dem Handy ein. Das Handy schalte ich vorsichtshalber ab. Denn Uwe wäre gar nicht in der Lage ein Gespräch entgegenzunehmen, geschweige denn einem Anrufer etwas mitzuteilen. Unverzüglich betritt der hier zuständige Arzt den Raum und erklärt uns, dass Uwe jetzt an ein Beatmungsgerät angeschlossen und ihm Morphin[6] injiziert wird. Es handelt sich in dieser besonderen Situation um das Mittel der Wahl bei Atemnot „ ... damit die Atmung besser klappt." Der Arzt fügt hinzu, dass Uwe nun eine Maske bekommt, die auf dem Gesicht fest fixiert wird. Er soll bitte klingeln, wenn irgendetwas ist, damit jemand ihm behilflich sein kann, die Maske wieder abzunehmen. Der Arzt erklärt

---

[6] Morphium hat mehrere positive Vorteile: Morphium macht eine Blutgefäßweitstellung in der Lunge und wirkt sich positiv auf den Gasaustausch aus, d. h. es verbessert die Atmung. Morphium wirkt angstlösend und leicht sedierend, was bei akuter Atemnot den "Teufelskreis" → Atemnot → Erstickungsangst → Panik durchbrechen kann. Es beruhigt in gewisser Weise den Patienten.

weiter, dass ein Koma noch nicht erforderlich ist und die Beatmung die Lunge entlastet und so eine bessere Belüftung stattfinden kann. Es kann sein, dass ein künstliches Koma eine weitere Alternative ist, um seinen Zustand stabil werden zu lassen, so lange, bis die Lungenentzündung abgeklungen ist und man ihn wieder „wach machen" kann.

Alles verstanden, alles gut!

Nach den vorbereitenden Worten des Arztes, ist es dann umgehend soweit. Uwe wird an das Beatmungsgerät angeschlossen. Der Arzt setzt Uwe die Maske auf, fixiert sie am Kopf und schaut, ob alles um die eigentliche Maske herum abgedichtet ist – und los geht's. Was ich dann höre und sehe, lässt mich erstarren: Uwe WIRD geatmet, was bedeutet, dass er nicht mehr selber atmen muss. Sein Brustkorb wird durch das Gerät unweigerlich herauf und herunter bewegt. Die Pumpe arbeitet dabei in diesem Moment, mit einem uns beiden als sehr unangenehm empfindenden Lärm, was Uwe maßlos stört und daraufhin mit den Armen gestikuliert. Folglich nimmt der Arzt die Maske kurz ab um zu hören, was Uwe mitteilen möchte. Er sagt dem Arzt, man könne „das ja ausschalten", wenn er es nicht mehr brauche. Der Arzt erklärt ihm, dass „wir das mal erst versuchsweise ausprobieren und dann sehen können, wie die Sauerstoffwerte darauf reagieren" und setzt die Maske wieder auf.

Wie ich vernehmen kann, ist der Arzt in seiner Wortwahl äußerst vorsichtig und behutsam, dennoch bestimmt. Uwe ist hier scheinbar gefordert, seine Atmung einem Gerät zu überlassen und jede Überwachung über seinen Atem aufzugeben. Ich schweige und muss vor lauter innerer Anspannung auf mich aufpassen, mein eigenes Atmen nicht zu vergessen.

Die Sauerstoffwerte gehen sofort in den „Okay"-Bereich. Die Vitalwerte wie Blutdruck und Puls sind halbwegs normal. Nach kurzer Zeit gestikuliert Uwe dem Arzt, „das kann nun wieder ab." Der Arzt verdeutlicht ihm, dass dann die Werte sofort wieder abfallen würden. Er möge jetzt einmal eine Stunde aushalten. Ich beobachte, was das mit Uwe macht und bin schließlich nicht in der Lage, ihm in dieser Situation zu helfen. Was sollte ich auch tun können!? Der Arzt verlässt nun das Zimmer und Uwe gibt mir kurz darauf ein Zeichen für „Durst", außerdem will er anscheinend sprechen. Ich kann ihn unter seiner Maske nicht hören, außerdem beschlägt sie sofort beim Sprechen. Er gibt mir unmissverständlich und sehr gereizt zu verstehen, ich möge ihm etwas zum Schreiben geben. Ich habe natürlich nichts zur Hand. Wie auch? Ich bemerke, dass Uwe wütend wird, weil ihm klar ist, in welcher ohnmächtigen Situation er sich befindet und ihm sein derzeitiger Zustand alles andere als gefällt. Ich hole den Arzt, der die Maske abnimmt und lasse Uwe trinken. Uwe will dann wissen, ob alles korrekt am Medikamentenbaum hängt, denn da fehlt ja die künstliche Ernährung. Himmel-Herrschaftszeiten! Jetzt denkt er aber wirklich an ALLES!

Da die Zugänge alle mit Antibiotika, Blutplättchen und Morphium ausgelastet sind, erklärt der Arzt Uwe, dass mit dem anderen Beutel der künstlichen Ernährung noch gewartet werden muss, bis ein Zugang dafür frei ist. Uwe ist beruhigt. Maske schnell wieder aufs Gesicht und weiter geht's mit der Beatmungsmaschine ...

Kontrolle über sich zu haben, scheint hier aus und vorbei zu sein. Ich glaube, dass Uwe in diesem Moment genauso verzweifelt ist, wie ich es bin. Auch ich habe meine Kontrolle über die Situation gänzlich verloren und bin ausgeliefert, was mir später bewusst wird. Auch mir ist in diesem Moment jegliche Kontrolle entzogen! Auch ich habe hier mein ganz persönliches Lernprogramm und meinen *Spiegel*, den mir Uwe *vorhält*.

Ich rufe Thomas an und sage ihm, dass wir auf der Intensivstation zu finden sind. Dort gibt es einen Nebeneingang und man braucht nicht immer klingeln und endlos warten, bis irgendwann jemand vom Pflegepersonal die Haupt-Eingangstüre öffnet. Später erfahren wir, dass genau dieser Eingang für Besucher ist und nicht der Nebeneingang, der ausschließlich für Personal bestimmt ist. Ja super!

Mein Bruder kommt, wir wechseln stille Blicke und ich erkläre ihm kurz die Sachlage. Ich glaube, dass ihm der Ernst der Lage in dem Moment gerade bewusst wird. Worte sind hier nicht nötig.
Uwe muss mal, wie er uns zu verstehen gibt. Am Bett hängt eine Urinflasche. Dass er noch irgendwie auf den Toilettenstuhl kommt, sehe ich nicht. Jetzt wird mir klar, wieso diese Station gar keine Stühle besitzt. Wir geben den Ärzten Bescheid und Uwe bekommt die Maske ab. Er steht auf und möchte im Stehen pinkeln. Mein Bruder stützt ihn. Dann fragt mein Bruder mich, wo wir den

Inhalt der Flasche hingeben sollen? Ich zeige auf die Aufhängung für die Flasche. Er gießt es allerdings ins Waschbecken und spült die Flasche aus, was sich als „gravierender Fehler" herausstellt, als die diensthabende Schwester erscheint und uns fragt, wo der Urin sei. Sie hatte anscheinend mitbekommen, dass Uwe pinkeln musste. Wir gebrauchen eine Notlüge: „In die Toilette, am Nebeneingang." Sie schimpft gehörig und erklärt uns, dass weder das mitgebrachte Wasser vom anderen Zimmer in Ordnung sei, noch das Auskippen von Urin in die Toilette. „Hier herrschen die Bestimmungen der Intensivstation und die sind völlig anders als auf der normalen Station. Jeder Tropfen der hier zu sich genommen wird, sowie auch jeder Tropfen, der weggebracht wird, gehört in präziser Form in den Unterlagen notiert." Wir verstehen das in diesem Augenblick nur zu gut. Also wird die Maske nach dem Pinkeln schnell wieder aufgesetzt und weiter geht's mit der Beatmung. Für Thomas und mich ist das alles hier fast nicht zu ertragen.

Nach einiger Zeit erscheint der Arzt und befreit Uwe auf dessen Drängen von der Maske. Wir können alle nebenstehend sehen, wie die Werte sofort fallen und andere ungute Werte ansteigen. Es ist zwecklos. Die Maske muss drauf bleiben. Uwe hat unser ganzes Mitgefühl! Uns ist zum Heulen, aber wir zeigen es nicht. Mein Bruder und ich besprechen uns und vereinbaren, dass ich nach Hause fahre, um die Katzen zu versorgen. Ich überlege, heute Abend am Silvesterabend zu Karin und Rainer zu fahren, weil ich nicht weiß, wie ich diesen Abend anders halbwegs überstehen soll. Ich möchte aber vorher auf alle Fälle noch einmal zu Uwe. Mein Bruder versichert mir, er wird bei Uwe bleiben, bis ich wiederkomme.

Ich fahre nach Hause, versuche mich auf dem Weg dorthin innerlich ‚aufzuräumen', was mir nicht gelingt. Ich bin sehr unruhig.

Zu Hause angekommen und die nötigsten Dinge erledigt, möchte ich eigentlich sofort wieder zu Uwe. Dies war in der Vergangenheit häufig so. Wenn ich bei Uwe war, wollte ich nach Hause, weil es auch dort einiges zu tun gab und weil ich die Krankenhausluft einfach nicht gut ertragen konnte, geschweige denn Uwes Zustand. Wenn ich dann zu Hause war, wollte ich wieder ins Krankenhaus, um bei ihm zu sein. Ich hielt es zu Hause nicht aus. Doch die Katzen forderten Zuwendung, mein Computer quoll förmlich über, mit zu beantwortenden E-Mails lieber Menschen und das Telefon stand eh kaum still. Uwe und ich freuten uns über jeden einzelnen Gruß, jede Nachfrage. Nur – wie sollte ich allen Anforderungen, die hier in den letzten Monaten auf mich eingestürzt waren, gerecht werden? Ich war in einem permanenten innerlich zerrissenen Zustand. Eine kaum zu ertragende Situation der ständigen Unruhe, des ständigen Hin- und Hergerissen seins.

Und so versuche ich jetzt in Ruhe zu duschen und bin bestrebt etwas zu essen. Jedoch bekomme ich nicht mehr als einen Bissen herunter. Noch ist etwas Zeit und ich fange an eine Rundmail mit einem ‚Lagebericht' an unseren engsten Freundeskreis zu schreiben, in Form eines stichpunktartigen Tagebuches, damit sie über das Wesentliche informiert sind, hier vom 31. Dezember 2014:

„Ihr Lieben,

heute Morgen bekam ich ziemlich früh einen Anruf vom Arzt, ich musste sofort ins Krankenhaus. Er hatte Uwe ohne Atemmaske vorgefunden ... Lebensgefahr! Fragte mich ob sein Leben verlängert werden soll.

Uwe will LEBEN! wie er mir heute noch mal bestätigte und ich den Ärzten weitergab, die mich alle fragten. So tüddelig er auch ist, aber das weiß er sehr genau! Fragte mich wieso ich so früh da sei usw. Ich antwortete, dass ich nix besseres zu tun habe und Sehnsucht hatte ...

Heute Morgen Morphin, damit die Atmung besser klappt. Jetzt Intensivstation, wird beatmet, noch ist Koma nicht erforderlich, um zu beatmen. Beatmung entlastet die Lunge und sie wird besser belüftet.

Die Antibiose war / ist wohl auch gegen MRSA (bedingt). Entzündungsparameter sind seit gestern gefallen, wie es heute aussieht, keine Ahnung. Sputum-Ergebnis kommt vermutlich Freitag.

Bin gerade zu Hause, werde jedoch 18:00 Uhr wieder abgeholt, um meinen Bruder abzulösen bis 20:00 Uhr, was danach ist, weiß ich noch nicht, kann sein, dass Uwe nicht weiß, welcher Tag heute ist ... es ist eigentlich UNSER Tag. (Die Ärzte sagen, dass der Zustand jede Stunde was Neues bringen kann, im Moment ist nicht höchste Lebensgefahr.) Bin dann eventuell bei Karin und Rainer bis 0:00 Uhr. Handy habe ich bei Uwe auf lautlos gestellt.

Uwes Seele hat gestern seinen quälenden Husten genommen, wie er mir sagte, weil er darum bat. Er ist im Kontakt mit ihr.

Von Herzen, Angela."

Nach dieser E-Mail telefoniere ich mit Karin und Rainer und Karin eröffnet mir, dass ihr Sohn Jan, Uwe besuchen möchte und er mich gleich abholen werde, um mit mir gemeinsam zum Krankenhaus zu fahren. Jan hat Uwe noch nie besucht. Jan ist Garten- und Landschaftsbauer und legte in unserem Garten die Terrassen an. Wir kennen ihn seit seiner Babyzeit.
Als Jan und ich im Krankenhaus ankommen, halten wir auf dem Parkplatz an. Ich bemerke, wie Jan innehält und nehme eine starke Unsicherheit wahr, frage ihn, ob er sich sicher sei, dass er Uwe SO sehen wolle. Ich signalisiere ihm, dass ich ganz und gar nicht böse wäre, wenn er nun einen Rückzieher machen würde. Er habe mein größtes Verständnis. Er überlegt noch einen Moment, dann steigt Jan aus und geht wortlos mit.

Im Krankenzimmer angekommen, erblickt uns Uwe, oh, oh …

Mein Bruder ist noch immer dort, ich nun heute schon zum zweiten Mal und dann mit Jan, den Uwe das erste Mal im Krankenhaus zu sehen bekommt. Mit beiden Händen fuchtelnd, gestikuliert er uns unmissverständlich: „Was ist das hier für ein Aufstand? Was soll das?" Er wirkt äußerst unpässlich unter seiner Maske. Jeder hier im Raum kann das nachvollziehen.
Ich sage Uwe, nicht ganz wahrheitsgetreu (Gott vergebe mir meine kleinen Notlügen!), dass Jan eh hierher wollte und ich dann eben noch einmal mitgefahren sei, um ihn zu sehen und dass mich Rainer gleich abhole und ich dann zu unseren Freunden ginge und mein Bruder jetzt sowieso nach Hause wolle. Uwe ist beruhigt. Alles gut!

Ob Uwe mir das alles tatsächlich so abgekauft hat, weiß ich nicht. Unehrlichkeit ist gar nicht mein Ding, doch bringt es auch nichts, jetzt Panik ohne Ende zu verbreiten und den Ernst der Lage zu erwähnen. Ich fühle, dass Worte die eh schon angespannte Situation nur verschlimmern könnten. Mir ist nicht klar, ob Uwe weiß, dass es gerade ziemlich schwierig ist, seinen Zustand zu stabilisieren. Ich weiß im Grunde gar nicht was er denkt oder fühlt. Ich bin mir auch nicht sicher, ob ich in diesem Moment alles wirklich gern wissen möchte.

Mein Bruder und ich gehen kurz hinaus und lassen Jan mit Uwe allein. Uwe hat Jan nach seinem kleinen Sohn gefragt, wie uns Jan beim Verlassen des Krankenzimmers berichtet und sich von uns verabschiedet. Dass Jan einen kleinen Sohn hat, weiß Uwe offenbar noch sehr gut.
Auf dem Flur erzählt mir Thomas, dass Uwe am Nachmittag wieder urinieren musste und nicht zu stützen war. Thomas habe ihn aus dem Bett gehoben und zum Stehen gebracht und brauchte hierfür beide Hände und all seine Kräfte, damit Uwe nicht umfiel. Uwe schaffte es nicht, die Flasche zu ‚treffen' und so ging einiges daneben. Thomas hatte Uwe daraufhin kurzzeitig losgelassen, doch „er fiel sofort wie ein nasser Sack nach links auf das Bett." Gott sei Dank war Uwe dabei nichts passiert. Mit Ach und Krach konnte mein Bruder ihn wieder ins Bett legen. Die Schwäche war jetzt wesentlich ausgeprägter. Als die Schwester das mitbekam, gab's mit Recht für Thomas wieder Schelte. Ich selber schlug, als ich das alles hörte, beide Hände vors Gesicht. Thomas erzählt mir weiter, dass er heute Nachmittag ein Gespräch mit dem Arzt hatte, den er nach der Schwere der Lage befragte. Dieser habe ihm erörtert: „Wir müssen mit allem rechnen. Wir

wollen die nächsten zehn Stunden abwarten, um dann zu sehen, ob ihr Schwager ins künstliche Koma kommt, damit er seine Kräfte mehr auf sich konzentrieren kann, anstatt seine Energie zu verschwenden, indem er durch die Gegend schaut und stressvoll am Atemgerät hängt."
Weiter berichtet mir mein Bruder vom Nachmittag: „Uwe drückte und störte die Maske an seiner Nase. Als sie gerade einmal kurz abgenommen wurde, fragte er mich nach einem Pflaster für den Nasenflügel. Ich reagierte nicht so, wie Uwe sich das vorstellte. Woher sollte ich Pflaster und Schere nehmen? Uwe konterte daraufhin sehr grantig. Als ich eine Schere besorgt habe, schnitt Uwe dann selber ein Stück Pflaster ab und klebte es sich an die Druckstelle auf seiner Nase."
Seine letzten Worte zu Thomas waren heute Nachmittag, als draußen Silvesterböller hörbar wurden: „Haben die denn den Koffer mit?" Wie bitte? Für uns bedeuteten diese Worte, dass das Morphium wirkte. Gott sei Dank und gut so!

Mein Bruder verlässt nun wieder das Krankenhaus und ich sitze dicht neben Uwes Bett. Seine Augen sind geschlossen. Mein Blick fällt auf die Geräte und die momentan angezeigten stabilen Werte. Uwes Brustkorb hebt und senkt sich, das Atemgerät ist monoton und laut. Uwe liebt Ruhe. Habe ich mich je hilfloser gefühlt?

Ich weiß nicht, ob ich zu Karin und Rainer fahren soll. Rainer wartet auf meinen Anruf, um mich abzuholen. Egal welche Entscheidung ich für den Silvesterabend treffen werde, sie kann falsch oder richtig sein. Ich spüre in mich hinein, was ich möchte und stelle fest, dass ich es

nicht aushalten kann, an diesem Abend allein zu Hause zu sitzen, oder an Uwes Bett mitzuleiden. Ein Gespräch mit ihm ist überhaupt nicht möglich. Und wie ich ihn kenne, würde er auch gar nicht haben wollen, dass ich die ganze Zeit bei ihm bin. Er würde, wenn ich ihn fragen könnte, sagen: „Wozu? Was willst du hier?" Wie oft hatte ich in der Vergangenheit dergleichen gehört. Ja, sogar wenn es ihm hier im Krankenhaus schlecht ging, wollte er nicht, dass ich komme. Gerade heute Morgen hatte er mich recht unfreundlich gefragt was ich schon so früh hier wolle.
Thomas und ich konnten heute beide feststellen, dass Uwe an diesem Tag verständlicherweise ausgesprochen ungehalten und aggressiv war. Das ‚Anpflaumen' von Thomas und mir, in verschiedenen Situationen, die Medikamente am ‚Baum' nicht mehr überprüfen zu können, die laute Maschine, die fixierte Maske, die er nicht allein ab-und aufsetzen kann. All das, was heute mit Uwe geschehen ist, wirkt nervenaufreibend und trägt nun wirklich nicht zur Beruhigung für Uwe bei.

Draußen auf der Straße wird leicht geböllert und ich frage mich erneut, inwieweit Uwe mitbekommt, was wir heute für einen Tag haben. Doch selbst wenn, er hat andere Sorgen und Nöte. Zudem ist er deutlich ‚neben den Schuhen', was mir der Satz mit dem Koffer gezeigt hat, von dem Thomas mir erzählt hatte. Ich halte sanft Uwes Hand und beobachte ihn. Seine Augen bleiben geschlossen, das Beatmungsgerät stresst ihn und ich denke, dass dieses Gerät ihn eine Menge seiner Energie kostet, die er eh nicht hat. Es tut seine Arbeit auf der körperlichen sowie auch auf der geistigen Ebene, denn Uwe wird nun gezwungen alles Überwachen auf- und sich ganz der

Maschine hinzugeben, einfach nur geschehen zu lassen, völlig ruhig und ohne Gegenwehr. Ist es nun tatsächlich soweit, dass Uwe sein Kernthema endgültig klären muss? Denn der Zustand in dem er sich jetzt befindet, abhängig von Geräten, vielleicht bald im künstlichen Koma, deutet daraufhin, dass er jetzt jede Kontrolle über sich aufgeben muss. Dann hätte Uwe auch dieses Lernprogramm gemeistert, ob freiwillig oder von außen aufgezwungen – so oder so. Spielt so das Leben? Mir tun all diese aus meiner Sicht und für mich gerade unerfreulichen Erkenntnisse sehr weh, ja, sie schmerzen mich. Mag Uwes Seele sich vielleicht sehr freuen, mir ist gerade ganz und gar nicht danach, denn ich sitze hier und kann nicht aushalten, was Uwe durchleben muss. Das sind die Momente, in denen wir – die ach so viel wissen – immer wieder hadern und Zweifel anmelden. Situationen, in denen wir selber mitten im ‚Suppentopf' sitzen, weil wir eben gerade jetzt völlig involviert sind und es uns gerade in diesem Augenblick nicht möglich ist, von außen in den Topf zu schauen –DAS HIER sind diese Momente! Meine Weg-Gefährten und ich kennen diese Zeiten alle ... Es sind genau die Momente, in denen wir etwas zu lernen haben – nämlich anzunehmen! Auch wir stoßen genau an dieser Stelle an unsere eigenen Lebensthemen!

Das Licht im Zimmer ist gedämpft, irgendwie friedvoll und wohlig, so ganz anders als in dem mit Neonröhren bestückten bisherigen Zimmer, in dem Uwe viele Wochen gelegen hatte. Ja, dieses Zimmer, so viele Geräte es auch haben mag, hat eine ganz andere Atmosphäre. Ich frage mich, wie viel menschliches Leid diese vier Wände hier schon erlebt haben und welches Schicksal diese Menschen ereilte.

Der Arzt nahm mich vormittags beiseite und gab mir ausdrücklich zu verstehen, dass er sehr genau wisse, wie es mir gehe und meine oberste Priorität jetzt sein müsse, auf mich zu achten, nicht zu lange im Krankenhaus und nachts besser zu Hause zu sein, damit ich Ruhe fände. „Ihr Mann hat nichts davon, wenn seine Frau umfällt. Uns hier ist klar, wie viel Kraft all das hier von Ihnen und den Angehörigen fordert. Kraft, die andererseits die Angehörigen für sich selbst dringend brauchen – sie leiden oftmals mehr als der Patient selber." Und so entscheide ich mich Rainer anzurufen, um mich abholen zu lassen. Schweren Herzens fahre ich zu den beiden Freunden nach Hause. Dort angekommen möchte Rainer den Fernseher ausmachen. Lieb gemeint, jedoch nicht nötig: „Lass ihn bitte an." Wir unterhalten uns hier und da, während meine Gedanken ausschließlich bei Uwe sind. Meine innere Unruhe will kein Ende nehmen. Ich rauche hier bei Karin und Rainer sehr viel. Im Krankenhaus habe ich die Festnetznummer von meinen Freunden hinterlassen und die Uhrzeiten, von wann bis wann ich dort zu erreichen sei. Meine Handynummer ist dem Krankenhaus bekannt, nur ist bei den beiden Freunden kein wirklich guter Empfang. Karin macht mir etwas zu essen. Gut so, denn ich fühle mich sehr schwach. Mit dem Essen zu Hause hatte es am frühen Abend nicht geklappt. Nur irgendwann muss ich ja mal was essen. Es ist das Erste und Einzige, was ich heute überhaupt zu mir nehme.

Der Silvesterabend

Intuitiv rufe ich gegen 23:00 Uhr in der Klinik an. Ich bin nicht mehr in der Lage länger abzuwarten. Der Arzt ist sofort am Telefon, als ich die Worte vernehme: "Es ist gut, dass Sie anrufen, ich hätte mich auch gleich gemeldet. Ihr Mann muss in absehbarer Zeit ins Koma, da ihn das Beatmungsgerät zu sehr stresst und die Werte sich verschlechtert haben. Ich möchte, dass Sie, wenn es soweit ist, hierher kommen, um mit ihrem Mann noch einmal kurz zu sprechen." Wie vom Donner gerührt – und vermutlich bereits unter Schock – höre ich zwar seine Worte, aber irgendwie kapiere ich sie nicht wirklich und stelle die Rückfrage, ob denn mein Mann das auch wolle, er möge ihn bitte fragen. Denn ich befürchte, dass Uwe womöglich ungehalten sein könnte, wenn ich heute erneut auftauche. Es könnte ja sein, dass er mich gar nicht bei sich haben will. Immerhin war das ja schon öfter so gewesen, sei es bei Diagnosestellung vom Onkologen, der ihn eingewiesen hat oder auch als er dann morgens im Büro anrief „Ich bin im Krankenhaus" oder als er an dem einen Sonntag unter Luftnot litt und ich fragte, ob ich kommen solle. Ich bitte den Arzt, ihm den Hörer ans Ohr zu halten und brülle hinein, dass ich ihn über alles liebe und ob ich kommen solle? Der Arzt antwortet: „Ja!" Ob Uwe das gehört hat, was ich sehr laut rief, auch wegen der Nebengeräusche der Maschine, weiß ich gar nicht. Ob der Arzt tatsächlich den Hörer an sein Ohr gelegt hat, weiß ich auch nicht. Ich höre nur noch wie der Arzt mir eindringlich und sehr bestimmt verdeutlicht: „Ich(!) möchte das Sie kommen. Bitte sind sie sich im Klaren, dass dies die letzten Worte sein könnten!" DAS sitzt! Ich versichere ihm, dass ich nach 0:00 Uhr zu Hause eintreffen und dort auf seinen Anruf warten werde. Wenn Uwe ins Koma versetzt wird, werde ich DA sein! Ab diesem Moment bin ich definitiv im Ausnahmezustand und stehe gänzlich neben mir. Es ist, als ob ich nicht mehr ich bin, so muss es sich anfühlen, wenn man den Verstand verliert! Ich kann mich nicht mehr fühlen, muss raus auf die Terrasse. Draußen ist es bitterkalt, die Kälte scheint für mich jedoch nicht spürbar. Ich spüre gar nichts mehr und hätte auch gezittert, wenn das Thermometer 30° C plus angezeigt hätte, rauche eine Zigarette nach der anderen, sofern dies durch meine Weinkrämpfe möglich ist und habe solche Angst! Nichts geht mehr! Wieso habe ich die unvorstellbare Aufgabe, einem Teil von mir, mit dem ich seit dreiundvierzig Jahren mein Leben verbringe, die letzten Worte zu sagen? Es kann nicht sein, was nicht sein darf! Wieso habe ich noch so viel Hoffnung, dass alles gut wird? Woher nehme ich das nur? Dieses endlose Gottvertrauen, dass Uwe geheilt wird. Die Gedanken rasen in meinem Kopf unaufhörlich, es fühlt sich an wie ein einziges großes Gewitter!

Karin versucht mich körperlich zu halten und seelisch aufzufangen. Die beiden Freunde sind wunderbar, können mir dennoch nicht helfen. Rainer bittet darum, dass wir drei „etwas für Uwe tun" mögen, „beten" mögen. Der Fernseher ist längst aus. Mit den beiden Freunden und auf ihren Wunsch hin, leite ich uns während unseres gemeinsamen Vorhabens in Uwe hinein und vollziehe die „Lichtdusche", wobei alles Kranke an Mutter Erde zur Transformation freigegeben wird. In den Kopf dringt von Vater Himmel ein Licht- und Heilstrahl ein, der ganze Körper erstrahlt in hellem, heilendem Licht und alles, was pathologisch ist, wird durch die vorher energetisch geöffneten Fußsohlen in Mutter Erde ausgeleitet und von ihr transformiert. Im Anschluss daran beten wir für Uwe.

Später bitte ich darum, den Fernseher wieder einzuschalten und auf WDR wird, wie jedes Jahr, das Feuerwerk am Kölner Dom zwischen den beiden Brücken übertragen. Ich sehe es und sehe es doch nicht. Es ist, als würde ich durch den Fernseher hindurch blicken. Ich spüre weiterhin, dass ich irgendwie nicht ganz bei mir bin.

Das Neue Jahr 2015

Am 1. Januar um 0:15 Uhr fährt Rainer mich nach Hause. Es ist schlimmes Glatteis und äußerst schlechte Sicht. Wir kriechen regelrecht nach Hause und vereinbaren, dass ich mich melde, sobald ich näheres von Uwes betreuendem Arzt weiß. Rainer fährt zurück. Während ich meinen Eingang betrete, sehe ich meinen Haustürschlüssel von außen in der nur angelehnten Türe stecken. Als Jan mich am frühen Abend abholte, vergaß ich offenbar, die Haustüre hinter mir zu schließen und den Schlüssel in die Tasche hineinzustecken.

Gegen 1:00 Uhr, Rainer ist gerade zu Hause eingetroffen, klingelt das Telefon: „Bitte machen Sie sich auf den Weg, wir sollten bald handeln!" „Ich werde kein Taxi bekommen bei dem Wetter und in der Silvesternacht. Ich rufe meine Freunde an. Ich kann nicht sofort da sein." „Das ist nicht schlimm. Lassen Sie sich bitte Zeit. Ich warte gern ab." Die ruhige Stimme des Arztes wirkt wie Balsam für meine Seele und wie ein wohltuender Gegenpol zu meinem inneren Befinden. Als die beiden Freunde bei mir eintreffen, warte ich schon an der Straße und wir fahren im Schritttempo durch dichten Nebel und auf Glatteis ins Krankenhaus. Rainer weint. Ich will nicht mehr weinen. Karin ist wie immer sehr gefasst und ruhig. Ich habe mir erklären lassen, wie wir um diese Uhrzeit ins Krankenhaus hinein kommen können. Alles klappt. Wir finden uns gut zurecht. Dann betreten wir die Intensivstation und der Arzt begrüßt uns.

Das Leben besteht aus Augen-Blicken –
jeder Augenblick ist etwas Besonderes

Gerade jetzt, beim Schreiben, bemerke ich meine nassen Hände und mir schlägt das Herz bis in den Hals. Alles ist wieder da, als sei es gestern gewesen. Angst pur!

Da liegt Uwe. Das Zimmer abgedunkelt, die Geräte in Aktion, die Füße auf der Bettdecke. Er hat sein neues weißes T-Shirt an und liegt in seiner Windel. Der Anblick bricht mir das Herz! Ich weiß, dass Mitgefühl durchaus effektiver ist als Mitleid. Aber was ist schon Wissen!? Ich bin im Hier und Jetzt und habe absolutes MitLEID!

Karin und Rainer stehen am Fußende. Sie verhalten sich vollkommen still. Der Arzt und eine Schwester sind anwesend. Der Arzt begründet noch einmal, warum und was genau jetzt geschehen wird und soll und bittet mich mit Uwe zu sprechen, dem ich in diesem Moment nur zu gern nachkomme, so schwer es mir auch fällt. Ich weiß, ich darf jetzt nicht weinen; ich muss einfach nur stark sein und dann das aussprechen, was gerade aus meinem Mund hinaus möchte. Die Angst, etwas Falsches zu sagen, ist dennoch riesengroß. „Hallo mein Schatz, Karin und Rainer sind mitgekommen", begrüße ich Uwe. Er reagiert nicht. Eine Weile verbringen wir schweigend an seinem Bett. Um eventuelle Unsicherheiten zu mindern, sage ich zugewandt zu meinen Freunden, dem Arzt und der Schwester: „Es können alle im Raum bleiben; es gibt keine Geheimnisse." Ich halte vorsichtig Uwes Gesicht in meinen beiden Händen, streichele ihn sanft, küsse ihn leicht auf die Stirn – es bleibt mir nichts anderes übrig, denn die Atemmaske bedeckt Nase und Mund. „Ich liebe dich über alles und ich gebe dich frei. Entscheide frei für dich, welchen Weg du jetzt wählst. Ich habe dir alle Werkzeuge mit auf den Weg gegeben, die du brauchst. Du kennst alles, wende es an. Ich wünsche dir alle Kraft der Welt." An mehr kann ich mich nicht erinnern. Es ist, als habe ich dazu in mir ein großes Loch.

Während meiner Worte reißt Uwe zwei Mal die Augen weit auf und ich darf diese strahlenden, blauen Seen noch einmal sehen. Es scheint, als wolle er etwas mitteilen. Der Arzt nimmt Uwe die Maske für einen kurzen, sehr kurzen Augenblick ab, aber es kommt nichts aus Uwe heraus. Die Augen sind wieder geschlossen und die Luftnot grenzenlos. Gebe ich ihm zu wenig Zeit zum Sprechen? Ich höre einfach nur, wie es aus mir herausbricht: „Bitte setzen sie ihm die Maske wieder auf, fangen sie an, ich kann ihn nicht mehr leiden sehen." „Wir brechen hier jetzt nichts übers Knie; lassen sie sich Zeit." Ich ertrage die Sorge um Uwes Luftnot und die gesamte Situation nicht mehr! Worte reichen nicht aus, um zu beschreiben, wie sich das anfühlt was ich sehe und wie ich mich fühle. Mir ist, als würde ich sämtlichen Boden unter meinen Füßen verlieren und so ist es gut, dass ich meinen Körper an Uwes Bett leicht abstützen kann. Mein Leben lang werde ich mich fragen, WAS Uwe sagen wollte, ob er überhaupt etwas sagen wollte, ob er mich verstanden hat, ob ich etwas Falsches gesagt habe, etwas für ihn Unerwartetes? Ich zermartere mir jetzt hier und auch später meinen Kopf. Diese Frage wird mich bis an mein Lebensende begleiten. Auf fast alles erhielt ich bisher meine Antworten, auf diese Fragen nicht! Diese unbeantworteten

Fragen hängen wie ein Damoklesschwert über mir. Das Leben ist nie sanft mit mir umgegangen, aber DAS hier – diese Ungewissheit, dieses Nicht-Wissen – war mit Abstand die schlimmste und schwierigste emotionale Situation meines bisherigen Lebens! Fragen über Fragen türmen sich dazu im Nachhinein in mir auf. Selbstvorwürfe plagen mich, durch meine Ungeduld, die Maske schnell wieder aufsetzen zu wollen, etwas versäumt zu haben, zum Beispiel eine letzte Umarmung. Aber wie hätte ich das machen sollen, mit der Maske und den Schläuchen? Oder habe ich es etwa einfach nur vergessen? Habe ich überhaupt etwas vergessen zu tun oder zu sagen? Ich weiß noch, ich zeigte Uwe zum Schluss meine tiefe Hochachtung in einem demütigen, tiefen Namasté[7] und übergab ihn dann vertrauensvoll in die Hände des Arztes, den ich sehr mochte, der so warmherzig war und der sein Herz am rechten Fleck hatte. Das Ziel meiner Worte war, Uwe jeglichen Druck zu nehmen. Er sollte frei entscheiden dürfen, was auch immer geschehen würde. Ich hoffe so sehr, er hat mich verstehen und meine liebenden, eindringlichen und letzten Worte empfangen können. Ich bete, dass sie noch bei ihm *ankamen*, oder wenigstens auf einer tieferen Ebene, zu seiner Seele durchgedrungen sind – er stand ja unter Morphin und war daher nicht mehr ganz präsent. Ich erinnere mich nur noch an diese zwei Sätze. Wochen später fragte ich Karin, ob ich „viel Blödsinn geredet oder etwas Falsches von mir gegeben habe", was sie jedoch verneinte: „Überhaupt nicht!"

---

[7] Namasté kommt aus dem altindischen Sanskrit und ist eine Geste der Hochachtung an das Göttliche, welches wir im Anderen erkennen können.

Manchmal ist es schwierig zu unterscheiden, ob wir klammern oder ob wir am Vertrauen festhalten. Ich wollte Uwe nicht für mich festhalten – aus meinem Ego heraus. Ja, ich ließ ihn *frei* und das sehr bewusst! Weder Uwe noch ich gaben in dieser letzten Zeit die Hoffnung auf – ehrliche Hoffnung auf Heilung! Diese Hoffnung hatte ich immer noch. Doch wie diese Heilung aussehen sollte, erfuhr ich erst später (im 2. Teil des Buches).

Wir drei verlassen das Zimmer, um draußen auf den Arzt zu warten, der uns wieder hereinholen wird. Schweigend vergehen endlose Minuten. Ich hänge meinen bohrenden Gedanken nach: Liebe heilt! Ja, es ist ein Leitspruch und war lange Zeit wie ein Mantra in mir – das ist es heute noch. Jedoch habe ich Schuldgefühle und bin erfüllt von Selbstvorwürfen: Hatte ich nicht genug geliebt? War meine Liebe nicht bedingungslos? „Nein", höre ich in mir. Uwes ganz eigene Seelenentscheidung, die sich hier zeigt und auch den weiteren Verlauf bestimmen wird, erfordert von mir bedingungslose Akzeptanz. Ich konnte seit jeher nur unterstützend einwirken. Wir können immer nur ein *Kanal* sein, manchmal nur begleiten – nicht mehr und nicht weniger. Die Schamanen nennen das den „hohlen Knochen", durch den göttliches Wirken geschehen kann.

Seinen Geist hat Uwe ganz allein geheilt. Tief in sich erkannte er seine Lebenspfeiler und setzte diese, während seines Weges und den daraus resultierenden Erkenntnissen um – Punkt für Punkt und Schritt für Schritt – bis zum letzten bewussten Atemzug.

Erneut betreten wir das Zimmer. Uwe ist nun ganz ruhig. Er hat einen Tubus gelegt bekommen und liegt im Koma, zugedeckt und still. Das Maschinengeräusch ist verschwunden – endlich! Dafür sind die Töne der Piepgeräte, zuständig für die Vitalwerte der Intensivüberwachung, präsenter geworden und das einzige Geräusch hier in dem Raum. Alles hat nun etwas Friedliches. Uwe sieht aus, als würde er schlafen. So schlimm diese gesamte Situation auch sein mag, ich bin in diesem Moment beruhigter. Irgendwie nehme ich wahr, dass Uwe reagiert, dass er spürt, dass ich da bin – wir da sind. Dann gehen wir hinaus und ich befrage den Arzt, wie der genaue Stand ist. Er möge mich bitte aufklären, was ab jetzt geschieht. Ehrlich antwortet er mir: „Das Koma ist auf lange Sicht nicht durchführbar. Wir haben hier einen Super-Gau, einerseits die Grunderkrankung der Leukämie und andererseits den geschwächten Körper durch die Chemo. Obendrauf kommt noch eine unfassbar schlimme Lungenentzündung. Ihr Mann ist randvoll mit Eiter." Er zeigt dabei auf seinen Hals, um uns bildlich klar zu machen, bis an diese Stelle sitzt der Eiter! „Wir werden ihren Mann noch diese Nacht absaugen, eine Bronchoskopie machen und das Sekret einschicken, um zu ermitteln, ob es sich um einen Erreger handelt, bei dem ein explizites Antibiotikum helfen kann." Ich bitte den Arzt, dass ich diesen Befund gern hätte und er erwidert, dass er dafür gern sorgen werde. „Ich kann ihnen nicht sagen, was werden wird. Entweder wir kriegen das in den Griff oder nicht. Ihr Mann bekommt maximales Personal und maximale Medikation, mehr kann man nicht tun." Der Arzt offenbart mir die Möglichkeit, dass ich heute Nacht noch über Uwes Ableben benachrichtigt werden könnte. Ich nehme ihn spontan in den Arm und bedanke mich für seinen wunderbaren Einsatz, seine Einfühlsamkeit und Mühe. Mir wird bewusst, es ist Silvester, genauer gesagt Neujahr. Wie viele Menschen tun jetzt ihren Dienst an anderen Menschen – überall auf der Welt. Ich empfinde an dieser Stelle tiefe Demut und Dankbarkeit.

In der Hoffnung, alles richtig gemacht zu haben, nichts versäumt und in Uwes Interesse gehandelt zu haben, schwirren meine Gedanken arg durcheinander. Vielleicht benötigt er jetzt nur etwas Zeit!? Irgendeinen tieferen Sinn wird dieses gerade erlebte Ereignis haben.

Dann bringen mich Karin und Rainer nach Hause. Ich schreibe sofort wieder einen Lagebericht an unsere Freunde und setze sie in Kurzform über die aktuelle Begebenheit in Kenntnis.

Am 1. Januar 2015 und wieder im Krankenhaus angekommen, wechsle ich mich bis in die Abendstunden, mit meinem Bruder bei der Krankenwache ab. An Uwes Bett sitzend, kann ich diese Situation nicht wirklich erfassen. Ich begreife zwar was Koma bedeutet, dennoch realisiere ich all das hier nicht richtig. Ich beobachte die Geräte. Puls und Blutdruck sind nur unregelmäßig im Normbereich, eher gar nicht. Ich rede mit Uwe, warte auf Reaktionen die nicht kommen, wiederhole immer wieder, was ich ihm bereits gesagt habe, mitunter laut, manchmal gedanklich. Die Zeit scheint hier im Zimmer stillzustehen, meine Gedanken hingegen weniger. Ich bin hier ganz bei Uwe und das erfüllt mich zutiefst, denn wieder erfahre ich diese wohltuende Nähe zwischen uns. Ich frage immer wieder, was werden wird. Ich erzähle ihm, dass noch

Hoffnung besteht, dass ein Wunder geschehen kann und die Lungenentzündung abheilt. Hier und da verneige ich mich vor Uwe und drücke ein tiefes Namastè aus. Es ist eine Geste der Hochachtung an das Göttliche, das wir im Anderen erkennen können. Ja, ich befinde mich in tiefer Demut vor dem, was dieser für mich so wertvolle Mensch geleistet hat, auf sich genommen und gemeistert hat! Mit jeder Faser meines Herzens liebe ich diesen Mann und ich bin von Dankbarkeit erfüllt, ihn mein Leben lang an meiner Seite gehabt zu haben – bis zu diesem Zeitpunkt.

Heute möchte ich mich dafür einsetzen, dass Uwe eine Dekubitusmatratze erhält, die dem Wundliegen entgegenwirkt. Dabei klären die Ärzte mich auf, dass ein Umbetten mit absolutem Stress für Uwe verbunden sei und die Geräte in diesem Fall nur noch Alarm schlagen würden. „Es ist sinnvoller, einen Dekubitus in Kauf zu nehmen und ihn ruhig liegen zu lassen und nicht zu stressen." Das sehe ich natürlich ein.

Die Sonne scheint ins Zimmer, der warme, gelbliche Ton an den Wänden wirkt wunderbar. Ich ziehe die Jalousien vollständig hoch, um das Zimmer mit Licht durchfluten zu lassen. Am Mittag muss ich kurz das Zimmer verlassen, weil Visite ist, bei der Nichtpatienten „nichts zu suchen haben", wie das Pflegepersonal mir erklärt – kein Problem. Ich gehe in die Kantine, trinke einen Kaffee und zwinge mir etwas zu Essen hinein. Dann begebe ich mich in Uwes bisheriges Krankenzimmer auf der Station und frage mich, ob er hierher zurückkehren wird? Ich habe ihn längst stufenweise losgelassen. Mir ist bewusst, dass ich an diese Stelle meines Inneren noch vielfach *hinsehen* muss.

Wie der weitere Verlauf sein wird, ist allein Uwes Entscheidung, genauer gesagt, die seiner Seele, wie bereits jede Entscheidung, in den hinter uns liegenden Monaten. Damals zu Hause, bei meinem sehr harten Ausspruch, dass ich ihn „gegen die Wand klatschen lassen müsse", fing ich bereits mit dem Loslassen an. Mir damals jedoch nicht bewusst, lag hier die Aufforderung an Uwe, von nun an alles allein für sich zu entscheiden, ohne dass ich ständig ‚mitmische', etwas fernzuhalten versuche, helfen wollte.

Seit einiger Zeit habe ich Bilder von Beerdigung und Uwes Ableben vor meinem geistigen Auge, obwohl ich sie beständig wegwische und diese Gedanken und Bilder mit meiner Angst erkläre. Manchmal will mir das Wegwischen kaum gelingen. Wenn ich diese Bilder in mir erhalte, fällt mir die Unterscheidung schwer, ob es sich um *Sichtigkeit* handelt oder Bilder, die aus meinen eigenen Ängsten entstehen. Schwindet meine Hoffnung? Nachdem was ich hier gerade mit Uwe erlebe, erscheint mir das kein Wunder zu sein. Ich mache mir bewusst, dass alles, was in mir *hochkommt* und ich fühle da sein darf, so wie wir es in der Journey Ausbildung lernten. Alles ist gut!

Es ist der 2. Januar 2015 und ich habe mich heute Morgen krankschreiben lassen. Mitunter kann ich kaum einen Schritt vor den anderen setzen und lasse mich entweder vom Krankenhaus abholen oder nehme ein Taxi, weil ich nicht weiß, wie ich nach Hause kommen soll. Auch bemerke ich seit Langem, dass ich nicht mehr vernünftig und klar denken kann und im Übrigen eh nur noch funktioniere. Ich bin nicht bei mir und kann mich häufig von außen wahrnehmen – wenn ich mache und tue – wie durch eine Glasscheibe in einem Aquarium, bei dem man die Fische von außen beobachtet. Durchhalten scheint die Devise zu sein!

Hier ein Auszug aus meinem täglichen ‚Lagebericht' an unsere Freunde, den ich am frühen Morgen absende:

> „... Gleich fahre ich ins Krankenhaus und halte euch auf dem Laufenden. Bitte verzeiht mir, wenn ich im Moment nicht anrufen kann, es geht einfach nicht. Und habt Verständnis, dass ich diesen Weg wähle. Auch kann ich keine Mails beantworten, seid einfach nur da und ich bitte jeden von euch auf seine Art um Unterstützung für Uwe ...
>
> Von Herzen Angela"

Als ich Uwe heute anschaue, stelle ich am gesamten Körper sowie in seinem Gesicht starke Schwellungen fest, bemerke dicke Finger und Zehen, außerdem Rillen an beiden Handgelenken wie bei einem Baby. Hmm ... Wasser? Nieren? Cortison? Ich führe leise Gespräche mit Uwe, streichele ihn und beobachte, wie das Fieber schwindet, während die Nässe vom Nachthemd in das Betttuch absinkt, welches rundweg durchnässt wird. Ich wische unaufhörlich und behutsam die Schweißperlen von seinem Gesicht. Bei den Ärzten erkundige ich mich, wann das Bett neu bezogen und Uwe ‚trockengelegt' wird und erhalte Aufklärung darüber, dass ihn dieser Vorgang stresst und man die Stunden abwarten möchte, bis das Schwitzen aufgehört hat, um so wenig wie möglich an ihm herumzuzerren. Außerdem vermittelt der Arzt mir, das stündlich etwas geschehen kann. Er bekommt weiterhin „Maximaltherapie!"

Ja, ich leide mit! Mitfühlen reicht hier nicht aus, es ist mir nicht möglich. Durch dieses Mitleiden, wird mir Energie entzogen und verstärkt somit meine körperliche Schwäche. Alles, was ich an Energie habe, gebe ich teilweise sogar bewusst in Uwe, was ich weder verhindern kann noch will. Ich bete permanent und stehe in Kontakt mit *oben*, mit seinen Schutzengeln, mit der Göttlichkeit, seiner Seele und was sonst noch an Energien für Uwe zuständig ist. Täglich, wenn ich gehe, verabschiede ich mich von Uwe, als wäre es das letzte Mal. Warum auch immer ich das tue, ich folge diesem inneren Antrieb einfach. So auch heute!

Gerade zu Hause angekommen, erhalte ich einen Anruf von Thomas aus dem Krankenhaus, der Uwes neuen Rasierapparat bei mir abholen möchte. Die Ärzte wollen ein paar verbliebene Stoppeln am Mund wegnehmen, um den Tubus bequemer für Uwe anzulegen und zu verrücken. Thomas setzt sich sofort in den Bus. Hier angekommen, gebe ich ihm den noch unbenutzten Rasierapparat für Uwe mit, nicht ahnend, was sich an diesem Abend dort auf dem Zimmer ereignen würde.

Erst einige Monate später berichtete mir mein Bruder von diesem Abend, dem 2. Januar, als er dem Personal den Rasierapparat übergab. Wenn ich damals gewusst hätte, was sich in Uwes Zimmer abspielen würde, als ich bereits nach Hause gefahren war, hätte ich umgehend den Rückweg angetreten. Ist so etwas Fügung?
Thomas erzählte mir: „Uwe war schweißnass und es verweilte ständig mindestens eine Schwester im Raum. Die Werte befanden sich „jenseits von Gut und Böse", der

Puls (Herzfrequenz) stand bei 130 und war kaum noch tastbar. Der Blutdruck, der systolische (obere) Wert, lag regelmäßig unter 90. Die Schwestern wollten Uwe ein stabilisierendes Medikament zuführen, andererseits war der ZVK bereits belegt und so suchten sie eine weitere Einstichstelle, versuchten es auch an den Füßen – vergebens, es gab keine Einstichstelle mehr! Sie liefen resigniert aus dem Zimmer, um Hilfe zu holen. Als ich um 20:30 Uhr nach Hause ging, betrug die ständige Pulshöhe 155 und der systolische Wert des Blutdrucks lag bei circa 86 und wesentlich tiefer." So die Worte von Thomas.

Uwe hatte einen septischen Schock (Blutvergiftung) erlebt. Man geht ab einem Schockindex von > 1,0 von einem kritischen Schockzustand aus. Um einen Schock zu ermitteln, wird der Puls durch den systolischen Wert dividiert.

> *„Ein septischer Schock tritt immer nur in Verbindung mit einer vorausgegangenen Blutvergiftung (Sepsis) auf. Dies bedeutet, es gibt einen Krankheitserreger, der die Blutbahn des Patienten erreicht hat und gegen den das Immunsystem sich nicht ausreichend zur Wehr setzen kann. Durch kleine Blutgerinnsel und infolge der Entzündungsreaktionen im gesamten Körper kommt es zur Schädigung vieler lebenswichtiger Organe.*
>
> *Die Botenstoffe des Immunsystems weiten zusätzlich die Gefäße in dem Versuch, alle Organe und Körpergewebe weiterhin reichlich mit Blut zu versorgen. Eine Reaktion, die in diesem Ausmaß allerdings das Herz überfordert, weil gleichzeitig große Blutmengen in der Körperperipherie versacken. So kommt es bei einem septischen Schock zu einem starken Blutdruckabfall, der schnell lebensgefährliche*

Ausmaße annimmt. Risikofaktoren: Generell betrifft dies alle Personen, deren Immunsystem nicht vollkommen gesund ist."[8]

Es erfolgte einige Zeit später eine ergänzende Information des Chefarztes an mich und die Erklärung für die einhergehenden Schwellungen am gesamten Körper von Uwe. Hier der sinngemäße Wortlaut: Es wurde ein Lymphödem diagnostiziert. Der Körper war nicht optimal und perfekt durch die künstliche Ernährung versorgt. Durch Mangelfunktionen diffundierte Flüssigkeit ins Gewebe. Infolgedessen entstand eine Unterversorgung aller Organe. Die Flüssigkeit, die in den Organen gebraucht wurde, trat ins Gewebe aus und deswegen entstanden die Schwellungen.

---

[8] http://www.netdoktor.de/krankheiten/blutvergiftung/septischer-schock/

Die Hoffnung stirbt zuletzt

Kurz nachdem ich am 2. Januar 2015 zu Bett gehe, habe ich das Gefühl, dringend im Krankenhaus anrufen zu müssen, dem ich umgehend nachkomme. Doch ich lege aus einem Impuls heraus postwendend den Hörer wieder auf, weil ich *weiß*, dass die Ärzte mit Uwe beschäftigt sind. Fünf Minuten später erfolgt ein Anruf eines Arztes. „Wir haben gerade Ihren Mann 30 Minuten lang reanimiert und sie müssen sich auf Weiteres einrichten. Die Chancen stehen schlecht. Möchten Sie kommen?" Ich höre mich spontan „Nein" sagen und das ich das nicht durchstehen könne, dass ich versuchen müsse irgendwie zu ruhen.
Werde ich mir das jemals verzeihen können? Ist das die Reaktion einer liebenden Ehefrau?

Mir ist sofort klar, was bei einer dreißigminütigen Reanimation geschieht: Wenn das Gehirn drei bis vier Minuten ohne Sauerstoffzufuhr bleibt, entsteht eine Schädigung durch Enzymaustritt. Als Folge werden zahlreiche Gehirnzellen zerstört. Mein Wissensstand laut Patientenverfügung ist, dass Uwe „niemals leiden möchte". Daher befinde ich mich gerade in einem inneren Konflikt. Es ist so, dass er mit dem Koma, zwecks Heilungschancen, einverstanden war und „leben will". Schmerzen hat er durch das Koma keine. Dennoch – ich könnte hergehen und eine weitere Reanimation verhindern. Aber ist das Uwes Wille? Abgesehen von seinem Wunsch leben zu wollen, geheilt zu werden, würde ich mich in seinen Seelenentscheid einmischen. Darf ich das? Meine innere Antwort lautet: Nein! Dennoch bleibt Unsicherheit

zurück. Selbst in diesem Moment denke ich noch an ein Wunder, warum auch immer. Ich kann mich selber nicht verstehen! Kurzerhand rufe ich unseren Freund Engelbert an, der uns die ganze Zeit mit Rat und Tat zur Seite stand. Ich schildere ihm die Situation und meine innere Unsicherheit, dass eigentlich Uwes Seele den weiteren Verlauf entscheidet, mich jedoch dennoch frage, ob ich die Geräte abstellen lassen soll und bitte um Engelberts ehrliche Meinung. „Nein, Angela, lass es laufen. Wunder können geschehen und wir stecken da nicht drin. Überlasse Uwes Seele, was sie vor hat und in welche Richtung das hier geht. Alles ist möglich!"
Gott sei Dank! Ich bin zu diesem Zeitpunkt anscheinend nicht die Einzige, die SO denkt und fühlt. Das tut einfach nur gut! Engelbert hat mir meine Verunsicherung nehmen können. Danke dafür!

Ich überlege, ob ich bei Nachbarn so spät noch anklingeln soll, um mir Geld für ein Taxi zu leihen. Ich wollte heute zur Bank, bin aber durch den langen Krankenhausaufenthalt bei Uwe nicht mehr dazu gekommen und verschob es deshalb auf morgen. Selbst wenn ich jetzt ein Auto hätte, bekäme ich es in diesem Moment nicht auf die Reihe selbst zu fahren.

Ist so etwas Vorsehung? Was sollte mir das alles sagen?

Ich bin hin- und hergerissen irgendwie ins Krankenhaus zu kommen oder hier zu Hause zu bleiben. Mein Gewissen pocht ohne Unterlass. Also versuche ich die Situation mit meinem Verstand zu lösen. Mir ist klar, dass ich den Ärzten, während sie dauernd ins Zimmer rein- und rauslaufen, vom Stuhl kippen würde. Außerdem ist mir klar, dass, wenn ich eine Nacht im Krankenhaus verbringe und es dann wirklich zu Ende sein sollte, ich noch sehr harte Tage vor mir habe. Wie soll ich das körperlich durchstehen? Braucht mich Uwe jetzt? Kann ich irgendetwas für ihn tun, ihm helfen? Nein! Ich habe ALLES getan – Alles erdenkliche, was ich aus meiner Sichtweise habe tun können, da bin ich tief in mir absolut sicher! Also entschließe ich mich, zu Hause zu bleiben und bete und bitte. Es ist das Einzige was ich überhaupt tun kann und werde! Mir wird bewusst, dass ich hier von zu Hause aus weit mehr für Uwe ausrichten kann, als neben seinem Krankenbett. Ich bin halbwegs beruhigt. Gut so!

Ich rufe Karin an und erzähle ihr, was gerade geschehen ist. Daraufhin beschreibt sie mir etwas Wunderbares: Karin fragte im Halbschlaf, kurz vor der ersten Reanimation, die 30 Minuten andauerte und wovon sie noch nichts wusste: „Uwe, wie geht es dir?" Uwe erschien ihr in strahlendem Licht und sagte: „Karin, es geht mir sehr gut, ich werde gerade getragen." Karin und ich sind beruhigt und erleichtert! Mein Entschluss, zu Hause zu bleiben, ist somit völlig in Ordnung – was nicht heißt, dass ich mir später nicht doch noch Vorwürfe machen werde.
Im Anschluss an das Gespräch mit Karin, rufe ich Thomas an, setze ihn über alles in Kenntnis und sage ihm, er solle sich keine Hoffnungen machen. Auch er entscheidet sich dafür, in dieser Nacht zu Hause zu bleiben. Wir verbleiben so, dass ich mich morgen früh wieder melde, egal was zwischenzeitlich mit Uwe geschieht.

Ich raffe all meine Kräfte zusammen, um unseren Freunden wieder einen diesmal äußerst kurzen Situationsbericht per E-Mail zukommen zu lassen.

Ich kann heute nicht mehr sagen, wie oft der Arzt im weiteren Verlauf der Nacht noch anrief. Es tönte noch mehrfach das Telefon mit Meldungen aus dem Krankenhaus. Ich hörte mich sagen, dass der Arzt mich nicht jedes Mal anrufen müsse. Er erklärte mir jedoch, dass er dazu verpflichtet sei. Was er von mir dachte, war mir in dem Moment einerlei. Ich hatte völlig losgelassen.

Als ich im Bett liege, bemerke ich, dass ich innerlich gänzlich ruhig bin, dann nehme ich Uwe an meinem Bett sehr deutlich wahr, er hat seinen neuen Bademantel an und sitzt auf meiner Bettkante. Ich stelle weder Fragen noch erwarte ich irgendetwas. Ich nehme nur wahr, fühle und bin tief dankbar! Ich kann keine Wesenheiten *sehen*, wie andere das können, umso erstaunter bin ich über dieses wunderbare *Erleben*. Uwe hat sich in diesem Moment bei mir *verabschiedet* ...

Alles gut!

Der 3. Januar 2015

Um 2:55 Uhr erfolgt die letzte Herzdruckmassage – zwecklos! Die Todesuhrzeit ist 3:28 Uhr. Der Arzt ruft mich erneut an, um mir das mitzuteilen. Ich bedanke mich bei ihm für all seine große Mühe!

Um 3:30 Uhr wird Thomas wach und steht kurz auf – vermutlich ist es genau zum Todeszeitpunkt.

ES IST VORBEI!

Uwe wurde am 11. April 1957 geboren und 57 Jahre alt.

Ich weiß nicht warum und wieso, aber ich schlafe nach diesem letzten Anruf tatsächlich ein. Vielleicht ein Zeichen, wie sehr ich selber am Ende bin.
Am Morgen rufe ich gegen 8:00 Uhr meinen Bruder, Karin und Rainer an und gebe die Todesnachricht von Uwe an sie weiter. Meine beiden Freunde holen mich von zu Hause ab, um mit mir gemeinsam ins Krankenhaus zu fahren. Thomas wartet bereits am Krankenhauseingang auf uns. Zu sagen gibt es nichts. Jeder ist in seinen eigenen Gedanken und Gefühlen gefangen und damit gut beschäftigt. „Nichts gegessen aber rauchen", ist unsere Devise. Als wir gemeinsam das Krankenhaus betreten, geht es uns Vieren nicht wirklich gut. Uns ist zu diesem Zeitpunkt allen bewusst, dass dieses zum letzten Mal geschieht. Zum letzten Mal fahren wir schweigend mit dem Aufzug hoch zur Intensivstation. Hier begrüßt uns eine Schwester mit Beileidsbekundung und einer Tasche mit Uwes persönli-

chen Dingen. Ich beschließe diese Tasche später abzuholen. Liebenswürdig werden wir zum Schwesternzimmer auf Uwes bisheriger Station geschickt, wo man uns weiterhelfen wird. Dort angekommen, sehen wir Schwestern mit Tränen in den Augen, gefolgt von gefühlvollen Umarmungen für uns alle. Ja, Uwe war „ein Langzeitpatient mit guter Prognose". Uns wird gesagt, dass ein Zimmer für ihn und uns hergerichtet ist und gleich ein Tablett mit Kaffee für uns dorthin gebracht wird. Wir alle betreten mit angehaltenem Atem dieses Zimmer. Dort steht eine große Kerze und wir erblicken Uwe in seinem Bett liegend. Was uns allen sofort auffällt: Er hat ein leises Lächeln um den Mund ... absoluter Friede ist hier spürbar! Mir fällt auf, dass die Schwellung, die ich am Tag zuvor beobachtet habe, noch immer besteht und dass dies zum jetzigen Zeitpunkt sogar von Vorteil ist. Sein Gesicht ist voller, nicht mehr eingefallen. Er sieht fast so ‚normal' aus, wie wir alle ihn von jeher kannten.

DANKE Leben, dass du dies für uns so eingerichtet hast.

Nacheinander kommen die Schwestern herein, um Abschied zu nehmen und berühren uns sehr mit ihrer Anteilnahme. Sie erklären, dass wir so lange bleiben können wie wir wollen. Jeder von uns verabschiedet sich auf seine Weise von Uwe. Ich küsse ihn auf die Stirn. Bei meinem Vater tat ich das damals ebenso – einem tiefen Bedürfnis folgend.

Mein großer „Diamant" hat es geschafft, er hat sich tatsächlich anders entschieden, die Qualen seines Körpers, der Krankheit waren zu groß. Mein gesamtes Verständnis ist bei ihm! Alle Bewunderung gehört ihm! Ich verneige mich in aller Demut vor ihm mit einem tiefen Namasté.

Es erfüllt mich mit tiefer Dankbarkeit, an der Seite von Uwe gelebt zu haben. Irgendwann berührte ich Uwe einmal mit den Worten, welche meinem Herzen entsprangen: „Egal was geschieht, ich bin da – bis an der Welt Ende." In gleicher Weise fühlte ich damals in dem Moment, als ich das aussprach und es wird immer so sein und die Worte werden an Gültigkeit niemals verlieren.

Ich weiß nicht mehr, wie lange wir in dem Zimmer bei Uwe blieben.

Karin und ich gehen zwischenzeitlich gemeinsam in Uwes altes Zimmer auf der Station, auf der er so lange Patient war und packen ein, was Uwe gehörte. Karin betrachtet den Rest ihrer selbstgebackenen Kekse. Sie packt sie recht langsam ein, wie in Zeitlupe. Sie ist irgendwie gar nicht *da* und doch sehr bewusst und gerichtet, das spüre ich. Wortlos helfe ich ihr. Dann hole ich die Tasche mit Uwes Sachen von der Intensivstation. Wir stellen das Gepäck vor die Türe, samt dem neuen, für Uwe angefertigten Rollator. Später werden wir alles zusammen abholen, wenn wir mit dem Abschied endgültig abgeschlossen haben und die Türe von dem Zimmer, in dem Uwe liegt, hinter uns schließen werden.

Als es soweit ist, verlassen wir Vier bepackt und schweigend das Krankenhaus – für immer ...

Ich erkundige mich bei meinem Bruder, ob er mit zu mir fahren möchte, denn ich weiß nicht, wie es ihm psychisch geht. Thomas möchte jedoch allein zu sich nach Hause. Ich willige mit gemischten Gefühlen ein. Wie er mir später gesteht, hat er mit sich arg gehadert, nicht psychisch gänzlich abzustürzen und sich zu alkoholisieren. Thomas meisterte diese Situation außerordentlich erfolgreich.

Danke dafür Bruderherz!

Fast wortlos fahren Karin, Rainer und ich zu „uns". Dieses „uns" soll mich noch lange begleiten und es fällt mir heute noch schwer, statt diesem „uns" – „mir" oder „ich", „mich" und „mein" zu sagen, zu denken und zu fühlen.

Als wir zu Hause sind, klingelt unvermittelt Uwes Handy und ich bitte Rainer ranzugehen, weil ich dazu nicht in der Lage bin. Es ist Uwes langjähriger Chef, der mittlerweile im Ruhestand ist und auf dessen Abschiedsfeier das letzte Foto von Uwe entstand. Er möchte Uwe sprechen und wissen, wie es ihm geht. Rainer teilt ihm mit, dass Uwe letzte Nacht verstorben ist und das ich (Angela) mich noch bei ihm melden werde.

Über mir bricht alles zusammen und so rufe ich sofort unseren langjährigen Freund Thomas an, der durch unsere gesamten Finanzen blickt und vieles in der Vergangenheit zu unserem Besten geregelt hat. Oh Gott! Die Ordner, die Ablage, die Papiere! Ich habe doch von nichts einen Plan, weil das immer Uwes Leidenschaft war. Und der war völlig anders im Denken gestrickt als ich es bin. Ich muss zukünftig erst einmal lernen mir seine Ordnung für mich verständlich zu machen. Wieder habe ich nur noch Gewitter im Kopf! Mir fällt ein, dass wir die Sterbe- und zeitgleich die Risikoversicherung gekündigt hatten. Ich erkenne, dass ich nichts habe! Aber vor allem habe ich keinen Durchblick, was alles auf mich zukommen wird. Die Versicherungen hatten wir gekündigt, als wir sie uns nicht mehr leisten konnten. Wir hatten vor, wenn wir wieder schwarze Zahlen schreiben, für „gewisse Fälle" selbst zu sparen und etwas auf die Seite zu legen. Aber bis dahin sollten ja noch viele Jahre Zeit sein! Weit gefehlt, wie ich jetzt erlebte.

Unser Freund Thomas traf an diesem Vormittag unverzüglich bei mir ein und klärte unsere kleine Runde über alles auf, regelte vieles und empfahl ein Beerdigungsinstitut, welches ich umgehend anrief und für den nächsten Tag (Sonntag) einen Termin erhielt, denn Uwe sollte rasch aus dem Krankenhaus abgeholt werden, wie man uns dort mitteilte. Auch das noch!

Zu keiner Zeit sind Uwe und ich auf die Idee gekommen, ein Testament zu machen, zumal es keine Kinder gibt. Wozu also? Für uns war immer klar, dass der eine, der ‚übrig' bleibt, alles erbt – unser Haus. Also wozu ein Testament? Außerdem würde er ja wieder gesund werden, worüber wir keinen Zweifel hatten. Kein Testament zu haben sollte ich bitter bereuen! Die Behörden kennen da keine Gnade. Ebenso gab es keine Vorsorgevollmacht. Bis zum 3. Januar 2015 hatte ich das Wort noch nie gehört. Alles gut soweit. Thomas war ja jetzt da.

Rainer fuhr ein paar süße Teilchen holen, denn wir hatten alle noch nichts gegessen und ich war auf nichts vorbereitet. In meinem Kühlschrank ‚liefen sich die Mäuse schon seit einiger Zeit Schwielen an die Füße', was bedeutet, dass er gänzlich leer war. Karin und Rainer blieben bis zum Nachmittag, waren völlig fertig und fuhren dann nach Hause.

Ich war allein! Zum ersten Mal in meinem Leben ganz ALLEIN! Allein mit den vielen Tüten und Taschen vom Krankenhaus, dem Rollator und mit mir. Ich mochte das alles nicht auspacken. Mir fehlte dazu jede Kraft. Und so stellte ich es erst einmal beiseite.
Mittags hatte ich Birgit und Engelbert angerufen. Beide begleiteten uns die ganzen Monate in einer beispiellosen Intensität, ja, sie trugen Uwe und auch mich durch diese Zeit und gaben ungeheuer viel von sich. Engelbert sagte sich bei diesem Telefonat für den Abend bei mir an. Birgit wohnt nicht gerade um die Ecke und so sind unsere intensiven Gespräche auf Telefonate beschränkt. Ich kann heute nicht mehr sagen, was ich sonst noch tat oder nicht tat, es ist einfach nicht mehr in meinem Kopf. Ich weiß nur, dass ich noch eine kurze Rundmail an unseren engsten Kreis, mit dem Geschehen seit gestern, schrieb:

3. Januar 2015

„Uwe ist heute Nacht nach vielfachem Reanimieren und Maximaleinsatz des gesamten Personals verstorben.

Unsere Freunde, mein Bruder und ich haben uns heute Vormittag verabschieden können. Karin und Rainer sind den ganzen Nachmittag bei mir geblieben. Gleich kommt noch Engelbert vorbei und morgen das Beerdigungsinstitut.

Ich melde mich sobald ich atmen kann.

Von Herzen Angela"

Das von mir bemerkte Loch in meinem Hirn wurde größer. Eine unglaubliche, für mich nicht definierbare Leere überkam mich, das weiß ich noch. Ich konnte nicht mal sagen wo ich diese Leere hätten fühlen können. Und ich weiß auch noch, dass Engelbert am gleichen Abend auf einen Besuch vorbeikam. Er war einfach da – wirklich IMMER! An dieser Stelle ein großer Dank an dich!

Engelbert und ich hatten einiges zu besprechen und ich benötigte die Meinung eines Menschen, der so ‚tickt' wie Uwe und ich. Nur war ich im Moment ungeordnet in meinem Denken und darum brauchte ich ein Gegenüber mit einem klaren Kopf, dem ich erklären konnte, was ich, die Beerdigung betreffend, fühlte und dachte. Da war Engelbert genau der Richtige.

Es gab von mir eine Überlegung, Uwe im Garten beizusetzen, an *seiner* Granitbank, ganz ohne Feier und ganz privat. Aus früheren Gesprächen wusste ich, dass sich Uwe eine Feuerbestattung gewünscht hatte und unter einem Baum beerdigt werden wollte, „sowas wie ein Friedwald", hatte er vor Jahren gesagt. Ja, die Natur war *sein* Element. Uwe im Garten beizusetzen hätte bedeutet, Uwe erst in Holland einzuäschern und im Anschluss daran die Urne zu holen. All das erläuterte ich Engelbert in aller Ruhe und bat um seine ehrliche Meinung. Engelbert verstand mich gut, gab jedoch zu bedenken, dass ich den vielen Menschen, die Uwe so lange beigestanden haben, die Möglichkeit geben möge, sich zu verabschieden, was mir sofort völlig einleuchtete. Den daraufhin von mir gefassten Entschluss hierzu, sollte ich nicht bereuen. Denn genau DAS sollte zu der Feier werden, die ich Uwe im Krankenhaus versprochen hatte, wenn er wieder fit sei: „ ... mit allen, die uns unterstützt, begleitet und geholfen haben." In diesem Fall jetzt jedoch *anders*, als ursprünglich von mir angedacht war.

Nachdem Engelbert nach Hause gefahren war, setzte ich mich ruhig auf die Couch, zündete mir eine Kerze an und ging in mich. Wieder tauchte diese innere Ruhe in mir auf. Was dann geschah ... (Dazu im 2. Teil des Buches mehr).

In der folgenden Nacht schlief ich gut – leer gebrannt wie ich war.

Der Tag danach, 4. Januar 2015

An diesem Sonntagmorgen erscheint der Herr vom Beerdigungsinstitut und ebenso Karin und Rainer, denn sie wollen mich mit dieser Angelegenheit nicht allein lassen. Ein Riesendank an euch beide – nicht nur dafür! Alle Freunde waren und sind einfach allezeit für mich da, jeder auf seine Weise. Und oft fehlen Worte zu erfassen, WAS sie mir bedeuten! So stehen weitere wunderbare Freunde plötzlich an diesem Tag unvermittelt an der Tür, kommen von weit her, nur um mir beizustehen und mich zu umarmen. Es tut sooo gut!

Die Beisetzung wird koordiniert und geplant. Die Meinung von Karin und Rainer ist mir wichtig und so bin ich froh und erleichtert, dass sie an meiner Seite sind. Eine Feier nach der Beisetzung in einem Restaurant erspare ich mir, da ich nicht weiß, an wem vorbei ich mit den Einladungen die ‚Grenzen' setzen soll. Für mich würde ein Auswählen von Personen schmerzvolle Entscheidungen bedeuten, zu denen ich momentan nicht in der Lage bin und mir ohnehin widerstrebt. Mir ist bewusst, dass es eine sehr große Beerdigung wird, was ich in den nächsten Tagen bestätigt bekomme.
Ein Waldgrab wird reserviert, über das zwei Mal im Jahr gemäht wird, wunderbar! Ich soll Uwes Lieblingskleidung raussuchen, die er zur Einäscherung trägt. Dies fällt mir sehr leicht. Wir kennen das ja, wenn wir jemandem die Sachen, die er gern trägt, „vom Leib reißen müssen", um sie zu waschen. Daher trifft meine Wahl schnell auf eine sehr bequeme blaue Haus-Jeans mit Gummizug und ein weißes, langärmliges T-Shirt.

Die Zeit nach der Zeit beginnt

Das Ergebnis der Bronchoskopie ist da und ich habe ein langes Gespräch mit dem fürsorglichen Arzt, der Uwes Atemwege an Silvester vom Eiter befreite, indem er ihn absaugte. Der Befund wird von dem Arzt als „niederschmetternd" bezeichnet. Da ist nichts, was auch nur annähernd gefährlich sein könnte, auch der MRSA ist negativ. Es sind „Peanuts-Bakterien" und ein wenig Candida (Pilz), was bei der Menge an Antibiotika nicht verwunderlich ist. Der Arzt erklärt weiter, dass man nicht Tausende von Bakterien untersuchen kann und es durchaus möglich ist, dass ein Bakterium relevant war, was nicht untersucht wurde. Die Möglichkeit besteht, dass Uwe sich an einem harmlosen Bakterium infiziert hat, was dem normalen und gesunden Immunsystem nichts anhaben kann, gleichwohl einem Leukämie-Patienten das Leben kostet.

Hier zu Hause lasse ich die Krankenhaustaschen zwei Tage stehen, da ich weder Lust noch Energie habe sie auszupacken. Der Behördenkram fängt an und es zeigt sich mir, was es heißt bisher ‚nichts geregelt' zu haben. Folglich habe ich nach drei Monaten eine Briefkastenphobie! Es hört einfach nicht auf. Bei den Ämtern bemerkt man, dass ich neben der Spur bin und ich lasse mir alles mehrfach erklären. Ich verstehe rein gar nichts. Geschweige denn, dass ich die Formulare alle allein ausfüllen kann, die mir da ins Haus hereinschneien. Dies alles zu schildern, würde hier den Rahmen sprengen und jeder der einen Todesfall erlebt hat, erfährt vielleicht einen ähnlichen Wirrwarr.

Mein Leben hat sich von jetzt auf gleich in einen Trümmerhaufen verwandelt. Ich fühle in mir das reine Chaos und ich sehe um mich herum nur noch Chaos.

Am Abend des dritten Tages, nach Uwes Tod, es ist bereits recht spät, schnappe ich mir endlich die Taschen und fange an auszupacken. Da ist, von der Zahnbürste angefangen, einfach alles drin, was sich in der fast lückenlosen Zeit des Krankenhausaufenthaltes von Uwe angesammelt hat. Als ich die Zahnbürste im Bad in den Zahnbecher stellen will, halte ich inne und ein innerer Gedanken-Film läuft ab: Was soll die Zahnbürste im Becher? Sie wird nie wieder benutzt werden, erkläre ich mir selbst. Hmm, aber wohin damit? Wohin mit den ganzen Sachen aus den Taschen? Wieder überall einräumen? Das kann's nicht sein!

Irgendetwas packt mich und ich räume im Bad die kompletten persönlichen Dinge von Uwe aus den Schränken raus. Ich sortiere nach „Müll", „verschenken" oder „das kann ich noch nicht entsorgen", wozu auch seine Brillen und die Zahnbürste gehören. Die Armbanduhr, welche heute noch auf die Minute genau tickt und sein Trauring bekommen sofort einen Sonderplatz in der Vitrine im Wohnzimmer, in der bereits Schmuckstücke unserer Eltern liegen. Den Trauring finde ich im Nachtschränkchen, was mich überrascht und ich frage mich, wann Uwe den wohl abgelegt haben mag …? Ein besonderes Tütchen mit Zahnbürste und Brillen kann ich erst vier Wochen später entsorgen – ganz bewusst werde ich nach über einem Monat diesen letzten Akt vollziehen und lasse dann wieder ein Stückchen mehr los …

Im Anschluss an die Badezimmer-Aktion nehme ich mir den weiteren Inhalt von Uwes Taschen aus dem Krankenhaus vor. Der Rollator wird in ein separates Zimmer gebracht, denn der soll abgeholt werden.

Wenn ich den begehbaren Kleiderschrank, den Uwe gebaut hat, in den letzten Tagen betrete, überkommt mich jedes Mal großes Unbehagen, denn mein Blick fällt auf seine extrem vielen Kleidungsstücke – allein circa sechzig Hemden sind es, die dort hängen. So beschließe ich an diesem Abend, mich mit einer Rolle blauer Müllsäcke zu ‚bewaffnen' und den Schrank auszuräumen. Ich spüre in mich hinein und für mich passt das jetzt. Ja, ich möchte das JETZT. Mögen andere den leiblichen Besitz noch zehn Jahre aufbewahren – ich bin das nicht. Wozu? Es quält mich nur. Jeder ist anders und völlig individuell ‚gestrickt'. Dabei ahne ich noch nicht, wie sehr es mich quälen wird, wenn ich das jetzt in Angriff nehme. Es sollte der pure Horror werden …!

In dem Schrank befinden sich die sogenannten Lieblingsbekleidungen, welche hier auf mich warten. Anzüge, die Uwe auf unseren Kreuzfahrten beim Kapitäns-Dinner trug, seine Gartenarbeitssachen und, und, und. Jedes Teil hat seine eigene Geschichte. Und so nehme ich ausnahmslos die Teile einzeln und sehr bewusst in die Hand und es bricht alles aus mir heraus, was vorstellbar ist. Leise geht dies nicht vonstatten! Zwischen Wut, Zorn und Traurigkeit werde ich hin- und her gezerrt. Ich fühle mich wie ein Segel, welches dem emotionalen Sturm ausgesetzt ist und davon zerfetzt wird, bis von mir nichts mehr übrig bleibt, außer ein paar Löchern und einer unglaublichen Leere.

Vor mir stehen nun circa sieben Müllsäcke für einen guten Zweck und stapelweise Kleidung, die ich an Menschen aus meinem Umfeld abgeben möchte. Ich bringe die schweren Säcke die Treppe hinunter und räume sie in den separaten Raum zum Rollator. Dann schließe ich ganz bewusst die Türe hinter mir zu.

Mittlerweile bin ich gänzlich geschwächt, da es mir an Nahrungsaufnahme fehlt. Essen wurde für mich zu einem notwenigen Übel und ich vergesse es ständig. Appetit kenne ich nicht mehr. Völlig entkräftet kann ich jetzt kaum noch aus meinen nun angeschwollenen Augen blicken.

Als ich den Kleiderschrank erneut betrete, erwartet mich wieder dieses unbehagliche Gefühl, denn dieser ist nun halb leer und so räume ich spontan, irgendwann nachts um 2:00 Uhr, meine gesamte eigene Kleidung auseinander, damit der Schrank voll aussieht und alles gleichmäßig verteilt ist. Ich kann mich nicht mehr auf den Beinen halten und so falle ich in mein Bett und schlafe recht gut.

In den nächsten Tagen treffen Beileidsbekundungen ein, die mich emotional überwältigen. Briefe über Briefe persönlichster Art lese und sammle ich. Dabei ist auch eine CD von Unheilig „An deiner Seite", die mir Trost spenden soll. Es sind Briefe von Frauen, die Uwe ausgebildet hatte und die mir mitteilen, wie sie Uwe erlebt haben: immer ein offenes Ohr, Trost in allen Lebenslagen und, und, und. Erst jetzt wird mir wieder klar, wie hoch sein Ansehen bei der Stadtverwaltung war und ich bin zutiefst davon bewegt. Ich werde von einer regelrechten

Welle überrollt, die offenbar versucht meine Löcher im Segel wieder zu stopfen, was allerdings nur teilweise gelingt. Was an E-Mails hier eintrifft, wühlt mich ebenfalls emotional arg auf.

Ich besuche etwa eine Woche nach Uwes Tod ein Seminar von Christoph Fasching in Mondsee, was mir sehr gut tut. Seminare sind für mich Seelenurlaub. Als ich den Raum dort betrete, ruft Christoph mir zu: "Da ist die Frau, auf die ich die ganze Zeit gewartet habe." Mit diesem Empfang rechnete ich nicht und bin äußerst berührt. Ebenso schließt mich Thomas Gebert, sein Seelenfreund in die Arme und manchmal bedarf es keiner Worte, wenn Blicke sich treffen. Für mich ist es wie ‚ein nach Hause kommen' und ich fühle mich in diesem Kreise sehr geborgen und aufgehoben. Ich bin Jelena sehr dankbar, die ich in einem unserer Workshops hier zu Hause kennengelernt habe. Sie nahm mich freundlicherweise mit dem Auto nach Mondsee in Österreich mit; die Strapaze einer Zugfahrt wäre für mich nicht zu verkraften gewesen.

Mir wird hier und da bewusst, dass es mir, mein seelisches Befinden betreffend, relativ gut geht – wundersamer weise. Ich kann mir das nicht erklären, bin schließlich froh darüber und nehme es so wie es ist dankend an.

„Wenn du denkst es geht nicht mehr ..." dieses Sprüchlein aus meinem Poesie Album kenne ich seit meiner Kindheit und es findet nun hier seinen Sinn und seine ganz eigene Wahrheit, denn in dieser Zeit fallen die Engel regelrecht vom Himmel. So wird mir zum Beispiel zugesagt, dass ich nie wieder Schnee schaufeln müsse, weil das ab jetzt die Söhne von Karin und Rainer tun werden – kostenlos! Eine wunderbare Frau, die meine Steuern erledigen möchte, erscheint ebenfalls plötzlich wie aus dem Nichts. An jeder Ecke tut sich Hilfe auf. Menschen die mich in meiner alltäglichen Arbeit unterstützen möchten, denn ich bin ja nicht mal in der Lage meine Einkäufe mit dem Bus zu tätigen.

Uwe und ich hatten in den letzten Jahren viel für andere getan, was immer direkt unserem Herzen entsprungen war. Ist dies jetzt der Zeitpunkt, von dem wir immer sprachen, wenn wir Menschen etwas aus bedingungsloser Liebe tun, das diese Liebe an anderer Stelle zu uns zurückkehrt? War es das, was ich gerade erfahren durfte?

Es fällt mir eine Adresse und Telefonnummer von einem Pastor in die Hände – so ganz zufällig. Ich hörte ihn vor Jahren bei einer Beisetzung sprechen und notierte mir damals den Namen und seine Telefonnummer, weil ich von dem, was er sagte und wie er es sagte, äußerst angetan war. ER ist der Mann, den ich jetzt brauche! Ich habe Glück und bekomme einen zeitnahen Termin. Er bittet mich vor unserem Treffen, zusammenfassend aufzuschreiben, was mich mit Uwe verband, wie seine Lebensstationen aussahen und so weiter. Rasch erstelle ich diese Ausführungen und es werden in kleiner Schrift fünf Din A 4 Seiten, die ich ihm präsentiere, als er mich besucht. Über das, was er zu lesen bekommt, ist er positiv überrascht und fasziniert. Da steht auch, dass statt meiner Trauer, die Dankbarkeit Einzug in mir gehalten hat. Wie der Pastor mir sagt, ist dieser Gedanke für ihn wie eine

Offenbarung, so habe er das noch nie gesehen. Wir besprechen die Andacht und seine Vorschläge passen zu meinen.

Mit einem sehr kleinen Kreis der engsten Freunde, die seit vielen Jahren an unserer Seite waren und sind, vereinbarte ich, dass wir nach der Beisetzung zu uns, genauer gesagt, zu mir gehen und noch ein wenig zusammen sitzen werden. Ich bereite eine Kleinigkeit zu essen vor und der Tag der Tage steht plötzlich vor mir.

Ich habe mir reiflich überlegt, ob ich direkt nach der Beisetzung am Grab einfach weitergehen soll, um mir das Händeschütteln der Menschen zu ersparen. Es handelt sich hierbei um den geläufigen Ausspruch: „von Beileidsbekundungen am Grab, bitte ich abzusehen." Ich bespreche diese Überlegung mit meinem Bruder, denn wir sind ja die einzigen Verwandten, die dort stehen werden. Er überlässt diesen Bedacht mir allein und meint, dass ich mir genau überlegen soll, was ich mir zumute und was nicht. Und so entscheide ich mich, jedem Einzelnen in die Augen zu sehen, denn es kommen ganz sicher viele Menschen sowie auch gemeinsame Klassenkameraden, die ja alle wie durch ein Lauffeuer benachrichtigt worden sind. Viele dieser Menschen habe ich vielleicht Jahre nicht gesehen, andere werde ich nicht kennen, zum Beispiel Uwes Kollegen von der Stadtverwaltung. Ich beschließe sie alle bewusst anzusehen und in mich aufzunehmen.

Der Tag der Beisetzung

Es ist der 23. Januar 2015. Mein Bruder kommt am Morgen recht früh. Es ist bitterkalt draußen. Ich weiß nicht, ob ich jemals in meinem Leben aufgeregter war als heute. Mir ist es einfach nur wieder einmal übel. Ich zittere innerlich und auf meiner Stirn scheint „Alarm" und „Angst" zu stehen. Ich fühle mich wie unter Strom. Auch weil der Schlaf letzte Nacht ausblieb. Ich weiß nicht, wie ich bei der Beisetzung reagieren werde, ob mir mein Körper nun endgültig einen Streich spielt oder was sonst geschehen mag. Ich nehme ein pflanzliches Präparat zur Stärkung ein, was glücklicherweise gut hilft und so werde ich ruhiger und bin sogar etwas frohen Mutes, was mir unerklärlich ist.

Thomas und ich sind frühzeitig an der Kapelle. In kurzen Abständen treffen hier die lieben Mitmenschen ein. Ich fasse es nicht, es sind unglaublich viele, bestimmt zweihundert Seelen, große Gruppen, kleine Gruppen, einzelne Personen, die sich hier nach und nach einfinden und versammeln. Ich gehe mit einem Lächeln, welches völlig echt ist, mich dennoch selbst sehr überrascht, auf jeden zu. Wie ich dazu in der Lage bin, ist mir schleierhaft. Ich bemerke es nur und bin sehr dankbar, denn ich hatte nicht damit gerechnet, all diesen vielen Weggefährten auf diese Art begegnen zu können, ja sie teilweise zu trösten. Wen ich nicht kenne, dem stelle ich mich vor. Dann gehen wir gemeinsam in die Kapelle hinein. Vorne am Altar steht das Bild von Uwe, das jeder hier im Raum kennt. Uwe ist darauf abgelichtet, so wie er immer war, so wie ich ihn liebte. Bis heute weiß ich nicht, wer Uwe hier fotografiert hat. Mein tiefer Dank dafür sei an dieser Stelle ausgedrückt!

Es gibt nicht genug Sitzplätze. Wie ich vermutet habe, wird es tatsächlich rappelvoll und den Pastor höre ich rufen: „Ich bin zwar ein Mann aber ich friere trotzdem. Könnten Sie bitte nachrücken, damit wir die Türe schließen können?" Er hat diesen Satz humorvoll herübergebracht und so zaubert er ein Lächeln auf manches Gesicht und sorgt für allgemeine Auflockerung. Wunderbar!

Ich bin umgeben von Liebe und Freundschaft – neben und hinter mir. Es tut sooo gut! Mein Bruder und auch Engelbert fassen mich bei den Händen und wir stehen innerlich wie körperlich in Verbindung. Ich werde gehalten. Uwe kann ich vorn in der Kuppel wahrnehmen, strahlend, groß, kraftvoll, gewaltig und schön. Mir wird in diesem Moment bewusst, dass Uwe es ist, der meine Emotionen heute irgendwie im Griff hält, mir alles Fehlende gibt, was ich heute brauche. Ich bin nun völlig ruhig, keine Träne habe ich bis jetzt geweint, was auch so bleiben wird. Das innere Zittern ist wie weggeblasen und ich fühle mich recht gut, wenn auch meine Beine etwas von einem Pudding haben.

Jeder nimmt Uwe je nach *Antenne* auf seine Weise wahr, wer keine *Antenne* hat, bemerkt vielleicht gar nichts.

Der Pastor beginnt mit den Worten, dass ich ihn anwies, er möge circa einhundertfünfzig Programm-Exemplare drucken, um sie auf den Plätzen zu verteilen. Von seiner Kanzel herunter entschuldigt er sich, dass sie nicht ausreichen. Ja, die Größe der Trauergemeinde hat tatsächlich all meine Erwartung gänzlich übertroffen. Worte des Dankes an alle für ihre Begleitung und Anwesenheit folgen. Dann wedelt er mit meinen fünf Seiten Text in der Luft herum und meint: „Was diese kleine Frau da alles zu Papier gebracht hat ist wunderbar. Hier, schauen Sie! Das sind fünf Seiten und dann auch noch in kleiner Schrift. Ich könnte davon zwei bis drei Predigten halten, ohne dass es hier auch nur irgendjemandem langweilig würde. Es war daher nicht ganz einfach für mich, das Wichtigste herauszufischen, um es in meine Predigt zu integrieren." Die Predigt verläuft berührend aber nicht tragisch oder schwer ab. Lieder wollte ich nicht singen lassen, dennoch hatte ich mich für ein Orgelspiel der Lieder entschieden: „Morning has broken" von Cat Stevens (Ein neuer Tag erwacht), „So nimm denn meine Hände" (ursprünglich ein Hochzeitslied) sowie das „Hevenu schalom alejchem" (Wir wünschen Frieden). Ich hatte ein paar Worte zusammengestellt, die ich eigentlich vorlesen wollte. Doch dann entschied ich, den Pastor damit zu beauftragen, dies in meinem Sinne für mich zu tun, denn ich wusste ja nicht, ob ich dazu überhaupt in der Lage sein würde. Und so liest er:

„Ich bin dir dankbar, für die Chance, die du uns und mir einst gabst,

für all deine Liebe, die mich viele Jahre gewärmt hat,

für deine Treue und deinen Beistand in guten wie in schlechten Zeiten,

für deine Loyalität und Ehrlichkeit, gerade in der letzten Zeit, für dein Durchhaltevermögen, mich zu ertragen und oftmals auch zu tragen,

für deine Freundschaft, deine immerwährende innere Ruhe,

für deine vielen inneren Kämpfe um mich und wegen mir,

für viele Jahre des Glücks und der Harmonie – aber auch der Probleme, an denen ich reifen und wachsen durfte und die das Salz des Lebens sind.

Ich bin dankbar, einen solchen Menschen wie dich an meiner Seite gehabt zu haben und dass ich mit dir den größten Teil meines bisherigen Lebens zurücklegen durfte.

Du warst ‚mein Diamant' und ich verneige mich in tiefer Demut vor dir, bei dem, was du gerade in den letzten Monaten an innerer Arbeit, ja gemeinsamer Arbeit mit mir geleistet hast, um geistige Heilung zu erlangen – dies war ein Meisterstück!

Ich bin aus tiefstem Herzen dankbar, dass es dich für mich gegeben hat!"

Der Pastor kommt zu mir und fragt mich, ob ich neben ihm gehen wolle, wenn wir die Kapelle jetzt verlassen oder lieber hinter ihm. Spontan sage ich: „Neben dir." Wir sagten einander Du, von Anfang an. Und so findet der Auszug aus der Kapelle statt. Vor uns die Urnenträger. Es geht ein wenig bergab und in einer sehr lang gezogenen Kurve bittet mich der Pastor, mich einmal umzusehen, dem ich folge: „Boah, Hammer!" Menschen soweit mein Auge reicht! Diesen beeindruckenden Anblick werde ich wohl mein Leben lang nicht vergessen!

Dann erblicken wir eine kleine Lichtung von großen, alten Bäumen umgeben und der Pastor sagt mir, dass Uwe dort gebettet wird. Ich bringe begeistert heraus, dass Uwe es sich genau so erträumt hat. Dort angekommen, wartet er bis auch der letzte seinen Platz gefunden hat und gibt dann unseren kleinen Wortwechsel während des Weges wieder, auch das „Boah, Hammer!" Wieder ist es ein Schmunzeln oder ein kleines Lächeln, was für Auflockerung sorgt. Auch erwähnt der Pastor, dass hier der Platz sei, den sich Uwe für sich gewünscht habe.

Als Uwes Urne niedergelassen wird, verneige ich mich mit einem tiefen Namasté und einem großen Dank. Dann stelle ich mich mit meinem Bruder an die Seite und lasse die Trauernden an mir vorbei defilieren. Es war die richtige Entscheidung! Hätte ich es anders beschlossen, müsste ich es jetzt bereuen, denn wen ich hier alles erblicke, ist so wunderbar, dass mir die Worte fehlen. Unter anderem sind da all seine Vorgesetzten, ebenso der Herr, der Uwe damals bei der Stadtverwaltung eingestellt hat, Pensionäre der Stadtverwaltung, die Uwe immer mochten, ein Teil unserer Klassenkameraden und viele mehr! Diese wertvollen und liebevollen Berührungen werde ich niemals vergessen; sie begleiten mich durch die nachfolgende Zeit.

Thomas an dieser Stelle sei dir aus tiefstem Herzen gedankt! Immer wenn Uwe dich im Krankenhaus brauchte, warst du zur Stelle und DA. So auch jetzt an genau dieser Stelle, hier auf dem Friedhof, an der du die ganze Zeit allein mit mir ‚ausgehalten' hast!

Der letzte Begleiter ist an Thomas und mir vorüber und ich trete mit ihm gemeinsam den Rückweg an, vorbei an dem großen Friedhofskaffee. Durch die großen Fensterscheiben erblicke ich fast die halbe Gesellschaft, die sich in Gruppen dort platziert hat, um sich aufzuwärmen. Teilweise sind dort Menschen, die sich lange nicht sahen und hier wieder zusammen finden. Mit diesen Eindrücken verlasse ich den Friedhof und bin in diesem Moment froh und zufrieden, kann es als die richtige Entscheidung empfinden, dass ich keine ‚Grenzen' gezogen habe, um bei einer Trauerfeier ein-oder auszuladen. Denn dann hätte, hier in dem Kaffee, das freudige Zusammentreffen meiner Weggefährten, so nicht stattfinden können.

Nach und nach treffen bei mir zu Hause meine engsten Freunde ein und wir haben wunderbare Stunden miteinander. Als sie nach Hause gehen, kommen weitere Freunde, die für die Beerdigung keine Arbeitsbefreiung erhielten. Ich habe glücklicherweise für alle genug zu essen. Alles in allem und rückblickend war es ein wunderbarer Tag für uns alle. Ich bin am Ende froh alles gut überstanden zu haben, jedoch erschöpft.

Nach einigen Wochen besuche ich erstmalig das Grab von Uwe, denn meine Freundin Birgit würde mich gern besuchen und dann mit mir gemeinsam zum Friedhof gehen wollen. Sie konnte auf der Beerdigung leider nicht dabei sein, was besonders bedauerlich für mich war, denn Birgit hatte mir an meiner Seite sehr gefehlt!
Nun befürchte ich nach der langen Zeit, das Grab nicht mehr zu finden, doch geschieht dies auf Anhieb.

Als ich davor stehe, wird mir bewusst, dass ich mir Zuhause kein Taschentuch eingesteckt habe. Wozu auch? Warum sollte ich weinen, hatte ich zu Hause noch bei mir gedacht, dort liegt ja nur Uwes verbrannte Hülle – weit gefehlt! Als ich davor stehe, erblicke ich eine kleine Steinplatte, mit Namen, Geburts- und Sterbedatum versehen. Und in dem Moment wird mir bewusst(!), dass ich vor dem Grab *meines verstorbenen Ehemannes* stehe und es zieht mir fast die Beine weg. Ich weine bitterlich und – Taschentücher gibt's hier nicht ...!

Ähnliches wiederfährt mir nach ein paar Wochen. Ich sehe die ausgeschnittene Todesanzeige auf dem Wohnzimmertisch liegen und lese sie Wort für Wort. Dann denke ich mir: „Da liegt die Todesanzeige von meinem Ehemann" und begreife es dennoch nicht. Es will einfach nicht in den Bauch rutschen. Das geht mir heute in den verschiedensten Situationen noch manches Mal so. In einigen Augenblicken die ich erlebe, empfinde ich in mir: „Das kann nicht sein, du kommst doch irgendwann wieder." Mich von Uwe gänzlich zu lösen, die Tatsache, dass er nicht wieder kommt zu realisieren, scheint ein langer Prozess zu sein, der zunächst vielleicht unbewusst abläuft und Zeit braucht, immer ein Stückchen mehr ins Bewusstsein einzudringen, um hier endlich in mir verinnerlicht zu werden ...

In stillem Gedenken

Uwe Meiswinkel, langjähriger Mitarbeiter des Ressorts Vermessung, Katasteramt und Geodaten, hat den Kampf gegen seine schwere Krankheit verloren. Er ist am Samstag, den 03. Januar 2015, im Alter von 57 Jahren verstorben.

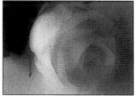

Uwe Meiswinkel war seit 1987 als Fotograf der Stadtverwaltung Wuppertal ein weithin geschätzter und immer hilfsbereiter Kollege. Der Aufbau des städtebaulichen Fotoarchivs beim Ressort 102 ist ebenso untrennbar mit seinem Namen verbunden wie die regelmäßige Durchführung von Helikopter-Bildflügen.

Wir sind erschüttert über den viel zu frühen Tod unseres Kollegen, der beim Mitarbeiterforum im letzten September noch vor uns auf der Bühne des Opernhauses stand. Wir werden ihn immer in Erinnerung behalten.

Unser tiefes Mitgefühl gilt seiner Frau und seinen Angehörigen.

Im Namen aller Kolleginnen und Kollegen

Peter Jung
Oberbürgermeister

Gea Kirchner
Gesamtpersonalrat

2. Spiritueller Teil

Uwes Geist wird geheilt

Uwes Geist wird geheilt

Für den gut vorbereiteten Geist ist der Tod nur eine Reise in eine andere Dimension

> *„Es gibt Momente, da verändert sich das Leben für immer. Bei den Einen viel zu früh, bei den Anderen nach einem Sturz aus großer Höhe oder einem schweren Unfall ... und wenn du glaubst, du kennst alle Antworten, erscheint das Universum und ändert deine Fragen."* [9]

Einmal sagte ich zu Uwe: „Wenn du das hier geschafft hast, wirst du sehr alt werden, das weiß ich ganz sicher!" Dieses innere Wissen war tief in mir verankert! Denn mir war klar, dass er als neuer Mensch, mit allen neu gewonnenen bewussten Erkenntnissen aus seiner Krankheit aufstehen würde und dann einfach nur noch glücklich wäre und Freude am Leben hätte. Dazu erfolgte die häufig geäußerte Botschaft von Uwe, leben zu wollen, ja, dass er sich freue, alle seine Erkenntnisse umzusetzen, all das zu LEBEN, was er in dieser schweren Zeit hatte lernen dürfen.

Ich habe Uwes fundamentalen Wandel seiner gesamten Persönlichkeit im äußeren, wie auch im inneren Bereich, in Form eines Zeitraffers erlebt – innerhalb von drei Monaten. Wir waren beide im Glauben, dass all das, was an Erkenntnissen umzusetzen, erarbeitet und gelungen

---

[9] Aus der preisgekrönten Fernsehserie „Der Club der roten Bänder" nach der wahren Geschichte von Albert Espinosa

war, in Uwes weiterem Leben unter Beweis gestellt werden müsse. Wir irrten uns gewaltig! Denn es gibt keine Sicherheit im Leben. Die einzige Sicherheit ist die, dass uns früher oder später der Tod ereilt, dass wir sterben werden, was nur einen Übergang in eine andere Seins-Form darstellt. Sozusagen ein anderer Aggregatzustand. Daher kann es sinnvoll und hilfreich sein, dass wir hergehen und uns das Leben aus dieser anderen Perspektive einmal ansehen, Sicherheit aus einer anderen Sichtweise anschauen.

Uwe erkannte seine ‚wahre Größe'. Er wurde sich seiner Selbst bewusst und dem, was von Geburt an in ihm angelegt war. Dieses ‚Selbst' wurde hervorgehoben und der wahre Kern kam zum Tragen. Unnötiger Ballast konnte abgeworfen, anders wahrgenommen werden. Was im Leben wichtig ist und was nicht, konnte er für sich klären. Die Konzentration auf das Wesentliche trat hervor und Uwe erkannte all das mit einer gewissen Leichtigkeit. Nur das Alleinsein, das Auf-sich-gestellt-Sein und die Fokussierung auf sein Inneres, brachten diese Erkenntnisse allesamt hervor.

Uwe zog nicht am Gras. Wir konnten erkennen, wie es ganz von allein aus ihm herauswuchs. (Konfuzius: „Gras wächst nicht schneller, wenn man daran zieht.")
Das betraf auch die Veränderung seiner Augenfarbe und deren Ausdruck und Leuchtkraft, die seit Oktober geschah. Seine Augen hatten etwas von Erleuchtung:

„Erleuchtung bezeichnet eine religiös-spirituelle Erfahrung, bei der jemand den Eindruck erhält, sein Alltagsbewusstsein

sei überschritten worden und er habe eine besondere, dauerhafte Einsicht in eine – wie auch immer geartete – gesamtheitliche Wirklichkeit erlangt. Im heutigen allgemeinen Sprachgebrauch versteht man unter ‚Erleuchtung' gewöhnlich eine plötzliche Erkenntnis oder Eingebung." [10]

Erleuchtung ist nicht ein Zielort oder Platz, an den man sich begibt. Es ist eine Verhaltensweise, eine Reise, die einen mit jedem Atemzug und in jedem Augenblick begleitet. Wir wachsen in diese anderen Bewusstseinszustände hinein. Der Ort, an dem wir diese Reise beginnen können, ist HIER und JETZT. Er wird immer hier und jetzt sein. Der Schlüssel der Erleuchtung liegt in der Selbsterkenntnis. Unser Kummer dient oft lediglich als Katalysator für die Erleuchtung und ist Teil des Lernens auf unserem Lebensweg. Außerdem ist es der Erleuchtung eh egal, wie wir sie erreichen.

Oftmals erkundigte ich mich bei meinen engsten Freunden nach ihrer Meinung und ihrem Gefühl, weil ich befürchtete, mir mit meinem in mir verankerten Glauben und dem tiefen Vertrauen, dass Uwe geheilt würde, etwas vorzumachen. Bei jedem den ich fragte, erhielt ich die Nachricht: „Ich habe ein gutes Gefühl." Wie war das alles möglich? Was war hier geschehen? Konnten wir uns alle so geirrt haben? Sie alle *sahen* Uwe in seiner Zukunft genauso, wie ich es *sehen* und *fühlen* konnte. Zugegeben, es gab hier und da Momente des Zweifels, wenn die

---

[10] „Erleuchtung" https://de.wikipedia.org/wiki/Erleuchtung

Chemobehandlung nicht angeschlagen oder ähnliche Vorkommnisse sich zugetragen hatten. Uwe selbst war sehr sicher gesund zu werden, wenn er sich auch nicht vorstellen konnte, dass sein Zustand völlig ausgeheilt würde. Daher äußerte er häufig die Bemerkung und die ständige Sorge, „nicht mehr im Garten buddeln zu können", weil er möglicherweise nicht ganz hergestellt sei. Nun, das kennen sicher viele Menschen, wenn es uns ‚grottenschlecht' geht, ist es in diesem Moment nicht vorstellbar, dass dieser Zustand irgendwann einmal wieder Geschichte ist und der Vergangenheit angehört.

Es gibt ein Buch von Bronnie Ware, in dem die Erfahrungen von Sterbenden zusammengetragen sind. Dort steht unter anderem, dass Sterbende bereuen, keinen Mut gehabt zu haben IHR Leben zu leben, zu oft das Leben anderer lebten, viel zu viel arbeiteten und zu wenig Mut hatten, die eigenen Gefühle auszudrücken, sie Freundschaften nicht pflegten und sich nicht erlaubten, glücklich zu sein. Hier wird jeweils sichtbar, dass die Menschen erst an der Schwelle vom Leben zum Tod erkennen, was wirklich wichtig und wesentlich ist. Denn ist nicht traurig zu sterben, es ist nur traurig, nicht intensiv zu leben.

Krebs ist nichts anderes als wucherndes Leben. Auf der körperlichen Ebene wird hierbei gezeigt, was in unserem Schattenbereich (unbewusst) liegt und Beachtung geschenkt haben möchte. Wenn wir unseren inneren Impulsen zu lange nicht folgen und sie ignorieren, bekommen wir *Nachhilfe* von unserer Seele und dem Leben, welches außerordentlich erfinderisch sein kann. Wie ideenreich das

Leben sein konnte, erfuhren Uwe und ich in all den Jahren in unterschiedlichsten Situationen.

Die Schattenbereiche von Uwe wurden alle bereits in den ersten Wochen seines Krankenhausaufenthaltes von ihm gelebt, entsprechend meiner Beschreibung im 1. Teil des Buches. Er hatte von jetzt auf gleich seine gesamten Lebensprogramme vollständig gelöst. Wir brauchten an einigen Lebensthemen nicht mehr wirken, wie all die Jahre zuvor, als Uwe keinen Zugang zu sich finden konnte, keinen Zugang zu seinen Tränen, seiner Eigenverantwortung, seinem Selbstbewusstsein und vielem mehr.

Uwe brauchte ‚nur' noch die eigentliche Krankheit und deren Ursache lösen, die auf der körperlichen Ebene zu erkennen war. Hier und da gab es noch Aspekte von Emotionen, die es tief zu fühlen galt. Diese zuzulassen und darin zu ‚baden', Emotionen wirklich physisch zu spüren – wie wir es in der Journey Ausbildung gelernt und verinnerlicht hatten – darin bestand Uwes Ziel. Unsere wunderbare gemeinsame Arbeit und die daraus resultierenden Erfahrungen – auch für mich – waren und sind bis heute von unschätzbarem innerem Wert.

Alles, was ich hier schreibe, entspringt meinem Gedächtnis. Zu den inneren Reisen, die wir gemeinsam am Abend telefonisch durchführten, habe ich in den vielen Krankenhauswochen nur das Wesentliche notiert und diese Notizen mit einem Datum versehen. Ein genau geführtes Tagebuch könnte mir jetzt sicher sehr hilfreich sein, dennoch ist es beachtlich, was aus der Erinnerung zu mir *hochkommt* und präsent ist, als sei es gestern gewesen, sodass ich es hier niederschreiben kann.

Dieser Teil des Buches ist die Essenz, aus der sich alles erklärt, denn die Fragen nach dem „Warum?" und „Warum ausgerechnet ich?" lösen sich hiermit auf.

Jedoch ist dieser Teil des Buches sehr speziell. Wer sich also noch nie auf eine innere Reise begeben hat und sich hier überfordert fühlt, möge bitte ab dem 3. Teil weiterlesen. Teil 1 und Teil 3 bilden eine vollständige Einheit und werden für viele Leser durchaus genügen. Es wäre schade, wenn du bei diesem 2. Teil, dieser tiefenpsychologischen Arbeit, das Buch verzweifelt aus der Hand legst, weil einige Begebenheiten darin, wenn du sie nur mit dem denkenden Verstand betrachtest, nicht so leicht nachvollziehbar sind – solange du dich nicht auch einfühlen kannst – was geübt sein will.

Andererseits bietet dir dieser 2. Teil eine Chance, einmal in die seelische Tiefen-Arbeit hinein zu schnuppern, dein Denken etwas zu strecken und dein Bewusstsein zu erweitern, sofern du bereit bist, dich dafür zu öffnen.

Ein kosmisches Gesetz besagt, „dass wir unser Wissen teilen sollen". Ich wünsche mir, mit meinen Texten, dem zu entsprechen und das für dich etwas dabei sein möge, was dich auf die ein oder andere Weise bereichern könnte.

Eine kleine Vorgeschichte

Uwe war von seiner *verschobenen* Selbstwahrnehmung geprägt: von dem Gefühl der Minderwertigkeit, nicht gut genug zu sein, kein Selbstbewusstsein zu haben, keine Emotionen fühlen zu können, geschweige denn sie zu zeigen sowie sich selber nicht fühlen zu können. Er hatte Versagensängste in hohem Maße, Depressionen, kein Verantwortungsgefühl sich selbst gegenüber, lebte nicht SEIN Leben und hatte ein ausgeprägtes Helfersyndrom. Er brauchte das Gefühl gebraucht zu werden, wenigstens für etwas nütze zu sein und damit die Anerkennung anderer, um sein Selbstwertgefühl aufzupäppeln. Emotionale Ehrlichkeit seinen Mitmenschen gegenüber und Authentizität blieben ihm fremd. Ein weiteres Kernthema war die Kontrolle über sich und diese nicht zu verlieren.

Uwe hatte weder Hobbies noch Interessen oder Visionen und Wünsche. Mehrfach sagte er mir, dass er „seinen Arsch nicht hoch bekommt", um für sich etwas zu tun, weiterzukommen in seinem inneren Chaos. Im Grunde war er abgetrennt von seinem wahren Kern.

Jeder Mensch hat sogenannte ‚Programmpunkte' oder ‚Themen' in seinem Leben, die es zu bearbeiten und zu lösen gilt. Oft sind diese Punkte so groß und dick, dass sie uns wie breite Pfeiler vorkommen, vor die wir ständig rennen und uns den ‚Kopf auf stoßen'. Stets werden wir an unsere tatsächlichen Aufgaben im Leben *erinnert*. Wenn wir nicht bereit sind, dort hinzusehen, ergeben sich bestimmte Zustände, Umstände, Geschehnisse, Unfälle,

Krankheiten, die uns jedes Mal wieder dorthin *führen*. All das wird jeweilig von unserem Unbewussten gesteuert, unserer Seele, die den Lebens-Plan kennt und uns durch innere Impulse die wir erhalten, helfen möchte, zum Beispiel durch eine plötzliche Idee, die wir haben.

Es ist äußerst unbequem in den *Spiegel* zu schauen, die Wahrheit zu sehen, sie zu erkennen und durch echte, lohnenswerte Arbeit, den inneren Zustand zu ändern und das, was sich im *Spiegel* zeigt, wirklich anzugehen.

Uwe hatte großes Potential und eine hoch entwickelte Spiritualität, die er erst sehr spät entdeckte. Jedoch stellte es sich für ihn schwierig dar, diese Stärken anzunehmen und zu verinnerlichen.
Dazu eine kurze Anmerkung von mir: Die Bedeutung von Entdecken, ist *Ent-decken*, in Form von *Auf-decken* und wie eine Zwiebel Schicht für Schicht entblättern, um den Kern sichtbar zu machen und ihn zu nutzen.
Bei Uwe ging es darum, das vorhandene Potential sowie seinen gefühlten Mangel in sich selbst aufzuspüren und zu heilen.

Dieser Teil des Buches befasst sich damit genauer. Hier soll durch tiefe Erkenntnisse die Uwe hatte, ein Leitfaden durch seine Entwicklung entstehen und Fragen nach dem „Warum?" beantwortet werden.

Die folgenden Ereignisse auf der energetischen Ebene verliefen parallel zum sachlichen Geschehen auf der materiellen, sichtbaren Ebene in Uwes Krankenzimmer. Die energetische Ebene bedeutet eine Energieebene, die wir normalerweise nicht mit unseren Augen erfassen können, gleichbedeutend wie wir Strom als Energie nicht sehen können und dennoch wissen, dass der Strom fließt und DA ist.

An einem Wochenende circa Ende 2013 / Anfang 2014 hatte ich nachts einen Traum, der mir vermittelte, dass Uwe früher *nach Hause geht* als ich. Ich träume vielleicht einmal pro Jahr bewusst. Ansonsten erinnere ich mich nicht an das, was ich nachts im Schlaf erlebe. Wenn es jedoch ein bewusster Traum ist, hat dieser stets eine tiefe Bedeutung. Meistens kann ich die Träume deuten, manchmal leider nicht, insbesondere, wenn sie symbolischer Natur sind. Der oben genannte Traum war klar und deutlich. Ich tröstete mich mit dem Gedanken: „Na ja, das kann ja noch 30 Jahre dauern." Wir waren uns allezeit einig, dass wir viel lieber zusammen *gehen* würden, so wie es sich bekanntlich viele Paare wünschen.

Ich besitze sogenannte „Orgonstrahler", die mit reiner Lebensenergie funktionieren. Man könnte dieses Verfahren auch als „konzentrierte Gedankenfokussierung" bezeichnen. Aus unserer langen Erfahrung wussten wir, dass diese stromlosen Orgonstrahler sehr wohl und ordnungsgemäß wirkten.
Dort hatte Uwe vor langer Zeit handgeschriebene Zettel in den sogenannten „Eingangsbecher" gelegt und den Strahler selbst, der den „Ausgang" darstellt, Richtung Universum gerichtet. Der Text des einen Zettels lautete: „Ich wünsche mir Liebe und Glück in diesem Haus – so Gott will!" Auf dem anderen Zettel stand: „Ich möchte in diesem Haus glücklich und alt werden."

Uwe selbst muss einige Impulse von seiner Seele bekommen haben, Impulse die er vielleicht selber nicht deuten konnte, mir jedoch mitteilte, wie das Beispiel auf dem Dachboden, was im 1. Teil des Buches von mir beschrieben ist: „Ich glaube, dass ich nicht mehr lange habe." Oder: „Wenn wir hier am Haus und mit allem anderen fertig sind, *gehe* ich."

Gerade nach der letzten Kegeltour Mitte 2014 erzählte Uwe mir, dass er seinen Kegelbrüdern gegenüber erwähnt hatte: „Nächstes Jahr im Sommer möchte ich den Garten mal von oben sehen." Bewusst gemeint war, von unserer oberen Terrasse aus, mit Blick auf Garten und Teich. Bewusst gemeint war auch: ‚Schluss mit Arbeiten im Garten, weil eh alles fertig ist. Jetzt möchte ich nur noch genießen.' Nur könnte es genauso gut sein, dass der Impuls „*von oben*" ein anderer war als der, den Uwe gedeutet und in Worte gefasst hatte. Das sind jedoch Spekulationen, etwas, was mir im Nachhinein aufgefallen ist und ohne jede eindeutige Klärung bleiben wird.

Uwe war ein geniales Medium und liebte es, wenn wir innere Reisen zur Seele der Tiere durchführten, um herauszufinden, wo ihnen etwas fehlt und warum. Ich führte durch den Prozess, schrieb mit und er reiste. Uwe war ein absoluter Profi und um ein Vielfaches geübter und besser als ich. Und so behielten wir diese Rollenverteilung über Jahre bei. Er schilderte mir anatomische Sachverhalte, die er bewusst nicht wissen konnte. Es war für mich bisweilen ein Aha- und Wow-Erlebnis, welches mich in Staunen versetzte. In den inneren Reisen spielt die Emotion eine wichtige Rolle und stets, wenn ich mich

danach erkundigte, vernahm ich eine Beschreibung der Emotion und nicht die konkret gefühlte Emotion oder ich hörte: „Ich weiß es nicht." Selbst hierbei, wenn es um ein Gefühl bei einem Tier ging, war Uwe unfähig zu fühlen. Bestenfalls beschrieb er mir ein ängstliches Gefühl. Ferner war er nicht imstande, tiefe allumfassende Liebe zu geben oder zu fühlen. Ich spürte eine Art ‚Ladehemmung', eine Blockierung, die Uwe nicht in der Lage war zu meistern. Diese Situation machte ihn traurig und ratlos.
Ich erzählte Uwe häufig, wenn die Gelegenheit sich bot, wie gut er sei, andere sagten es ihm ebenfalls. Jedoch schaute er mich dann an und meinte: „Es kommt nicht an, ich kann es nicht fühlen." Es blieb regelrecht ‚im Kopf stecken' und ließ sich nicht fühlen, rutschte nicht in den Bauch.

Um die Jahrtausendwende bekam Uwe schwerste Depressionen, die latent fast sein gesamtes Leben bestanden, jedoch bis dahin zu keiner Zeit wirklich ausbrachen. Auf mein Drängen suchte Uwe eine Klinik auf und wurde dort von einem Arzt behandelt, der nach der Journey-Methode behandelte, die uns vorher unbekannt war. Der Arzt ist akkreditierter „Journey-Practitioner". Uwe liebte diesen Arzt sehr und ich durfte ihn während eines eigenen Aufenthaltes in der Klinik, mit einem Burnout, ebenfalls kennenlernen. Klaus wurde zu unserem Freund. Er erzählte mir von „The Journey" und ich bestellte mir umgehend das Buch von Brandon Bays, der Gründerin von „The Journey". Ihr erstes Buch mit dem Titel „Der Highway zur Seele", verschlang ich innerhalb eines Tages und begann sofort die Reise mit mir selbst.

Kurz nach meinem Klinikaufenthalt begann ich die Ausbildung zum „Journey Practitioner" bei Brandon Bays und als ich sie im Februar 2013 beendete, erfolgte im Anschluss daran ebenfalls die Ausbildung von Uwe. Er absolvierte den Abschluss 2014. Im Verlauf der Ausbildung ging es unter anderem darum, seinen Lebenssinn zu erfahren. Uwe fand heraus, dass er "Freude am Leben empfinden und das Leben mit Leichtigkeit leben soll." Er lernte Schwüre aufzulösen, die bekanntlich über Inkarnationen hinweg ihre Kraft und Gültigkeit behalten. In einem Leben, von dem er erfuhr, war er Mönch. Die damals geleisteten Schwüre bezogen sich allesamt auf Verzicht in jeder Beziehung und in fast jedem Lebensbereich. Die Folgen davon erlebte Uwe im Hier und Jetzt sein gesamtes Leben sowie bereits in der frühen Kindheit.

Es kamen dann bei seinen inneren Reisen aus dem Unbewussten Wünsche zutage, die Uwe mir erzählte:

- Beziehung kreativ gestalten, mitgestalten
- Meine Partnerin wertschätzen, ihr Liebe geben und zeigen
- Sexualität leben und zulassen
- Fortbildungen spiritueller Natur gern besuchen
- Freundschaften pflegen, sich treffen, Gespräche führen
- Was meinen Körper betrifft: Sport, gesunde Ernährung, Fahrrad fahren
- Bedürftigen helfen, „Mein Haus steht Bedürftigen zur Verfügung"

- für Tiere da sein
- Wissen weitergeben, Fähigkeiten die andere nicht haben zur Verfügung stellen
- Mich nicht mehr verurteilen für mangelndes Selbstwertgefühl, mangelndes Vertrauen, fehlende Durchsetzungskraft.
- Keine Angst haben allein zu sein, alles zu verlieren, ein Nichts zu sein.
- Freiheit finden in meiner Gefangenschaft, die ich mir selbst kreiert habe, das ist mein Wunsch, ein befreites Leben zu führen.

All diese Erkenntnisse wirkten auf Uwe erschreckend. Er konnte erkennen, wie sehr er sich selbst in seinem Leben eingeschränkt und von seinem eigenen inneren Kern abgeschnitten und entfernt hatte.

Wie im 1. Teil des Buches bereits erwähnt, erlebte Uwe in der Journey-Ausbildung großen Zulauf, wenn es darum ging, sich einen Journey-Partner auszusuchen. Viele Menschen wollten mit ihm arbeiten. Allerdings plusterte das ausschließlich sein Ego (Ich) auf. Er vermochte nicht wirklich zu fühlen, gut zu sein, gut genug zu sein. Es kam in seinem Inneren nicht fühlbar an.

Viele Seminare besuchten wir gemeinsam, dennoch wurde Uwe von keinem dieser Seminare innerlich berührt. Die Entscheidung mitzufahren oder nicht, traf er jeweils selber. Dennoch hatte ich ständig das Gefühl, dass er nicht sein Leben lebte sondern meines. Ich fühlte

Unehrlichkeit mir und ihm selbst gegenüber, vermochte jedoch diesen Zustand leider nicht zu ändern, so sehr ich mich auch darum bemühte. Wenn ich Uwe darauf ansprach, verneinte er dies und entgegnete: „Wenn ich nicht wollte, würde ich nicht mitfahren."

Wir liebten uns sehr, dennoch stimmten einige Bereiche unserer Ehe seit Jahren nicht. Weil Uwe sich für mich keinesfalls gut genug fühlte, war er nicht mehr in der Lage, so sehr er sich das wünschte, mit mir Sexualität zu leben. Uwe litt erheblich unter sich selbst, was er mir hier und da schilderte. Er war verzweifelt auf der Suche nach Lösungen, dennoch wirklich „seinen Hintern hochzukriegen", gelang ihm nicht. Er wusste das und litt arg darunter. Uwe flüchtete häufig lieber in die Arbeit im Außen, sprich Haus und Garten. Wenn da nichts mehr zu tun war, spielte er Computerspiele, welches zur Sucht wurde. Einmal versuchte ich ihm das bewusst zu machen – vergeblich. Da ich einen ‚Punkt' in ihm getroffen hatte, reagierte er aggressiv und so ließ ich ihn damit in Ruhe, weil er selber für sich entscheiden sollte, was gut und richtig für ihn war.
Eine Emotion, welche ab und zu in Erscheinung trat, war Aggression in Form von Jähzorns-Anfällen, bei denen ich lieber das Weite suchte, denn wo er hinschlug oder trat, ‚wuchs kein Gras mehr'. Diese seltenen Begebenheiten waren die einzigen Male, in denen ich erlebte, dass Uwe die Kontrolle verlor. Genau davor hatte er solche Angst. Jedoch hätte die Annahme von Kontrollverlust sicher sehr heilsam für Uwe sein können. Er wusste um diese Zusammenhänge, dass wir uns so annehmen sollen, wie wir sind, doch konnte er das, bezogen auf den Kontrollverlust, für sich nicht leben und verinnerlichen.

Wenn ich Uwe nach einem seiner Wutausbrüche ‚antippte', was denn passiert sei, erhielt ich die Auskunft, dass er sich über sich selbst geärgert hätte, weil etwas zum Beispiel im handwerklichen Bereich nicht so funktionierte, wie er das gern gehabt hätte. Er ärgerte sich dann über seinen ‚Ausbruch' und ich spürte Scham.
Niemals äußerte Uwe mir gegenüber eine Schuldzuweisung. Dabei bin ich mir sicher, dass Uwe auch häufig auf mich wütend war. Ich kam mir eh stets vor, wie eine ‚Prinzessin auf der Erbse', die er auf Händen trug. Dass er mir mal die Meinung sagte oder Grenzen setzte, darauf konnte ich lange warten. Wir führten unsere Ehe wie eine Mutter-Sohn- oder eine Therapeut-Klient-Beziehung. Beides kann nicht funktionieren. Wir durchschauten das beide, konnten allerdings nur schwerlich aus unseren Rollen hinausschlüpfen.
Streit, den wir uns hier und da gewünscht hätten, gab es zu keiner Zeit. Einer von uns ging jeweils den unteren Weg oder Uwe verließ den Raum oder ging ins Bett, wenn es brenzlig wurde. Ich nannte es „Schneckenhaus", in das er sich zurückzog und sich völlig darin einschloss. Gespräche waren in diesem Augenblick und auf dieser Basis daher nicht möglich. Es dauerte jeweils ein paar Tage, bis Uwe dazu bereit war und dann funktionierte plötzlich ein Gespräch wunderbar. Wir bekamen erneute Hoffnung und Zugang zu unserer gemeinsamen Liebe füreinander. Diese Situationen kamen recht häufig vor.

In den letzten Jahren sagte er mehrmals: „Ich bin wie ein lebender Toter, suche dir einen anderen, besseren Partner, ich komme aus meiner Komfortzone nicht heraus und möchte, dass du glücklich wirst." Ja, er war ein lebender Toter und so sehr ich mich bemühte, war es mir nicht möglich Uwe zu helfen. Ab und zu schaltete sich unser Freund Engelbert ein, mit dem Uwe Journeys durchführte. Sogar hierbei geschah nichts Gravierendes und Nachhaltiges.

In mir war mehrfach das gleiche Gefühl präsent, wie bei Uwe und ich sprach es ebenfalls aus: „Uwe vielleicht sollten wir uns trennen, damit du dir eine andere, bessere Partnerin suchen kannst, um glücklich zu werden." Dann beteuerte er jedes Mal: „Eine bessere Partnerin als dich kann ich nirgends finden, du bist gut und richtig für mich. Du bist die Einzige, die mir überhaupt helfen kann. Bei dir weiß ich, dass du mich im Leben weiterbringen und nicht nur für deine Zwecke ändern möchtest. Alles, was du je zu mir gesagt hast, war von Vorteil für mich und in meinem Interesse!"

Für seine Aggressionen schien Uwe sich tatsächlich zu schämen. In den letzten Jahren wurden diese Aggressions-Anfälle häufiger und manchmal sah ich, wie er heimlich, begleitet von Grimassen, sodass ich es nicht mitbekommen sollte, unglaublich schimpfte. Hierbei vernahm ich keinen Ton. Als ich ihn darauf einmal ansprach, leugnete er diese Situation und redete mir ein, ich hätte da was Falsches gesehen, er wüsste von nichts. Ich sprach ihn nie wieder darauf an, denn ich war im Grunde froh, dass Uwe überhaupt irgendein Gefühl lebte, wenn er sich dessen auch schämte und es möglichst von mir unbemerkt sein sollte. Die heimlichen Ausbrüche dienten als ‚Ventil', die Uwe für sich – offenbar als seine Lösung – gefunden hatte.

Nichts ließen wir in unserer Beziehung unversucht, um weiterzukommen. Wir fuhren zum Seminar zu Christoph Fasching nach Österreich und erteilten ihm die Erlaubnis, uns als Paar live auf der Bühne coachen zu lassen, welches sehr gut verlief und ein Happy End vermuten ließ, wie Uwe mir anschließend freudestrahlend mitteilte. Trotzdem setzte Uwe nichts um, so sehr er sich das selber gewünscht hätte.

Die Module von Christoph Fasching sowie von Brandon Bays lassen sich hervorragend kombinieren und so entwickelten Uwe und ich zusammen sehr wirksame Strategien für unsere gemeinsamen Workshops, wenn wir dort innere Reisen durchführten. Die Workshops von Christoph gaben wir ein Mal pro Monat hier zu Hause. Uwe war ein wunderbarer Baustein und Bestandteil in den Seminaren und eine beachtliche Hilfe für die Teilnehmer und für mich. Die Teilnehmer mochten ihn stets sehr. Ja, er genoss überall ein hohes Ansehen. Seine ruhige und besonnene Art und zugleich seine tiefe innere Weisheit konnten alle spüren und erleben. Ich bemerkte, wie Uwe sich in der Zuneigung der Teilnehmer ‚sonnte'. Wirklich fühlen und diese Gefühle in sein Innerstes durchdringen zu lassen, war ihm schließlich nicht vergönnt.

Beizeiten entschlossen wir uns, eine gemeinsame Paartherapie aufzusuchen, bei der Uwe Ideen an die Hand bekam, SICH zu leben, Männergruppen zu besuchen, mit Männern etwas zu unternehmen. Nichts fruchtete, er hatte ständig einen Hinderungsgrund. Häufig munterte ich ihn auf, doch seine alten Freundschaften zu pflegen, nach Cuxhaven zu seinen Freunden zu fahren, mit Wolfgang die geplante Bergtour zu machen, mit seinem alten Schulfreund Bernd ein Bier trinken zu gehen, endlich sein neues Fahrrad auszuprobieren und mal allein für sich, raus in die Natur zu fahren und vieles mehr. Nichts dergleichen geschah. Was er liebte, war sein Kegelverein und die damit verbundenen Kegeltouren. Alles andere an Vergnügen war zwecklos bei Uwe anzuregen und ihn zu etwas zu ermutigen. Ich wusste nicht mehr weiter. Weder arbeitete er an sich, noch lebte er sein Leben, noch konnte ich ihn mit irgendetwas motivieren. Wenn ich mich nach seinen Wünschen und Visionen erkundigte, kam ein Schulterzucken oder: „Hier am Haus rumbasteln oder im Garten buddeln." Ganz toll!

Häufig lag ich weinend neben Uwe im Bett und war ratlos. Mir wurde bewusst, dass das Leben hergehen würde, etwas geschehen zu lassen, um ihn wachzurütteln. Hier und da sagte ich zu Uwe, dass ich nichts weiter als seinen Namen kenne, denn über sich und das, was er wirklich fühlt, was er wirklich möchte, hielt er mich in Unkenntnis. Uwe wusste sich genauso wenig Rat und litt stumm vor sich hin. Er lebte seine männliche Seite nicht. Uwe war ein ausgesprochen männlicher Mann. Welche Energie musste er aufgebracht haben, um diese Männlichkeit so sehr zu unterdrücken?!

Auch interessierte er sich nicht wirklich für mein Befinden. Er fragte niemals wie es mir geht, lebte neben mir her. Ab und zu bekam ich einen ‚Brotkrumen' in Form einer Umarmung, dieses wurde jedoch zusehends weniger. Und so litt ich genauso still vor mich hin. Dieser Zustand fühlte sich für uns beide nach Resignation an. Außerdem ließ mich das Gefühl, dass etwas passieren würde nicht mehr los. Entweder Uwe würde durch irgendeinen Umstand *wach* – denn das Leben ist auf für uns nicht vorstellbare Art und Weise sehr erfinderisch – oder das Leben würde uns trennen und etwas Fürchterliches könnte vielleicht geschehen ...

Uwes Verwandlung und Hilfe von außen

Der erste richtige Wandel von Uwe kam mit der Einweisung ins Krankenhaus bereits in der ersten Woche, als er sagte: „Ich kenne nicht nur die Werkzeuge von Christoph Fasching, ich LEBE sie!"

Mich haute das geradezu um, so etwas hatte ich noch nie von ihm gehört. Dieser Satz aus Uwes Mund *durchfuhr* mich und ich konnte diese starke Energie, die von Uwe in diesem Moment ausging, körperlich spüren. Die gesprochenen Worte kamen aus Uwes tiefstem Bauch, ja wirklich aus seinem Herzen. Ich beschreibe im 1. Teil des Buches, als Uwe ins Krankenhaus eingewiesen wurde, wie die Anfänge mit seiner inneren Arbeit aussahen, die mich mit tiefer Demut, Dankbarkeit und Freude erfüllten. Wunder dürfen geschehen. Wie oft hatten wir das bei den Seminaren erleben dürfen, wenn Menschen sich zu Wort meldeten, die vor Kurzem noch im Rollstuhl saßen oder aus irgendeinem Grunde dem Tode geweiht waren und siehe da, auf einmal wurde Sport getrieben und vor Gesundheit nur so gestrotzt.

Manchmal gibt es innere Blockierungen oder Glaubenssätze, die verhindern, dass Wunder geschehen. Weil Uwe sich damit auskannte, gab er sich speziell dazu die Erlaubnis, dass ihm genau diese Wunder widerfahren dürfen.

Als wir, die wir zur Zeit des Krankenhausaufenthaltes um Uwe herum waren und circa sechs Wochen warteten, damit wir uns in seinen Dienst stellen durften, bemerkten, dass wir nun ‚Zugriff' hatten, waren wir sieben Stamm-Personen, die, jeder auf seine Weise, an Uwe energetisch wirkten. Später wurden es kontinuierlich mehr, die sich meldeten und anfragten, ob sie etwas für Uwe tun dürften. Von der ‚Journey-Familie' meldeten sich ebenfalls Menschen, die etwas leisten wollten, jeder auf seinem Fachgebiet. Uwe und ich kannten die Menschen nicht alle persönlich. Die Methoden, mit denen einige an Uwe wirkten, waren mir teilweise fremd, jedoch vermochte ich *hineinzufühlen*, ob die Hilfs-Absichten für Uwe stimmig waren oder nicht. Außerdem befragte ich Uwe jedes Mal, denn ohne *Erlaubnis* geht gar nichts in unserem Metier und regelmäßig bekam ich ein klares: „Ja!" Für alle Helfenden lag stets eine Einwilligung vor, die ich jederzeit aufs Neue einholte. Uwe war dankbar!

Mit Uwes Erlaubnis, hatte ich im Oktober einen Heilpraktiker eingeschaltet, der eine Koryphäe auf seinem Gebiet ist und auf Distanz arbeitet. Er wurde mir von meiner langjährigen und treuen Freundin Birgit ans Herz gelegt — und das will was heißen, denn sie ist äußerst kritisch und empfiehlt nur, wovon sie selber zu 100 Prozent überzeugt ist; sie tut dies dann aus dem Bauch heraus und wenn es stimmig ist. Den Heilpraktiker informierte ich und bat um die Behandlung von Uwe, welche von Oktober an täglich erfolgte. Was dieser wunderbare Mann für seine Dienstleistungen von mir erhielt, stand in keinem Verhältnis zu dem, was er für Uwe leistete. Er verlangte recht selten ein Honorar für sein Tun mit der Bioresonanztherapie und Matrix-Einwirkung. Per E-Mail standen der Heilpraktiker und ich täglich in Kontakt und ich gab Rückmeldungen. Persönlich kenne ich ihn bis heute nicht. Telefoniert haben wir im Verlauf der Behandlungszeit mehrfach.

Thomas aus Österreich, aus Berufung Heiler und mein Seelenfreund, wurde ebenfalls von mir benachrichtigt. Auch er behandelte auf Distanz und *reinigte* Uwe energetisch. Parallel dazu kam die Zeit des paralytischen Ileus. Birgit hatte nun ebenfalls Zugang und konnte mit dem Bioresonanzgerät testen, was da plötzlich im Darm passiert ist: „Es handelt sich um eine Entzündung im Dünndarm, die mit der Situation des kranken Immunsystems zusammenhängt, dort ist ja der Sitz des Immunsystems." Diese Information teilte ich der Ärztin mit. Sie war dankbar für diese Auskunft und Brücke, denn die Ärzte fanden keine wirkliche Ursache der Erhöhung von Entzündungswerten, die Uwe ständig plagten und die das Fieber bedingten, was in dieser Zeit bis auf 39° C anstieg. Birgit entwickelte sogenannte „persönliche Ampullen" für Uwe in einer besonders aufwendigen Art und Weise, welche sie in den Orgonstrahler in ihrer Praxis platzierte, um auf diese Art und Weise auf die Ferne zu wirken. Uwe bedankte sich mehrfach bei Birgit, weil er auf Grund seiner eigenen Erfahrung erfassen und überblicken konnte, wie viel Zeit und Mühe eine solche Erstellung bedeutete und was es für eine großartige Arbeit bedeutete. Bei dieser Gelegenheit gab ihm Birgit mit auf den Weg, die Süßigkeiten zu reduzieren und davon lieber weniger, jedoch mit Genuss zu essen, weil die Darmflora einen Pilzbefall aufwies.

Uwe und ich widmeten uns dem Dünndarm per *Lichtdusche*, bei der sich an Vater Himmel sowie an Mutter Erde *angeschlossen* wird und dann der Licht- und Heilstrahl durch den Körper beziehungsweise die kranken Stellen geschickt wird. Wir konnten dabei genau *sehen*, was nicht physiologisch ist, genauer gesagt, was pathologisch ist und

baten den Licht- und Heilstrahl am Kranken Gewebe zu arbeiten. Bei der Lichtdusche wird der *Schmutz* in Mutter Erde abgegeben und von ihr transformiert und aufgenommen, sie tut so etwas gerne für uns, wir sind ihre Kinder.
Zu Uwes Darmproblemen führten wir entsprechende innere Reisen durch, die im weiteren Inhalt noch von mir geschildert werden.

Als ein ganz Treuer an unserer Seite, stand unser Seelenfreund Engelbert, ein „Journey-Practitioner". Ihn hatten wir vor vielen Jahren in einem Journey-Workshop kennengelernt und Uwe führte ihn bei diesem Treffen in einer inneren Reise. Es entwickelte sich eine tiefe Freundschaft zwischen uns, die bis heute wertvollen Bestand hat. Engelbert sagte einmal zu mir: „Du bist die Fasching-Frau und ich der Journey-Mann, wir ergänzen uns perfekt." Engelbert besuchte meine und unsere Workshops, lernte von mir und ich lernte wesentliches von ihm, wir waren sozusagen ‚ein Ei' und sind es noch. Ständig gab er mir, Uwe betreffend, Tipps und Ergänzungen wie wir vorgehen sollten. Ab und an führte er mit Uwe telefonisch tiefe Journeys durch, jeweils mit den Fasching- sowie Drunvalo Melchizedek-Modulen in Kombination.
Drunvalo ist einer der 12 Weisheitshüter der Erde. Wir lasen seine Bücher vor einigen Jahren und konnten daraus sehr viel für uns und unsere Arbeit mitnehmen. Dort steht auch geschrieben: „Liebe heilt!" Das bedeutet, wenn wir etwas direkt aus unserem Herzen tun oder erschaffen, ist es von fortdauerndem Bestand und von Erfolg gekrönt. Uwe und ich verankerten tief in uns Drunvalos Wissen.

Einiges zu inneren Reisen und deren Verlauf

Etwas Allgemeines im Vorfeld zur Darstellung:
Die Reisen bestehen aus bestimmten Bausteinen und Hilfsmitteln für den Verstand, weil das, was geschieht, über ihn hinaus geht und der Verstand das nicht nachvollziehen kann. Es sind Schlüssel, die zum Unbewussten führen und helfen, verschlossene Türen in uns zu öffnen. Daher gibt es Treppen, Fortbewegungsmittel, Türen und vieles mehr. Weise Mentoren, die wir mit auf die Reise nehmen, sind stellvertretend für die eigenen Seelenanteile. All diese Metaphern dienen als Brücke für den Verstand.

Im Folgenden möchte ich diverse innere Reisen, die ich mit Uwe durchführte, wiedergeben und mit den Menschen, die sich dafür interessieren, teilen und einen kleinen Einblick in unsere gemeinsame Vorgehensweise geben. Es waren zum Teil wirklich kaum zu glaubende und wunderschöne Reisen, erfüllt mit Liebe und Vertrauen – dabei stets in Verbindung und Absprache mit unseren Seelen. Dies alles geschah auf Uwes Wunsch! Er wünschte sich, seinen „Teil zur Heilung beizutragen". In Abhängigkeit seines Zustandes schien dieses mal mehr, mal weniger schwiurig – manchmal gar unmöglich zu sein. Wenn wir nicht miteinander arbeiteten, tat Uwe dieses mit sich selber und eine Schwester erzählte mir einmal: „Wir haben feststellen können, dass, wenn wir das Zimmer betreten, ihr Mann oftmals wie in einer anderen Welt ist." Was auch immer das heißen mochte, ich nickte

zustimmend. Häufig unterhielt er sich mit zugänglichen, für Spiritualität offenen Schwestern über seine ‚Themen' und was er damit machte. Die Schwestern erzählten mir die Gespräche mit Uwe dann später. „Ihr Mann ist ein ganz besonderer Mensch", hörte ich regelmäßig. Oh ja! Das erlebte ich seit wir uns kannten und darum bin ich so lange an seiner Seite geblieben, auch wenn mir manchmal nach ausbrechen und weglaufen zumute war.
Im Krankenhaus befand sich Uwe von Anfang an in einem inneren Prozess, in den ich nicht eingreifen durfte, was mir innerlich klar *mitgeteilt* wurde. Deshalb geschah mein Vorgehen in dieser Zeit sanft und zurückhaltend.

Neben den inneren Reisen, die ich mit Uwe am Abend telefonisch durchführte, beschreibe ich einige Fragen oder Aufgaben für ihn, zum Anschauen und Bearbeiten in den vielen Stunden, in denen er allein und ganz auf sich gestellt war.

Zunächst ging es darum, die Krankheit anzunehmen und in Liebe zu hüllen, ihren Sinn zu erkennen, den Uwe längst durchschaut hatte. Er äußerte Dankbarkeit für diese Erkrankung, weil er erkannte, dass sie „ein Schlüssel ist", all seine inneren Blockaden zu lösen. Dieses sagte er mir immerzu aufs Neue. Mit leuchtenden Augen sprudelten Worte aus ihm hinaus, die mich in ein einziges Staunen versetzten.

Bei Christoph erlernten wir, wie man mit der Urzelle arbeitet. Es handelt sich hierbei um die erste Zelle, die sich nach der Befruchtung gebildet hat und die mit allen anderen Zellen energetisch in Verbindung steht. Wird in der Urzelle etwas verändert, findet diese Veränderung in allen anderen Zellen gleichermaßen statt. Glücklich, mit diesem Werkzeug gut umgehen zu können, wurde dieses Vorgehen und Arbeiten mit der Urzelle zu einem festen Bestandteil in unseren Workshops, in denen wir wertvolles Wissen weitergaben, um andere Menschen in ihrem Wirken zu unterstützen.

Unser Seelenfreund Engelbert zeigte mir, wie wir die Urzelle von Uwe und mir verbinden konnten, sodass ich an Uwes Urzelle arbeiten könnte, ohne ihn mit einzubeziehen. Nachdem ich meine Seele fragte, ob ich in Uwes Abwesenheit an seiner Urzelle arbeiten darf, erhielt ich dazu ein klares Nein! Also beschäftigten Uwe und ich uns gemeinsam mit seiner Urzelle, wozu die Erlaubnis vor lag.

Ein Schwerpunkt bei den Modulen von Christoph Fasching, ist die Transformation. Hierbei werden Glaubenssätze transformiert, die sich nach der Bearbeitung „neutral" und völlig unbelastet, weder positiv noch negativ verhalten. Das sehr einfache Verfahren der Transformation geschieht in Sekundenschnelle.
„Ich bin nicht wert", ist ein Beispiel für einen Glaubenssatz. Die Wirkungsweise von Glaubenssätzen ist vergleichbar mit einem Virenscanner beim Computer, bei dem der Virenscanner unbemerkt, im Hintergrund funktionierend, seine Aufgabe erledigt. Wenn wir den Computer ausschalten, beendet der Virenscanner seine Arbeit. Daraus resultierend, dass wir uns selbst nicht ‚ausschalten' können, *funktionieren* Glaubenssätze buchstäblich ewig, ohne Unterlass – vierundzwanzig Stunden am Tag – und sind deshalb über Inkarnationen hoch wirksam!

Natürlich setzten wir diese Art von Bausteinen bei den inneren Reisen von Uwe ein. Die Glaubenssatz Transformationen waren ansonsten das, womit sich Uwe tagsüber sehr viel beschäftigte und dem er sehr viel Zeit widmete, wie er mir mehrfach erzählte.

Der klassische Prozess (innere Reise) beginnt mit einer Entspannungsübung. Danach gehen wir langsam und stufenweise eine virtuelle Treppe hinunter und treffen einen Mentor, der uns zu der Ursache hinführt, dem Ort eines Geschehens oder eines Themas, über das wir etwas erfahren möchten.
An dieser Stelle möchte ich erwähnen, dass sich bei Uwe vieles erübrigte, da er geübt war und intuitiv *wusste*, wohin er sich von jetzt auf gleich ‚hin beamen' würde.

Ein Mentor ist ein Wesen, welches zu Beginn einer Reise erscheint, ein Seelenanteil, der alles weiß – unserer Seele entsprechend. Ihm darf jede Frage gestellt werden, insbesondere, wenn wir in den Reisen nicht mehr weiterwissen oder keine Klärung finden können. Sollte einmal, selbst vom Mentor, keine Antwort zu erhalten sein, ist in der Regel entweder die falsche Frage gestellt oder es ist nicht der Zeitpunkt für diese Frage. Bei Uwe stellte sich dieses Wesen in jeder Reise als ein alter, weißhaariger Hirte mit einem langen Bart und einem Hirtenstab in der Hand dar.

Die vollständigen Prozesse werden von mir nicht Wort für Wort geschildert, sondern die Essenz dessen – was sich konkret bei Uwe abgespielt hat und wichtig ist.

Unsere Anfänge und Wesentliches zu unseren inneren Reisen

Ich bat Uwe, sich eine „Leiter der Gefühle" vorzustellen von Trauer bis Glückseligkeit, eine komplette Palette. Die Begriffe dazu strömten, seinen Empfindungen entsprechend, spontan aus ihm empor. Sie bei den passenden Gelegenheiten annehmen, fühlen oder bejubeln zu können, war das Ziel. Zum Beispiel: „Ich kann mich fühlen!" Wichtig hierbei war, dieses Gefühl in JEDE Zelle des Körpers aufnehmen zu lassen, *sehen* und *erleben* wie alle Zellen vor Jubel erstrahlen und Freude darüber fühlen, dass diese Gefühle fühlbar sind.

Was ich in den Reisen mit Uwe beachtete:

- Sich immer bei der Seele bedanken!
- Was ist das Höchste und Beste, was ich jetzt für mich tun kann?
- Was hinter einer Türe auftaucht, in Bildern zeigen lassen
- Die hochkommende Emotion geschehen lassen und zulassen, wenn möglich in die Quelle führen, dem Ort, von dem wir alle herkommen
- In der Quelle oder am Lagerfeuer – dem Feuer der Liebe – fragen: „Was ist jetzt das Höchste und Beste?" Zum Beispiel: „Welche Nahrung ist jetzt die Höchste und Beste für mich?"

- Darum bitten, dass die Seele alles an Informationen liefert: „Schicke mir Impulse, was mir an Nahrung gut tut und was nicht."

Anleitung zu einem Beispiel – Thema Aggression:
Die Voraussetzung war hierbei, dass diese Aufgabe ‚dran' ist und Uwe es ansprechen würde:

- Habe ich selbstzerstörerische Züge?
- Wenn Wut hochkommt, die Wut in Wellen durch dich durchgehen lassen (implodieren). Hierbei wird oftmals der Kopf rot, dieses ‚Glühen' fühlen, es dann im Körper von oben nach unten ziehen lassen, durchbrennen lassen.
- In Wut bringen auf eine sanfte Art: Wie fühlt es sich an, dass du dich ein Leben lang unter den Scheffel gestellt hast, klein gemacht hast?
- Was ist bei dir JETZT da?
- Die Emotionen sind im Körper gespeichert: Gehe energetisch dort hin, gehe hinein, was siehst du? Farben? Und so weiter.
- Wo sitzt die Wut im Körper, gehe dort hinein.

Fragen zur Leukämie:

Ich fragte zum Beispiel, was das Ziel der Krankheit ist und was Uwes persönliches Ziel ist.

- Ist die Leukämie karmisch?

- Was ist bei dir JETZT da?
- Es kann sein, dass dieses Leukämie-Programm von Uwe in der Urzelle angelegt wurde, um es zu nutzen.
- Darf ich dieses Programm ändern oder verträglicher machen?
- Gibt es Alternativen, vielleicht ein Programm, welches die Zellen verändert?

Fragen an die Seele:

- Wo soll ich überhaupt hin?
- Was möchtest du von mir?
- Wenn ich mich dir völlig übergebe, wo möchtest du mich hinhaben?
- Was sagt mein inneres Wissen dazu?
- Was möchte die Krankheit erreichen?

Fragen und Visualisationen (wirkungsvolle Helfer) zum kranken Blut:

- Wie ist dein Verhältnis zu deinem Blut?
- Tauche es in goldenes Licht.
- Komplett heilen und mit Liebe durchstrahlen.
- Es ist das Gesündeste, was du in deinem Körper hast – dein Blut!

- Diesen gesunden Zustand wie ein Mantra anwenden (20 Mal am Tag) und ständig im Bewusstsein halten.

Wir suchten nach Glaubenssätzen, die zu Blockaden führten und transformierten sie. Es konnten Glaubenssätze sein, die Uwe vom Leben abhielten:
Todesschwüre, Überzeugungen, Deals mit jemandem oder mit sich selbst. Zum Beispiel: ich will nicht mehr, dann will ich lieber sterben, ich trenne mich vom Leben weil ...
Gleichgültig, was davon bei Uwe zutraf – durch all das erfolgte in der Vergangenheit seine Abtrennung vom Leben!

Weitere Fragen und Auf-Lösungen konnten sein:

- Warum wurde ein Schwur geleistet?
- Hat mich jemand verwünscht?
- Gibt es Fremdwesen?
- Am Lagerfeuer der reinen Liebe fragen: „Was muss hier wirklich gesagt werden?"
- Gibt es Flüche?
- Was braucht es hier?
- Einen Kreis bilden und den Schmerz in die Mitte legen, aus dem Herzen einen Lichtstrahl darauf senden und das Vergebungsritual vollziehen.
- Was bringt dich dazu, dich abzulehnen? Dahinter steckte bei Uwe meistens ein Glaubenssatz.

- Diese Glaubenssatzoffenbarung enthielt ein Geschenk! Woher kam das? Wiederum erschienen Glaubenssätze, die es galt zu transformieren.
- War die Krankheit in früheren Leben zu finden? Falls ja, ließ ich mir in der Szene, wenn die Türe aufging, andere Türen zu früheren Leben zeigen, die ursächlich dafür oder Ursache für etwas anderes waren. Bitte deine Seele dir zu zeigen, welche Türe zu öffnen ist, wo die Ursache in früheren Leben zu finden ist.

Uwe erhielt in den inneren Reisen regelmäßig die Botschaft, dass die Leukämie nicht karmisch sei. Wir versuchten dennoch zu ergründen, was es zu lösen galt, um an die tatsächliche Ursache der Leukämie heranzukommen. Hier hieß es dann eventuell Glaubenssätze, vielleicht aus früheren Leben resultierend, aufzuspüren, welche die Heilung verhindern oder mit der Krankheit zu tun haben konnten. Wir ließen Wesen oder Engel erscheinen, die für den entsprechenden Bereich zuständig waren.

Zwischenzeitlich nahm ich für mich in Anspruch, mir selbst zu helfen, denn ich konnte nicht umhin, manchmal nicht nur Mitgefühl zu haben, sondern mit-zu-leiden. Mit der hier folgenden Übung half mir Engelbert: Ich fühle meine Gefühle und schlüpfe aus der Zuschauerrolle heraus in die Emotion hinein und arbeite mit dieser Emotion. Es erscheint der Glaubenssatz: „Ich kann den Schmerz anderer nicht mit ansehen." Hier steckt ein weiterer Glaubenssatz drunter: „Ich kann nichts tun, Uwes Leiden zu lindern." Auch alle weiteren Glaubenssätze, die in mir auftauchen, löse ich nun auf.

Die allabendlichen inneren Reisen begannen

Als erstes erkundigten wir uns, ob die Krankheit karmisch sei. Die Auskunft lautete: „Nein."
„Wo sitzt sie?" Keine Beantwortung.
Mit was ist sie verbunden?" Hier blieb ebenfalls eine Klärung aus.
Wir versuchten herauszufinden, welche Sexualität von den Eltern übernommen wurde, denn einiges in Uwes Leben, was mit der Ursache der Leukämie im Zusammenhang stehen konnte, hatte offenbar mit mangelnder Lebensfreude zu tun und Sexualität IST Lebensfreude, die Uwe nicht lebte. Das machte ihm schwer zu schaffen.

Uwe eröffnete in der Urzelle ein virtuelles Lagerfeuer. Es ist ein Baustein der Journey und wird „das Lagerfeuer der Liebe" genannt. Dort sind die beteiligten Personen anwesend, ob noch lebend oder bereits verstorben, spielt hierbei keine Rolle. Es sind Personen die mit dem Thema zu tun haben, welches gerade bearbeitet wird. An dieser Stelle erfolgen Aussprachen. Wenn etwas geheilt werden möchte ist der wichtigste Akt, die Vergebung, die mit großer Liebe einhergeht und erfolgt, um Geschehnisse aufzulösen oder Blockaden zu lösen. In Uwes Angelegenheit ließen wir einen goldenen Strahl fließen, der die Personen verband.
Weiter erkundigten wir uns, ob die Krankheit erblich sei und Uwe transformierte intuitiv vorsichtshalber die DNA, denn sie ist gelegentlich mit Energien belastet, die wir nicht ständig in unserem Leben haben möchten. Damit

werden genetische Informationen gelöscht, die zu einer Krankheit gehören könnten.
Unsere Suche geht weiter: Gibt es jetzt in dieser Zeit Lernerfahrungen zu vollziehen? „Ja!"

Uwe war vom Enneagramm her neuner-fixiert, was bedeutete, dass er sich weder kontrollieren, noch Vorschriften machen ließ, weder von seiner Seele, noch von seinem Körper. Wenn er dies zu weit trieb, würde die Seele früher oder später seinen Körper verlassen. „Tod" hieße die Folge. Die Kontrolle über alles zu behalten, ist bei einem neuner-fixierten Menschen ein Kernthema.

Hier eine kurze Erläuterung zum Enneagramm:

> *„Das Enneagramm ist ein psychologisches System, das neun grundlegende Persönlichkeitstypen erfasst. Wesentlich am Enneagramm (und hier unterscheidet es sich wohltuend von vielen anderen charakterologischen Systemen) ist, dass es nicht wertend ist. Es geht also explizit nicht darum zu sagen: 'das ist ein gutes Verhalten', 'das ist ein schlechter Mensch', oder 'das ist eine dumme Ansicht', sondern es erkennt an, dass alles immer gute und schlechte Seiten aufweist. [...]*
>
> *[...]Das Enneagramm liefert uns mit 9 Grundbausteinen hilfreiche und praktisch anwendbare Erkenntnisse:*
>
> *Welche wesentlichen Merkmale bestimmen meine Persönlichkeit?*
>
> *Was kann ich tun, um meine Persönlichkeit positiv zu entwickeln?*

Was kann ich veranlassen, um das Zusammenleben mit anderen Menschen in meinem Lebensumfeld positiv zu gestalten?

Auf welche Gesichtspunkte muss ich achten, um drohenden Schwierigkeiten im mitmenschlichen Bereich vorzubeugen und um bestehende Probleme erfolgreich zu lösen?

Eine Entfaltung unserer Persönlichkeit im Rahmen des Enneagramms bringt eine Vielzahl förderlicher Einsichten und ein heilsames Wohlgefühl – uns selbst und den Menschen unseres Umfeldes. Das Enneagramm ist ein ausgeprägt zukunftsorientiertes psychologisches System, das uns nützliche Lösungen für die Bewältigung unseres Alltags anbietet." [11]

Ab und zu befand sich Uwe in bestimmten Lebenssituationen in Lethargie. Lethargie ist passive, nicht gelebte Aggressivität, aus Angst vor Kontrollverlust. Hier wird mit Lethargie Macht ausgeübt, gleichbedeutend mit Dagegensein. Wir ließen von Uwes Seele diese Basis entfernen und die dazugehörige Frage lautete: „Was ist, wenn du nichts in deinem Leben mehr unter Kontrolle hast?"
Uwe fiel hierbei durch verschiedene emotionale Schichten und später in die Quelle.
Bei der klassischen Journey ist es so, wenn keine Emotion mehr auftaucht und es in der Reise in die Ruhe oder den Frieden geht, nähert sich die Quelle, der Ort, von dem wir alle herkommen. Ein unbeschreibliches inneres Glücksgefühl ist hier zu empfinden, welches jeder Mensch

---

[11] „Kleine Einführung in das System des Enneagramms"
http://www.enneagrammseiten.de/enneagrammforum/intro.html

fühlt, der in die Quelle hinabsinkt – ja, von dort oft gar nicht mehr fort möchte.

Die Depression ist ein aus unserem Ego resultierendes, altes, eingefahrenes Verhaltensmuster. Dieses Muster ist dem depressiven Menschen bekannt und daher ist die Flucht dahin sehr einfach und bequem. Es handelt sich hierbei um eine sogenannte „Komfortzone". Veränderung ist innerhalb dessen kaum möglich. Die Bequemlichkeit ist der „Neuner-Fixierung" zu eigen und sehr liebgewonnen. Uwe erkannte das recht früh und wusste, dass er genau diese Bequemlichkeit lebt und liebt. Ein Herauskommen war schwierig, dennoch mit unseren Journeys realisierbar. Uwe konnte die Depression tatsächlich in den Journeys weitestgehend beheben. Sie gehörte glücklicherweise seit längerem der Vergangenheit an. Die Bequemlichkeit blieb Uwe erhalten.

Ich forsche in mir immerzu: „Was kann ich für Uwe tun?" Seine Seele anfragend, bekam ich die Mitteilung, „ …dass ich bereits das Höchste und Beste für ihn tue. Mit ihm gemeinsam arbeiten!" Ich bat seine Seele mir Auskunft zu erteilen, ob er diese Erfahrung, die er gerade lebt, SO machen muss oder ob es eine Alternative gibt. Beides wurde bejaht. Was müsste geschehen, um einen alternativen Weg zu gehen? Hier blieb eine Antwort aus. Wir baten darum, dass Wunder geschehen dürfen. Uwe fragte, ob er dazu eine Erlaubnis brauche, wenn ja, von wem. „Nein, alle Erlaubnis ist hier." Vor einigen Tagen hatte ER sich diese Erlaubnis bereits gegeben.

Später wusste ich, dass Uwes Tod der „alternative Weg" war und der Grund, weshalb von seiner Seele keine genaue Beantwortung gegeben wurde. Dieses entspricht dem kosmischen Gesetz der Gnade. In der Regel erfährt kein Mensch den Zeitpunkt seines Todes.

Ich gab Uwe eine Übung für die nächste Zeit, die er für sich ausüben konnte, eine Reinigung. Die Übung brachte ihn in eine höhere Schwingungsfrequenz und ließ ihn aus der Schöpfermacht schöpfen, was noch einmal eine ganz andere Wirkung hat:

Ich bin

Gott in allem

Ich bin

Gott ich bin

Gesprochen wird es einem Mantra gleich:
„Ich bin, ich bin, ich bin", so lange sprechen, bis du es fühlen kannst und völlig entspannt bist und du merkst, dass sich etwas verändert.
Dann verbinde dich mit der Schöpferkraft in dir, die alles in dir reinigen darf.
Es ist eine Arbeit aus der Schöpferkraft heraus als das ICH BIN, als göttliches Wesen, welches ICH BIN.

18. Oktober 2014

Wir richteten den Fokus unseres Bewusstseins in den Dünndarm sowie auf die Erkrankung der Leukämie und

begaben uns während der inneren Reise zunächst auf Ursachensuche zum Darmgeschehen. Als Uwe den Darm von innen erblickte, konnte er die Zotten sehen. Es waren dort Verengungen ersichtlich: „Es ist wie abgeschnürt."
Die zu fühlende Emotion hierbei: „Unwohl! Eingeengt, abgeschnürt, Druck."
Uwe eröffnete ein Lagerfeuer, weil er sich wünschte, einiges zur Leukämie zu erfahren. Er und sein Mentor waren anwesend. Wir baten die Leukämie hinzu und Uwe gab ihr ein „Gesicht" und „Sprache".
„Warum ausgerechnet du, dieser Hammer?" wollte er von seiner Krankheit wissen.
„Ich bin die einzige Krankheit, die dich über so einen langen Zeitraum aus deinem alltäglichen Leben herausreißt, ohne dass du großartig Schmerzen erleiden musst. Wir haben beschlossen, dir keine Schmerzen zuzufügen. Wir haben beschlossen, dich aus deinem normalen Leben herauszureißen. Du warst nicht bereit, das Leben zu LEBEN. Was du gemacht hast, ist nicht deine Aufgabe. Du hast einen Großteil deiner Aufgaben schon erfüllt, warst jedoch nicht bereit, neue Aufgaben anzusehen und zu akzeptieren."
Uwe fragte: „Was waren es für neue Aufgaben?"
Die Krankheit: „In äußeren Bereichen herunterzufahren und aufzuhören und im Inneren anzunehmen, zu erkennen, dass die Arbeit im Außen getan ist und es Zeit ist, nach innen zu gehen. Die Zeit wird kommen, wo ich aus deinem Leben verschwinde aber erst dann, wenn du bereit bist, das Gelernte umzusetzen, bereit bist loszulassen." Hinzugefügt wurde: „Deine Wandlung, die du bereits in der letzten Zeit und schnell gemacht hast, wurde erkannt und muss sich noch festigen, darüber wird noch Zeit vergehen." Nach einer kurzen Pause kamen die

Worte: „Es soll nicht nur eine Warnung sein, sondern etwas, was sich tief in dir eingräbt."
Uwe erwiderte: „Liebe Leukämie, ich danke euch, dass ihr diesen Weg gewählt habt, schmerzfrei zu sein und doch einen schmerzvollen Weg zu gehen."

19. Oktober 2014

Das Thema heute Abend stellte den Dünndarm dar.
Im Dünndarm angekommen, lautete die Emotion von Uwe: „Unwohl, Durcheinander, Chaos."
Der Mentor bemerkte, dass der Dünndarm selber weitestgehend in Ordnung sei.
Am Lagerfeuer ließen wir das Konstrukt des Chaos erscheinen und Uwe gab ihm ein Gesicht: „Ich gehöre zur Krankheit dazu, bin da, um deine Gefühle durcheinander zu werfen, was künstlich erschaffen wird, um aus den alten Strukturen herauszukommen. Alles, was von den Ärzten durchgeführt und bisher geschehen ist, ist darauf ausgerichtet Chaos zu stiften. Das Chaos wird sich zurückziehen, um den Norm-Werten Platz zu machen."
Uwe erkundigte sich: „Warum ausgerechnet der Magen-Darm-Trakt?"
Die Auflösung lautete: „Für dich ist genau dieses das Einfachste und Erträglichste und das kleinere Übel. Es wird Platz geschaffen für spürbare Heilung. Wenn sich die Nebenwirkungen der Chemo auf den gesamten Körper ausbreiten und die Beschwerden schlimmer werden würden, ginge dein Mut verloren."
Wie bereits erwähnt, gehören zu den möglichen Nebenwirkungen der Chemobehandlung im Allgemeinen ständige Übelkeit und Erbrechen, wovon Uwe in der gesamten Zeit verschont wurde. Seine diesbezügliche und

kontinuierliche Auskunft war, dass er die Chemo „sehr gut verträgt". Für ihn wäre Erbrechen tatsächlich unerträglich gewesen.

23. Oktober 2014

Wir befragten Uwes Seele: „Was ist das Höchste und Beste für mich, was wir im Moment tun können?"
Uwe erschien eine Dorflandschaft, in der traurige Leute umherschlenderten. Wir hatten es in dieser Reise mit einer Symbolik zu tun. Die Leute waren in Uwes Umfeld für ihn zu erkennen und er fühlte tiefe innere Leere, die es mit Zuversicht aufzufüllen galt. Hierbei stießen wir auf Glaubenssätze, die wir bearbeiten und auflösen konnten.

Uwe bekam den Rat, seinen Körper zu beobachten und achtsam zu sein. Ein weiterer Rat bestand darin, wenigstens eine Kleinigkeit zu essen, wenn möglich mit Appetit: Salat, mageres Fleisch, Geflügel, Obst, Äpfel, Gemüse, Mandarinen, Smoothies mit Datteln und Feigen, Leinsamen, außerdem etwas Fisch. Zu meiden seien Nüsse! All das wurde Uwe vom Mentor aufgezählt. Erneut erfragten wir, ob die Leukämie karmisch ist und bekamen nochmals ein klares „NEIN" als Auskunft.

Wir begaben uns in die Urzelle und Uwe erforschte, wo die Leukämie saß. Er sah „kleine Reste am Steiß, am Ende der Wirbelsäule."
Es fehlte ihm an Vertrauen. Für Vertrauen ließen wir einen Regler erscheinen. Der Regler hatte eine Skala von 0 bis 10, wobei 10 das Maximum im positiven Bereich darstellte. Hier stand der „Vertrauen"-Regler bei 6.

Es fehlte an Zuversicht, der Regler für Zuversicht stand bei 8. Wir bekamen durch Transformation beide Eigenschaften schnell auf das Maximum 10 und Uwe war glücklich. Wir forschten noch, ob es eine Hinderung gäbe, in die fünfte Dimension, die Dimension der Liebe *aufzusteigen* und Uwe bekam gesagt, dass er, so lange er noch die Krankheit habe, dorthin nicht *aufsteigen* könne. „Jemanden mit Leukämie können die nicht brauchen!", so wurde es Uwe *mitgeteilt*. Dieses „die" lies ich so stehen.

24. Oktober 2014

In Uwe entstand an diesem Abend „innere Leere", wie er mir mitteilte, als ich fragte, wie es ihm gehe und was er fühle. Fülle zu fühlen, war ihm nicht möglich. Ein Hinweis für mich, dass das dazugehörende Programm in der Urzelle fehlen könnte. Tatsächlich war es gar nicht vorhanden und wurde daraufhin ‚installiert'. Als es an der richtigen Stelle positioniert war, führte ich Uwe durch eine imaginäre Türe und vor ihm erschien eine herrlich schöne, blühende Wiese mit Wiesenblumen und hohem Gras. Sein ganz individuelles Symbol für Fülle. Uwes Wiese, war rechts und links begrenzt von einer Mauer, welche im weiteren Verlauf von immer mehr Fühlen, Spüren und genießen der Fülle verschwand. Uwe spürte den Inbegriff von Fülle und wälzte sich mit völliger Leichtigkeit im Gras und genoss diese Fülle. Angewiesen von seiner Seele schalteten wir jedes Sinnesorgan ein, damit dieses Gefühl der Fülle in jede Zelle eindringen und gespeichert werden konnte. Allezeit konnte Uwe an diesen Ort zurückkehren und sich gut tun, womit er bald begann. Die Mauer tauchte nicht mehr auf.

25. Oktober 2014

„Wann ist mir die Fülle abhanden gekommen?" Diese Frage sollte Uwe für sich in einem inneren Prozess klären. Als wir am Abend telefonierten, schilderte er mir: „Ich habe wie immer nicht den Hintern hochbekommen und diesen Prozess noch nicht gemacht." Ich animierte ihn, wieder auf seine Wiese zu gehen und Uwe beschrieb mir: „Die Mauer, die da rechts und links gestern stand, ist in meinem Leben beharrlich weiter nach innen gerückt – es geschah unbemerkt! Ich selbst habe das Fülle-Programm aus mir entfernt. Mich von der Fülle abgeschnitten."

Am 26. Oktober 2014 wurde die erste Lungenentzündung diagnostiziert und am 28. Oktober eröffneten wir dazu einen Prozess mit einem Lagerfeuer und der Anwesenheit der Lungenentzündung, welcher wieder ein Gesicht gegeben wurde:
Uwe: „Was möchtest du mir sagen? Hast du eine Botschaft für mich?"
Die Lungenentzündung: „Du bewegst dich zu wenig und machst nicht genug tiefe Atemzüge, nutzt deinen Lungentrainer nicht. Es gehört mit zu dem Lern-Programm, was du gerade hast, gehört zu „Hintern hoch kriegen."
Uwe: „Was möchtest du mir wirklich sagen?" Die Lungenentzündung teilte Uwe mit: „Ich (Uwe) kämpfe noch nicht genug, ich kann noch mehr tun, noch mehr annehmen, noch mehr mein Potential leben." Nach einer kurzen Pause sagte er mir: „Diese Information erfüllt mich mit Hilflosigkeit, Einschränkung, Beklemmung und Angst, weil ich nicht weiß, wie ich das machen soll, was mir die Lungenentzündung da sagt."

Wir arbeiteten erfolgreich daran. Wichtig und Voraussetzung hierbei war, dass Uwe diese ungünstigen Gefühle und Eigenschaften zunächst tatsächlich fühlen konnte, an welcher Stelle sie in seinem Körper steckten und was sich dahinter verbarg.

Die Frage von mir an Uwe in all den Jahren lautete häufig: „Warum tust du nichts für dich? Warum arbeitest du nicht an deinen Problemen, ich bin doch da, dich zu unterstützen, wenn du das allein nicht magst."
So viele Menschen hatten Uwe Hilfe angeboten. Ungeachtet dessen nutzte er äußerst selten diese Chance. Ich bekam immerzu dieselbe Rückmeldung: „Ich bekomme meinen Hintern nicht hoch." Diese Eigenschaft der Trägheit und Bequemlichkeit, war sein ‚Lebens-Pfeiler' und ist dem Neuner-Fixierten im Enneagramm zu eigen.

Ich hatte nur wenig Verständnis, ich bin nicht neunerfixiert und konnte deswegen nicht nachvollziehen, was in Uwe vorging. Ich sah nur, dass er seine Bequemlichkeit lebte und vor unangenehmen Situationen davon rannte und zwar jeweils dann, wenn es bei ihm ans ‚Eingemachte' ging. Selbst jetzt in dieser prekären und gefährlichen Situation tat er das und ich begriff es nicht. Ich musste zusehen und ihn so sein lassen, wie er war, ohne Beeinflussung meiner Person und ohne Druck aufzubauen. All das hatte ich bereits in den letzten Jahren zurückgefahren – soweit es mir möglich war. Sein inneres Desaster war nicht meine Baustelle, sondern seine und das hatte ich bereits lange erkannt, so schwer sich das auch für mich darstellte. Manchmal drohte es mich zu erdrücken, zuzusehen, wie Uwe innerlich ‚vor die Hunde ging', nicht um Hilfe bat, nicht erkannte, wie sehr der Karren sich bereits im ‚Dreck' befand.

Alles hat seine Zeit und ich wusste in gewissen Phasen unseres Lebens, dass Uwes Zeit kommen würde, betete darum, dass es kein „Hammer" sein möge und er irgendwann einfach erwachte.
Es lag mir fern zu urteilen und zu beurteilen. Dennoch fiel es mir manchmal schwer, völlig wertfrei, frei von Urteil zu sein. Ich ertappte mich mehrfach bei diesen Gedanken, revidierte sie sofort und hörte auf, mich selber für meine urteilenden Gedanken zu verurteilen, versuchte mich anzunehmen, so wie ich BIN – und Uwe so, wie er war.

30. Oktober 2014

Das Thema von heute sollte sein, „den Hintern nicht hochzubekommen", Glaubenssätze, die dahinter standen zu lösen und gemeinsam eine Lichtdusche durch Uwes Körper durchzuführen. Als ich ihn an diesem Abend anrief, weinte er herzzerreißend. Er schilderte seine Emotion und ich vernahm eine enorme Traurigkeit, denn er hatte gerade für einen Moment ferngesehen und schilderte mir, was er gesehen hatte: Es ging um ein altes Ehepaar und der Mann war „unheilbar krank", offenbar eine schwere Demenz und Krebs. Der Ehemann bat seine Frau, ihm zu helfen, aus dem Leben auszuscheiden, wenn es gar nicht mehr ginge, was dann sogar geschah.
Uwe erbat einen Rat, den die Seele vielleicht für ihn haben könne. Die Seele sprach: „Ich soll das Geschenk nehmen!" Gemeint war Uwes Gefühlsausbruch, begleitet von der tiefen Traurigkeit zur Fernsehsendung.

„Es sind Gefühle und Aspekte, die mit der Krankheit indirekt zu tun haben", weiter schilderte Uwe mir, „solche Gefühlsausbrüche ‚umhüllen' diese Gefühle und sind losgelöst von deiner Krankheit. Es sind eigenständige Lektionen, nimm sie an und sehe sie dir an." Weiter: „Deine Krankheit ist ein Schlüssel zu deinen Emotionen." Es erschien bei Uwe ein Glaubenssatz: „Ich glaube nicht zu 100 Prozent an Heilung. Die passenden Emotionen dazu sind Ängste, Ungewissheit, Zweifel."
Uwe erklärte mir: „Mein Mentor und meine Seele warten auf eine Entscheidung von mir." Ich fragte ihn, um welche Entscheidung es sich hierbei handeln würde und erfuhr, dass es sich um die Bereitschaft zu leben handelte. Ich wartete die Antwort geduldig ab und er enthüllte mir: „Da kommt in mir ein klares Ja." Dann beschrieb er, dass der Mentor und genauso die Seele erleichtert waren. Uwe erkannte das am Mienenspiel der beiden und war in der Lage diese Erleichterung von Mentor und Seele zu fühlen.

Nun kamen wir zu dem Anliegen von Uwe, welches ursprünglich für heute geplant war: „den Hintern hochbekommen". Ich führte Uwe in die Entspannung, dann die erdachte Treppe hinunter und die imaginäre Tür ging auf. Wiederum erschien eine Symbolik. Uwe schilderte: „Es ist Nacht, dunkel, Vollmond-Schein. Der Mond scheint auf ein altes Dorf, dort sind Häuser, manche haben Licht, manche sind dunkel und unbeleuchtet. Von weiter her kommt eine Gestalt langsam auf mich zu, sehr bedächtig, das bin ich selbst. Ich gehe durch die Straße, bin auf dem Weg nach Hause, dort will ich hin. Ich sehe Gastwirtschaften auf der rechten und linken Straßenseite und bei jeder frage ich mich, ob ich da rein gehen möchte, um etwas zu trinken oder mich zu unterhalten. Da

kommen Zweifel, denn vielleicht kennst du keinen, vielleicht kommst du gar nicht ins Gespräch." Dann ein eindeutiges: „Nee du kennst ja doch keinen. Ich gehe weiter." Ich bat Uwes Seele um eine Botschaft: „Habe den Mut, dich auf etwas einzulassen und schau dann, was geschieht."
Plötzlich zeigten sich bei Uwe zwei Glaubenssätze: „Ich habe Angst vor dem Unbekannten!", der andere lautete: „Der Weg, den ich gehe, ist immer der des geringsten Widerstandes, um aus meiner Komfortzone nicht herauszukommen, herauskommen zu müssen."
Wir transformierten diese Glaubenssätze und umgehend wurde die Szene heller: „Die Menschen wirken offener auf mich, ja, ich habe jetzt Lust, irgendwo hineinzugehen. Ich tue das und finde Beachtung. Sie machen mir Platz am Tresen. Ich fühle mich aufgenommen, gehöre dazu und es ist unbedeutend, ob ich jemanden kenne oder nicht."
Die dazugehörige Emotion hieß: „Geborgenheit".
Die gefundene Selbsterkenntnis dazu: „Das Leben ist da, ich muss mehr auf das Leben zugehen und es zu lassen."

Prozessarbeit am 31. Oktober 2014

„Was ist bei dir jetzt da?"
„Angst, Ungewissheit, Wut."
„Wo spürst du sie?"
„Die Ungewissheit in den Schultern, die Wut im Unterleib."
„Was herrscht vor?"
„Die Angst."
„Wo spürst du sie?"
„In der Brust, es sind Bilder, sie sind abstrakt, widerliche Bilder, Wellpappe zusammengerollt, durcheinander, die

Krebszelle, sie ist wie ein Knopf. Ich habe schon alles damit gemacht, dieser Knopf ist einfach immer da und bleibt da. Es ist wie eine Glasscheibe zwischen uns, es kann mir nichts passieren, ich kann rein und raus."
Ich fragte: „Wie ist die Bedeutung?"
„Sie stellt die Hässlichkeit der Krankheit dar."
„Ist diese Krebszelle bei dir in der Urzelle so angelegt?"
„Das weiß ich nicht."
Ich versuchte zu ermitteln: „Ist eine Alternative möglich?"
„Jetzt nicht mehr." Weiter folgte von Uwe: „Wo soll ich hin?"
Die Antwort, die er an mich weiter gab lautete: „Dein EIGENES Leben leben, was hält dich ab?"
Nach einer kurzen Pause offenbarte mir Uwe: „Irgendwann habe ich gesagt: Ich habe keine Wünsche. Ich habe mich untergeordnet und es erfolgte die Selbstzerstörung. Von dem Moment an, als ich beschloss, mich nicht zwischen euch zu stellen, von da an habe ich mich aufgegeben. Mir wurde sehr viel abverlangt. Die Frage, wie ich mich zu verhalten habe, ließ mich nicht mehr los."
Spontan erfolgte die Einladung von mir an Uwe: „Bitte sage mir irgendwann einmal, zu einem Zeitpunkt den du frei wählen kannst, ehrlich und unverblümt(!), was du mir damals hättest sagen wollen und sollen. Frei aus dem Bauch heraus, aus dem Schmerz, der dir zugefügt wurde, und beschönige nichts." Uwe erwiderte, dass er mir das schon so oft sagte, dennoch erinnerte ich mich nicht. Es muss äußerst sanft von Uwe an mich übermittelt worden sein, um seine ‚Prinzessin auf der Erbse', als die ich mich stets fühlte, weil er mich auf Händen trug, nicht zu schädigen oder zu verletzen.

An dieser Stelle möchte ich begründen, wie es in dieser Reise zu Uwes Ausspruch, unsere Beziehung betreffend, kommen konnte:
Unsere Ehe funktionierte im sexuellen Bereich von Anfang an nicht so, wie es in einer Ehe sein sollte. Uwe litt seit je her unter seinem vorzeitigen Samenerguss. Ging es auch hierbei um Kontrolle? Wir suchten Therapeuten auf und befassten uns mit Tantra. Später stellte sich in inneren Reisen heraus, dass es sich um ein Selbstbestrafungsprogramm sowie ein Frauenbestrafungsprogramm handelte, was Uwe sich auferlegt hatte, als er in diese Inkarnation geboren wurde. Sein gelebtes Verhaltensmuster belastete ihn sehr, weil er bemerkte, dass ihm Lebensqualität verloren ging. Außerdem war dieser Zustand nicht gerade förderlich, was sein eh schon angeschlagenes Selbstbewusstsein sowie sein Selbstwertgefühl betraf. All unsere gemeinsamen Bemühungen blieben ohne jeden Erfolg. Mein Herzenswunsch mit Uwe zu ‚verschmelzen' blieb unerfüllt.

Auf dieser unerfüllten Suche nach seelischer und körperlicher Verschmelzung verliebte ich mich 1999 in einen verheirateten Mann und ging mit ihm eine tiefe Affäre ein. Doch auch hier erlebte ich nicht das was ich suchte. Irgendwann entschied sich der Mann für seine Familie und ich mich natürlich für Uwe. Das Ende der Affäre zog mir dabei den Boden unter den Füßen weg, was Uwe nicht entging. Als er mich darauf ansprach, erzählte ich ihm sehr ehrlich die Geschichte. Er verstand mich nur zu gut, wollte aber trotzdem mit diesem Mann ein klärendes Gespräch führen, was dieser schließlich ablehnte. Uwe blieb nichts anderes übrig, als energetisch daran zu arbeiten und seine inneren Konflikte auf diese Art und

Weise zu lösen, was ihm gut gelang, wie er mir regelmäßig beteuerte. Wie ich vermute, galt diese Art der Konfliktlösung offenbar nur für Teilaspekte. Die augenscheinliche und nur teilweise Verbesserung seiner Grundstimmung, die ich durchaus wahrnehmen konnte, schien nicht echt und authentisch zu sein.

In den letzten Jahren hatte Uwe umfassende Journeys zu diesem gesamten erlebten Inhalt durchgeführt, in denen er seinem ‚Rivalen' und genauso mir, ehrlichen Herzens vergeben konnte. Er erlangte die Einsicht, dass dieses Ereignis nur Auslöser aber nicht die Ursache für seine Grundproblematik der Depressionen war, die latent, wie bereits erwähnt, sein ganzes Leben lang bestanden.

In der oben genannten und geschilderten inneren Reise stellte sich zum jetzigen Zeitpunkt heraus, dass vieles von Uwe nie wirklich vollständig auflösend bearbeitet wurde. Sonst hätten diese Worte JETZT nicht so aus ihm herausbrechen können. Ich hatte das seit langer Zeit geahnt, konnte dennoch nichts tun. Seine Worte in unseren vielen Gesprächen der letzten Jahre lauteten: „Wenn mir jemand bisher helfen konnte, warst du es. Du hast alles für mich getan! Du kannst mir nur leider jetzt nicht mehr helfen. Helfen kann ich mir in dieser Situation nur selber. Ich weiß, dass ich verinnerlichen muss, dass ich ein vollwertiger Mann bin. Ich höre das von dir, aber es kommt, wie so vieles, nicht in mir an! Ich kann es nicht fühlen."

Im Laufe der folgenden Jahre wurde Uwe impotent und der Penis bildete sich zurück. Als Folgen der Unterdrückung seiner Männlichkeit, welche er über einige Jahrzehnte nicht ausreichend lebte, SICH nicht lebte! Seine Worte dazu waren: „Der ist nur noch gut zum Pippi-Machen." Dabei verbarg er unter seinem leichten Grinsen tiefe Traurigkeit über sich selbst. Mir brach seine Hilflosigkeit das Herz und ich stürzte in tiefe Verzweiflung. Meine Aufgabe bestand darin, Akzeptanz zu lernen, dass alles gut ist, so wie es ist, warum auch immer das so sein sollte. Genau wie Uwe büßte ich in den vielen Jahren meine Lebensqualität ein, sie fehlte uns beiden und so litten wir still nebeneinander her. Weiterhin zusammengehalten hat uns unsere tiefe Liebe zueinander und die vielen Gemeinsamkeiten, von denen wir reichlich hatten.

Die Bedeutung von Verschmelzung:
Der Begriff kommt aus der Alchemie und dient dazu einen Stoff in einen andere zu transformieren (umzuwandeln). Dieses bedingt, dass Schlacken oder das Negative des Stoffes verbrannt werden, so dass eine reine Substanz übrig bleibt oder erzeugt wird. In der Sexualität handelt es sich hierbei unter anderem um Sexualsekrete und Hormone. Hierzu gehört genauso die Transformation der eigenen Psyche. Alle Substanzen werden hierbei geklärt und gereinigt. Dieser Vorgang geschieht nicht von jetzt auf gleich, sondern kann ein sehr langer Prozess über Jahre sein. Bei dieser Form des körperlichen Zusammensein besteht das Ziel darin, dass Körper, Seele und Geist EINS werden – miteinander verschmelzen. Man nennt diese besondere Art der Sexualität „die geheilte Sexualität" oder „heilige Sexualität". Die rein körperliche Befriedigung, das Streben nach einem Orgasmus, wird dabei losgelassen. Kommt es neben der Verschmelzung zu einem Orgasmus, ist dies mehr ein Geschenk, als ein geplanter Teil dieser besonderen Form des Liebesaktes.

Hierzu empfehle ich die Bücher "Das Manuskript der Maria Magdalena" von Tom Kenyon und Judi Sion oder „Sexuelle Liebe auf göttliche Weise" von Barry Long.

Meine Sehnsucht nach dieser Art von Sexualität, im Sinne von Verschmelzung bestand seit meiner Jugend, was mir allerdings damals nicht bewusst war, denn das Wort Verschmelzung kannte ich zu diesem Zeitpunkt gar nicht, geschweige das ich darüber überhaupt etwas gewusst hätte. Im Laufe der letzten Jahre wurde mir vieles klarer was es mit meinem ‚Innenleben' auf sich hatte und ich hier zum Verständnis näher erläutern möchte: Sehnen ist wie Suche manchmal vielleicht dennoch eher die Folge von Nichtannahme dessen was IST – das sich von dem was ist, weg sehnen, träumen in eine vom Verstand konstruierte bessere Variante dessen. War das in meinem Zusammenleben mit Uwe so? Vielleicht.
Zum Vergleich: Das Bild einer inneren Vision von einem Leben oder Aspekt des authentischen eigenen Lebens.
Im Grunde ist es nicht mehr als ein vorerst unbebildertes Gefühl, eine Stimmung. Diese Situation kann von dem ‚erwachten' Menschen ganz in Ruhe und Gelassenheit in sich über Monate und Jahre getragen und erlebt werden und löst eben KEIN Sehnen sondern vielmehr Vorfreude aus, weil er ja ‚wissend' an die absolut sichere Erfüllung dessen glauben kann, dass, wenn es eine echte, tiefere Vision von ihm ist, es sich dann irgendwann und auf jeden Fall zum richtigen Zeitpunkt erfüllen wird.
Ich glaube heute, dass meine Suche nur bedingt von meiner Seele gesteuert wurde, denn eine tiefere Erkenntnis, was irgendwann im Leben ansteht, hatte ich zu dem Zeitpunkt der Affäre noch nicht. Der größere Teil meiner Sehnsucht kam sicherlich aus dem Ego (ICH will, ICH

wünsche) und wenn dem so war, dann ist es klar, dass ich mit meinem Sehnen und Suchen die Erfüllung von Verschmelzung allezeit in die Ferne geschoben habe, statt sie zu erlangen.

Seit 2013 wussten Uwe und ich die genaue Bedeutung von Verschmelzung. Die heilige Sexualität und Verschmelzung gehörten später zusätzlich, in unseren Workshops, zu regelmäßigen Leitgedanken.
Gelebt haben wir diese Art der Sexualität nicht. Schließlich habe ich unsere Körperlichkeit mehr und mehr angenommen wie sie war, also den IST-Zustand annehmen können. Dieses Annehmen und Verinnerlichen habe ich vor einigen Jahren als meine Lernaufgabe erkannt und nach und nach erfüllen können.

2. November 2014

Die Krebszelle stellte möglicherweise DIE Krebszelle dar, denn es gibt immer nur eine, die alle anderen ‚ansteckt' beziehungsweise informiert. Sie steht für ALLE Zellen und bildet mit jeder im Körper vorhandenen Zelle eine Verbindung. Bei der Transformation mehrerer Glaubenssätze – einem ganzen See zahlreicher Emotionen – konnte dieser See nur leerlaufen, wenn Uwe Zugang zu den Glaubenssatz zugehörigen Emotionen hatte.
Zu den häufig dabei auftauchenden Bildern, gab es erneute Emotionen und jeweils dahinter eine dazu gehörende Geschichte, die bei Uwe oftmals karmischer Natur waren. Es galt die Emotionen zu dieser Geschichte und den Bildern zu verstehen, dann konnte die Geschichte heilen, die hinter den Emotionen zunächst im Verborgenen lag. Es kam vor, dass die Angst vor den Bildern

oder Emotionen so groß war, dass diese Angst Uwe völlig blockierte. In Folge darauf, vereinbarten wir einen Termin mit Engelbert und Uwe.

Ein innerer Prozess mit unserem Freund Engelbert

Uwe befand sich am Lagerfeuer und nach Aufforderung von Engelbert im Kern der Krebszelle. Dort sah er viele bekannte Gesichter unter anderem einen alten, bereits vor langer Zeit verstorbenen Schulfreund. „Alle wollten mir unbeschwertes Leben zeigen – ohne Angst." Der Schulfreund auf seinem Mofa fahrend und mit Uwe hinten drauf, daran erinnerte sich Uwe immer sehr gern.

Die Hauptbotschaft der Krebszelle an Uwe lautete: „Führe ein unbeschwertes Leben!" Uwe umarmte die Krebszelle und umhüllte sie mit seiner Liebe, was ihm zunächst noch recht schwer fiel. Mitgeteilt wurde Uwe, dass er die Wahl habe, welchen Weg er einschlagen würde. Er konnte als eine der Wahlmöglichkeiten einen sehr abstoßenden, hässlichen Weg sehen, der vor ihm lag – jedoch bestand seine Angst davor nicht mehr und sie verschwand gänzlich!

Außerdem kristallisierte sich in diesem Prozess heraus, dass Uwe sich als Opfer fühlte und er schaute in die Vergangenheit, in der es einmal eine Situation gab, sich nicht zwischen zwei Menschen zu stellen. Er gab sich selbst das Versprechen: „Ich werde mich nicht zwischen euch stellen." (Gemeint waren der andere Mann und ich.) Er fühlte sich hierbei als Opfer, wie in zahlreichen anderen

Lebenssituationen. Mit Hilfe von Engelbert wurde dieses Versprechen, zurückgenommen und aufgelöst.

Engelbert erkundigte sich nach dem Nutzen und Nebengewinn für Uwe, sich als Opfer zu fühlen und Opfer zu sein und Uwe erklärte, dass ihm die Opferrolle Sicherheit gäbe, anerkannt zu werden, Beachtung zu finden. Engelbert zog ihm diesen ‚Sockel', der eine Art Basis in Uwes Leben darstellte, unter den Füßen weg und Uwe erzählte, wie es sich ohne diese Basis anfühlte: „Das Gleiche bekomme ich, wenn ich kein Opfer bin!"

Engelbert fragte Uwe, ob die Leukämie karmisch sei und er erhielt genauso ein klares NEIN wie wir, wenn ich mit Uwe reiste. Uwe sagte zu Engelbert, er hätte das Gefühl, sein Leben ‚gegen die Wand gefahren zu haben' und wahnsinnige Angst, jetzt etwas falsch zu machen. Engelbert gab Uwe eine Übung mit auf den Weg, die er regelmäßig machen sollte: „Eine Emotion spüren. Wo fühlst du dieses Gefühl? In welcher Körperregion? Wenn du etwas fühlst, kotze dich so richtig aus, lass all deine Gefühle, die damit verbunden sind, aus dir auskotzen, lass dich in jede dieser Emotionen reinfallen, vertraue deiner Seele. Gehe ruhig einmal tagsüber dorthin, frage dich „Was ist da jetzt?" Lasse zu, lasse dich gehen. Dann werden Bilder kommen und dann frage, welche Glaubenssätze da sind, die dies alles füttern? Geh in die Emotionen rein und lass deinen Körper ausagieren, während du im Vertrauen bleibst. Das alte Zeug muss aus dir raus. Bleibe im Vertrauen!"

4. November 2014

Der Inhalt der heutigen Reise sollte eine Einladung der besagten Zelle sein. Wir baten sie ans Lagerfeuer. Dort

waren Uwes Mentor und seine Seele anwesend. Die Emotion von Uwe: „Ich fühle Respekt, es ist ein komisches Gefühl, Angst – das weiß die Zelle und sie weiß genau, dass es automatisch passiert." Ich ließ Uwe in die Zelle hineingehen, dort sah er einen kleinen Lichtschein und Uwe ging dorthin, hinein in einen kleinen Raum, wie eine kleine Höhle und in der Mitte schien ein Licht, so etwas wie eine Lampe. Es handelte sich um ein künstliches Licht und dies sollte zeigen, was im Kern der Zelle zu finden war, wie Uwe mir erklärte. „Der Raum ist an den Wänden von glatten Steinen umgeben, fühlt sich sanft an, wenn man mit der Hand darüber geht, es gibt hier circa 20 bis 30 Abzweigungen, die wie Tunnel sind."
„Wo führt es dich hin?", fragte ich.
„Nirgendwo!", sagte er, „Ich soll im Zentrum bleiben, mir darüber klar werden, dass jeder Weg gegangen werden kann, keiner ist besser, keiner ist schlechter. Es ist die Zeit, die Vielfalt zu genießen, die mir da gegenübersteht. Solange ich mich dort an der Stelle wohl fühle, so lange brauche ich mich nicht zu entscheiden, welchen Weg ich gehe. Wo ich hier bin, ist der Kern."
Ich bat ihn, mir die Bedeutung dieses Satzes zu erklären:
„Wenn ich gesund bin, steht mir die Welt offen. Es wird die Zeit kommen, einen Weg zu wählen."
Dann sah er, wie die Krebszelle verwandelt wurde, sich zurückbaute. Übrig blieb der Kern, die gesunde Kernzelle. Er erklärte mir weiter: „Es gibt eine Hierarchie. Diese Zelle hier ist eine Masterzelle. Die Zelle bestimmt, was andere Zellen zu tun haben und sie hat mehrere Zellengruppen unter sich, sie bestimmt die Krankheit!" Uwe weinte sehr! Ich ließ ihn ausweinen und gab ihm hierfür viel Zeit.
Dann erfolgte meine Frage nach der jetzigen Emotion:
„Ich fühle Erkenntnis, Respekt, Demut."

Uwe fragte die Zelle nach dem „WARUM?"
Die Zelle entgegnete: „Du weißt es!"
Uwe ermittelte weiter: „Bist du bereit, Zelle, mich wieder gesund werden zu lassen? Bist du bereit, deine ursprüngliche Aufgabe und Tätigkeit zu erfüllen?"
Sie erklärte, dass sie bereit sei, sich zurück zu entwickeln, sie hatte das Gute in ihrem Kern gezeigt. Es erfolgte Selbstvergebung von Uwe, für vieles, was er sich selber in seinem Leben angetan hatte.
Ich verspürte in mir ein bedeutungsvolles, sehr tiefes, ehrfürchtiges Gefühl, dass hier wahre, ehrliche Erkenntnis Einzug hielt. Wunder dürfen geschehen ...

Hierzu möchte ich folgendes versuchen nahe zu bringen: Wir martern uns in bestimmten Situationen selbst, verurteilen uns und machen uns regelrecht nieder. Manchmal bestrafen wir uns sogar selbst für ein Geschehen. Wichtige und bedeutungsvolle Gründe für eine Selbstvergebung! Wir vergeben uns selbst, indem wir unser Herz öffnen und die Selbstvergebung einfach fließen lassen, begleitet mit einem unsagbar schönen Gefühl und einer überaus befreienden Wirkung. Es ist in einem Prozess wichtig zu erkennen, dass Selbstvergebung angezeigt ist und wir bedingungslose Liebe zu uns selber senden, sie wirklich fühlen. Es handelt sich hierbei um einen äußerst befreienden und liebevollen Akt, der uns ein sehr großes Wohlgefühl erleben lässt. Der Satz lautet: „Ich vergebe mir selbst, dafür, dass ... und öffne mein Herz."
Im Anschluss an die Selbstvergebung, die Uwe sich hatte zukommen lassen, machte die Zelle einen gelassenen, erhabenen Eindruck. Uwe wurde klar, dass er selber diese Erhabenheit in die Zelle interpretierte. Als ihm dieses bewusst wurde, erhielt er hier eine weitere Erkenntnis, die

mir mitgeteilt wurde: „Sie ist nichts Höheres. Sie ist eine Zelle, nicht besser, nicht schlechter als andere Zellen. Sie hat nicht die Macht, die wir hineininterpretieren. Ich segne diese Zelle, umarme sie, was mir jetzt ganz leicht fällt und sage ihr: ‚Liebe Zelle, bitte zerstöre mich nicht!'"
Meine Frage an Uwes Seele: „Liebe Seele, was ist das Höchste und Beste, was ich für mich (gemeint ist Uwe) tun kann?"
„Achte auf dich und folge deinen Impulsen."

Der Satz: „Liebe Zelle zerstöre mich nicht!", *holperte* in mir und ich fühlte, dass da eine Menge ungünstiger Energie *drauf saß* und so beschloss ich an dieser Stelle am nächsten Abend anzuschließen.

5. November 2014

Es ging bei dem Satz: „Liebe Zelle zerstöre mich nicht!", um Vertrauen und wir fanden ruck, zuck den passenden Glaubenssatz dazu: „Die Zelle bestimmt über mein Leben.", der kein Vertrauen verrät. Diesen Glaubenssatz lösten wir auf und transformierten ihn. Währenddessen erkannte Uwe, dass nur ER über sein Leben bestimmen würde, er in Zusammenarbeit mit seiner Seele.
Dann folgte das Gefühl der Angst: Ich ließ Uwe durch die Emotion der Angst fallen. In der Journey heißt das, durch die Schichten der Emotionen hinabsinken lassen, wobei jeweils eine neue Schicht einer Emotion sichtbar wird, Schicht für Schicht, tiefer und tiefer. Das Ergebnis ist im klassischen Fall zum Schluss, wenn keine Emotionen mehr vorhanden sind, „das Hinabsinken in die Quelle", der Ort von dem wir alle herkommen. Dort hinabzusinken ist

eine wunderschöne Erfahrung. Wir SIND hier und fühlen hier unser SEIN, das große ICH BIN.
Unter der Schicht von Angst lag „Vertrauen".
Die Schicht darunter und die dazugehörende Emotion bestand aus einem „Zweifel". Diesen Zweifel ließ ich ihn fühlen und die nächste Schicht war dann wieder „Vertrauen".
Ich forderte Uwe auf, das Vertrauen in jeder Zelle zu spüren. Dies ermöglichte ihm, das Vertrauen von da aus nach außen wirken zu lassen, weit über sich selbst hinaus wachsen zu lassen. Uwe war wunderbar in der Lage Vertrauen zu fühlen, was ihm sehr gut tat. Daraus entstand dann die Sicherheit und die innere Überzeugung gesund zu werden. Dazu integrierten wir einen neuen konstruktiven Glaubenssatz: „Ich bin ganz gesund!" Die Worte werden IMMER in der Gegenwart gesprochen und gefühlt, da das Gehirn diesen Satz als Tatsache sofort speichert. Wenn man die Worte in der Zukunft aussprechen würde: „Ich werde ganz gesund.", so liegt „ganz gesund werden" ausschließlich in der Zukunft, statt im JETZT, in dem dieser Zustand bereits erreicht ist.

Meine genauere Begründung hierzu:
Sobald wir einen neuen Gedanken denken, verändern wir uns neurologisch, chemisch und genetisch. Wir können durch Gedanken auf der Stelle neue Gene aktivieren, einfach durch einen neuen Geist. Das ist die Macht des Geistes über die Materie. Um neue Gedanken, Entscheidungen, Verhaltensweisen, Gewohnheiten, Überzeugungen und Erfahrungen wirklich fest in unserem Gehirn zu verankern, sollten wir sie daher zunächst oftmals aktualisieren, überprüfen und erinnern. Mit der Zeit wirkt sich

dieses Wiederholen und Verankern auf die Struktur unseres physischen Körpers aus.

Am Lagerfeuer waren heute außer Uwe, der Mentor, die Seele und die Zelle. Die Zelle zeigte erneute Bereitschaft sich zu verändern und erklärte, dass sie bereits in einem Wandlungsstadium sei (unter anderem durch die bereits erwähnte Glaubenssatzbearbeitung).
Die Emotion bei Uwe: „Hoffnung, tiefe Freude und Dankbarkeit."
Die Seele erklärte: „Die Heilung hat bereits angefangen, die Heilung geschieht im Kern der Zelle und setzt sich nach außen hin fort."

8. November 2014

Wir wirkten weiter an der Zelle, die sofort anwesend und vor Uwes geistigem Auge in Erscheinung trat.
Uwe fühlte Wut im Unterleib.
Erneut präsentierte sich der Glaubenssatz: „Die Krebszelle bestimmt mein Leben."
Ein weiterer Glaubenssatz lautete: „Es wird mir Lebenszeit genommen." Uwe meinte die Lebenszeit, die er jetzt im Krankenhaus verlor. Ich schlug eine andere Sichtweise vor: nämlich die Lebenszeit, die er im Krankenhaus verbringt als absolut konstruktiv zu sehen und als Geschenk und Chance, seine Themen zu bearbeiten, womit er ja direkt von Anfang an begonnen hatte und äußerst erfolgreich war. Für diese neue Sichtweise bekam ich von Uwe große Zustimmung. Er erkannte dies alles mit einem Mal und konnte diese Erkenntnis als seine Wahrheit annehmen.

Ich erkundigte mich nach dem Verhältnis zu seinem Blut: „Gleich Null, gar keins." Daraufhin bat ich Uwe, sich mit diesem Grundgedanken auseinanderzusetzen, als Vorbereitung für den nächsten Tag, wenn wir das Blut zum Gegenstand der Reise machen würden. Ich bat Uwe, wann immer es ihm möglich sei, vielleicht mehrfach am Tage, sein Knochenmark als das Gesündeste und Perfekteste im ganzen Universum zu visualisieren. Sehen wie es leuchtet und strahlt, das Blut immerzu auffordern gesunde Knochenmarkzellen zu produzieren und sich selbst als bereits geheilt zu sehen. Diese Bitte an Uwe sollte im weiteren Verlauf nicht ohne Erfolg bleiben! Denn kurze Zeit später rief er mich freudig an und erzählte mir, dass „heute von ganz allein das strahlende, gesunde Knochenmark erschienen ist. Ich konnte es im Universum deutlich erblicken. Es erfordert keine Mühe mehr mir zwanghaft vorzustellen, wie mein Blut strahlt." Das Gleiche vollbrachte Uwe mit der Krebszelle, wobei ihm das in den Anfängen recht schwer fiel.

Sich selber zu glauben, überzeugt zu sein, dass es so einfach funktionierte, ja, dass auch er ein Recht auf Heilung hatte – all dies bedurfte viel harter, intensiver, dennoch wunderbarer Arbeit miteinander.

9. November 2014

An diesem Abend sollte es erneut um Uwes Verhältnis zu seinem Blut gehen. Und was ich dann zu hören bekam, grenzte an ein Wunder: „Ich mache eine Korrektur, ich mache jetzt reinen Tisch, baue alles neu auf!"

Er nannte mir Glaubenssätze dazu, die sich alle stimmig anfühlten. Sie alle waren von konstruktiver Heilung geprägt – HEILUNG!

Die dazugehörige Emotion bei Uwe, erlebte er in übergroßer Freude: „Ich habe Zugang zu meinem Blut, es gehört zu mir!"
Im Anschluss daran führte ich Uwe wieder durch eine Türe auf SEINE Wiese und er konnte die Fülle fühlen, empfand Glücksmomente und wälzte sich im tiefen Gras, genoss diesen Zustand – ich ließ hierbei reichlich Zeit und bat ihn, dieses Gefühl in jede Zelle aufzunehmen und es allen Zellen zu sagen, es alle fühlen zu lassen.

An diesem Abend standen noch die Angelegenheiten von Hilflosigkeit sowie keine Verantwortung für sich übernehmen zu wollen, an. Dabei stellte sich der sogenannte „Nebengewinn" heraus, den Uwe sofort erkannte, denn Passivität und hierbei nichts tun zu müssen, stellte den Nebengewinn dar, was seinem Naturell entsprach und nach erkennen dieses Nebengewinns, stellte ich die Frage: „Was *kostet* dich das, hilflos zu sein, keine Verantwortung für dich zu übernehmen?"
„Ich gebe mein Leben aus der Hand."
Die weiterführende Frage: „Vor was schützt es dich?"
„Vor Eigen-Verantwortung."
„Was willst du auf keinen Fall fühlen?"
Postwendend erschien ein Glaubenssatz: „Ich habe Angst vor Verantwortung!"
Hierzu lösten wir etliche weitere Glaubenssätze auf.

Häufig ergab sich die Situation, dass Uwes Kraft nur für Mini-Prozesse ausreichte. Folglich bauten wir mehrfach Pausen ein oder hörten auf. Wir hatten die klare Vereinbarung, dass er mir zu verstehen geben würde, wenn er erschöpft sei oder wenn es für heute genug wäre. Uwe wurde sogar in diesem Bereich gänzlich ehrlich und authentisch. Ich durfte ihm endlich vertrauen, spürte diese Ehrlichkeit. Ein für mich sehr neues und warmes, wohltuendes Gefühl, denn das hätte es vor einiger Zeit noch nicht gegeben. In zahlreichen Situationen lebte Uwe jetzt Ehrlichkeit und Achtsamkeit sich selbst gegenüber – ich zog den Hut vor ihm!

16. November 2014

Wir baten die Krebszelle nochmals ans Lagerfeuer und Uwe erstaunte mich erneut: „Es sind keine Reste mehr zu sehen, sie hat keinen Einfluss mehr auf die Heilung. Sie hat ihre Aufgabe erfüllt!" Uwe berichtete mir, dass er die Zelle in sich auf- und angenommen(!) hatte und sie ihrer ‚normalen' Arbeit nach ging. Er hatte es geschafft, sich mit ihr zu identifizieren, Glückwunsch dazu! So sollte es sein! Uwe wendete sich an seine Seele: „Was ist das Höchste und Beste was jetzt zu tun ist?"
Die Seele antwortete: „VERTRAUEN!"

Jeder Prozess, den wir führen birgt eine Botschaft für den Begleiter als Geschenk und wird 'mitgeliefert'. Die jeweilige Botschaft hat allemal etwas mit uns selbst zu tun – mit demjenigen, der führt. Eine mehrdeutige Aussage ist hierbei keine Seltenheit. Wir wurden beide aufgefordert, die Krankheit betreffend, auf die Heilung zu vertrauen. Überdies bestand die Botschaft an mich, mein Vertrauen zu Uwe selbst, weiterzuentwickeln. Denn zu diesem Zeitpunkt erwachte und wuchs mein Vertrauen, bezogen auf seine Ehrlichkeit. Ich erlebte ja, dass Uwe authentisch wurde, ich nicht mehr ständig hinterfragen musste, ob er meinte was er sagte, ob er sich meinetwegen oder ebenso anderen gegenüber ‚verbog'. All das schien der Vergangenheit anzugehören. Wie heilsam für uns beide, welch ein Segen! Was ich von Uwe hörte, konnte ich tief in mir glauben. Dieses Gefühl entstand neu in mir und wirkte wie eine innere Befreiung. „Vertrauen!"

Wir wussten, dass wir in den Reisen niemals die Unwahrheit erfuhren. Es gab an der Richtigkeit dessen, was dort offenbart wurde oder geschah, keinerlei Zweifel in uns. Außerdem war es bei mir so, dass ich oftmals *mitging*, sah was Uwe sah, fühlte was Uwe fühlte, ich schon vorher wusste, welche Auskünfte wir erhalten würden oder wo die Reise hinführte. Die Impulse bekam ich von seiner oder meiner Seele. Bei jedem einfühlsamen Menschen geschieht dieses so und ist nichts Außergewöhnliches. Es ist ein Geschehen und ein Ablauf, was äußerst hilfreich bei dieser Art von ‚Arbeit' ist.

17. November 2014

An diesem Abend stellten wir unsere Frage nach den anderen Zellen aus der „Hierarchie", die uns von der Krebszelle am 04. November beschrieben wurde.
Uwe erzählte mir: „Die anderen Zellen tun genauso ihre schöpfungsgerechte Arbeit, wie die besagte Zelle oder haben bereits den Körper auf natürlichem Wege verlassen.

18. November 2014

Heute handelte es sich um die Zeit des Durchfalls in der Uwe die Diagnose „Clostridien in Massen" erhielt.

Wir vollzogen eine Lichtdusche durch den gesamten Darm nach dem bewährten Schema. Wir beobachteten, was sich dort abspielte und baten den Heil- und Lichtstrahl, seine Arbeit zu tun. Als Endergebnis hielten wir jeweils die Energie der Heilung als Bild in unserem Bewusstsein fest, als sei dies bereits in der Gegenwart geschehen.

Wir eröffneten ein Lagerfeuer der Liebe. Uwe wusste nicht, dass die Schwemme der Clostridien durch ein Zuviel an Antibiotika hervorgerufen wurde, dass Clostridien fast jeder hat und diese normalerweise keine Beschwerden verursachen, weil das Verhältnis zu den gesunden Bakterien stimmig ist. Die Intelligenz des Körpers stellt in der Regel, bei einem gesunden Organismus, selber ein natürliches Gleichgewicht her.

Und so berichtete mir Uwe: „Ein paar Clostridien waren immer da."

Der Mentor von Uwe befragte die Clostridien, um zu verdeutlichen, was das alles zu bedeuten hatte: „Welche Aufgabe habt ihr?"

Die Clostridien erklärten: „Wir sind ein Teil der Darmflora, viele gesunde Bakterien sind weg, die sonst dazu gehören, dadurch haben wir uns so vermehrt."

Uwes Frage: „Können die Ärzte etwas tun?"

„Ja", antworteten sie. Und der Mentor gab Uwe den Rat: „Komme zur Ruhe, komme in die Norm, dann kommen die Clostridien in die Norm."

Am Nachmittag des 21. November 2014 eröffnete mir Uwe, dass er Tag-Träume hätte: „Ich möchte mir eine richtige Skibrille kaufen und dann im Winter hinter meiner Schneefräse ‚herdackeln', um für die Nachbarn den Schnee wegzumachen." Er begriff, dass so lange er noch Träume habe oder von neuem habe, weil seine Lebensfreude erwacht sei, sein Leben nicht zu Ende sein könne und wollte von mir wissen, ob er das richtig verstehen würde? „Ja, genau so ist es!"

Uwe befand sich außerdem auf der Suche nach unseren Gemeinsamkeiten, wollte mit mir „mehr diskutieren." Ich schaute ihn fragend an und bemerkte, dass wir das doch hinreichend täten, denn wenn andere ihren Fernseher einschalteten, blieb unserer aus. Wir bezeichneten ihn oft als „Nippes", der einfach nur ungenutzt dastand. Wir verbrachten unsere Abende mit inneren Reisen für die Tiere, lasen gemeinsam oder führten lange Unterhaltungen über ganz normale Angelegenheiten, Erlebnisse oder Ereignisse. Was er nun mit „diskutieren" genau meinte, verstand ich nicht so recht und er konnte es mir leider nicht genau erklären. Es zählte der konstruktive Impuls, der uns einen Grund zur Freude gab.

Dann folgte die Idee mit der Arbeitszeitverkürzung, dass Uwe zukünftig nur noch eine 30-Stunden-Woche haben und nicht mehr so viel arbeiten wolle, nur wenn er wirklich Lust dazu hätte, um mehr Zeit zu haben, etwas aus seinem Leben zu machen. Ich beglückwünschte ihn dazu und konnte kaum glauben, was ich da alles vernahm. Diese Offenbarungen bedeuteten absolutes Neuland und schien tief aus Uwe selbst herauszuströmen. Seine Augen leuchteten dann noch mehr als sonst und ich bemerkte sogar ein Lächeln. Ja, hier entstand eine unverkennbare Sicherheit in ihm, ein tiefes „Vertrauen!" Uwe hatte tatsächlich verinnerlicht, was seine Seele ihm angeraten hatte und mit Lebensfreude einherging.

Am Abend des 21. November erfolgte unsere allabendliche gemeinsame Vorgehensweise. Ich bat Uwe, seine Seele zu fragen, wie sein Heilungsweg aussah und uns mitzuteilen, wo genau Uwe jetzt stand.
Die prompte Auskunft von Uwe lautete: „Ich sehe eine steile, kurvige Passstraße, bei der am Ende oben die Heilung ist, die ich allerdings noch nicht sehen kann. Ich weiß es nur, weil meine Seele mir das sagt und mir ein Bild dazu liefert. Ich bin jetzt im zweiten Drittel und die Heilung hat bereits eingesetzt, als mir die Krankheit bewusst wurde."
Ich fragte: „Wie geht die Heilung weiter?"
„Ich muss noch durch einige Tunnel, was nichts Schlimmes bedeutet", erläuterte Uwe. „Die Tunnel sind da, um größere Hindernisse zu umgehen, wie es auf einer Passstraße genau wie im richtigen Leben ist." Er selber wunderte sich über diese Aussage, die da so einfach aus ihm heraussprudelte und das erfüllte ihn mit tiefer Freude.

Hierzu wieder eine kurze Sinndeutung:
Die Heilung hatte mit der Bewusstwerdung eingesetzt. Das bedeutet, dass Uwe ja umgehend, zeitgleich mit dem Krankenhausaufenthalt, angefangen hatte, an sich zu arbeiten. Uwe wurde sich seiner Situation bewusst und erkannte äußerst schnell die Wahrheit hinter der Leukämie-Diagnose.
Jedes Mal mit Ausbruch einer Krankheit auf der Körperebene, setzt gleichzeitig ein Heilungsprozess ein, der zunächst auf die seelische Ebene begrenzt ist. Wir können zu keiner Zeit sagen, wann die gewünschte Heilung tatsächlich ‚sichtbar' wird und wie die Heilung wirklich aussieht. Heilung kann viele Gesichter haben ...

22. November 2014

„Was ist das Höchste und Beste für JETZT?"

Die heutige innere Reise verlief recht kurz und ich gebe das Wesentliche hier wieder: Uwe sah sich auf der grünen, blühenden Wiese, die er sich erschaffen hatte und die seine Fülle symbolisierte. Er lag im hohen Gras und entdeckte seine Krebszelle. Plötzlich überraschte er mich: „Die Krebszelle ist nicht mehr die Krebszelle, sie hat sich jetzt in einen wunderschönen Bernstein verwandelt."

Über die Bedeutung eines Bernsteins wussten wir beide zu diesem Zeitpunkt nichts Genaues. Später recherchierte ich folgendes dazu:

> *„Der Bernstein wurde von jeher als lebensspendender Sonnenstein gesehen, welcher in uns besondere Freude weckt. Er bringt Licht und Wärme in das Gemüt und schenkt eine frische und fröhliche Ausstrahlung.*
>
> *Bernstein kräftigt die Entscheidungsfähigkeit und hilft Angst und Depressionen zu überwinden.*
>
> *Er beeinflusst den Gemütszustand positiv bei Depressionen, stärkt das Selbstvertrauen, fördert Flexibilität, Aufgeschlossenheit und Kreativität."* [12]

---

[12] Ina Dragon, "Eigenschaften und Wirkung von Bernstein"
http://edelsteinblog.blogspot.de/2012/07/bernstein-bedeutung-und-eigenschaften.html

Dann erzählte Uwe mir noch, dass er sich auf unserer Granitbank im Garten sitzen sah. Er *bekam* dieses Bild, nachdem er sich bei der „Bernsteinzelle" nach seiner Zukunft erkundigt hatte.
Eine Antwort auf die Frage nach den Chlostridien lautete: „Sie gehören zum Weg."

23. November 2014

An diesem Morgen, einem Sonntag, erreichte mich Uwes ungewöhnlicher Anruf, der mich regelrecht ‚aus den Socken haute', denn er stellte mir eine Frage, die er noch nie gestellt hatte: „Ich möchte gern einmal etwas von dir wissen: Angela, wie geht es DIR eigentlich – körperlich, seelisch, psychisch?" Ich hielt die Luft an, konnte kaum atmen vor Schreck und Staunen, denn auf so eine Frage war ich nun absolut nicht vorbereitet und schon gar nicht von meinem Mann. Jetzt hieß es für mich ehrlich sein. Als erstes entgegnete ich: „Das hast du mich noch niemals in meinem Leben gefragt und ich habe das Gefühl, dass diese Frage direkt aus deinem Herzen kommt und dafür danke ich dir!" und fing an zu weinen. Ich benötigte etwas Zeit, bis ich wieder sprechen konnte und fühlte tiefe Berührung in mir! Dann beschrieb ich ihm recht deutlich, wie es mir ging, dass mir das gesamte Geschehen sehr viel Kraft abverlangte, ich teilweise nur noch funktionierte und die ganze Situation nicht spurlos an mir vorbei ging. Wir redeten fast eine Stunde und aus mir sprudelte vieles heraus, was ich allezeit ‚geschluckt' hatte, all die Jahre des Zusammenseins, in denen Uwe mich zu keiner Zeit gefragt hatte, wie es mir ging. In der Vergangenheit wäre diese Frage hier und da angebracht gewesen.

Darüber war er bestürzt und erinnerte sich dabei, dass er tatsächlich niemals danach gefragt hatte. „Genau das meinte ich, wenn ich dir sagte, dass du mich eigentlich gar nicht wirklich wahrnimmst, nicht wirklich siehst, es dir gleichgültig ist, wie es mir geht und was ich fühle", schilderte ich ihm jetzt, damit er verstand, wie wichtig für mich seine Frage an mich war. Dann sagte er mir, dass auch ich ihm vieles abverlangt hätte. Bei meiner Nachfrage, antwortete er mir, dass dieses jetzt unwichtig geworden sei und wir noch viel Zeit bekommen würden über manches zu reden. Nochmals erwähnte er seinen Wunsch miteinander zu diskutieren, was wir meines Wissens vielfach und reichlich getan hatten – nicht nur über Probleme. Aber gut, das ist meine Sicht. Die Sichtweise von Uwe mag eine andere gewesen sein und wir ließen das erst einmal so stehen. Denn wirklich erklären konnte Uwe es mir auf mein Nachforschen nicht.

In dem Gespräch erzählte Uwe mir erneut, wie er sich seine Zukunft mit mir vorstellte und dass sich einiges ändern müsste und würde und wir einander hierfür unsere gegenseitige Unterstützung benötigten, Unterstützung und Hilfestellung, wenn einer von uns in alte Verhaltensmuster fallen würde, wie ich in meine ‚Mutter-Rolle‘, die ich nicht leiden konnte, so wie er in die ‚Sohn-Rolle‘, die ihm zuwider war. Ja und im Übrigen würde es eine wunderbare und völlig neue Zeiteinteilung geben, die unseren privaten Bereich anging. Uwe wollte die Prioritäten neu setzen und unser gesamtes Leben sollte bereichert werden. Er hatte große Pläne und ich kann mich nicht erinnern, jemals ein so ergreifendes, ehrliches Gespräch mit ihm geführt zu haben, welches so positiv nachwirkte – bei uns beiden! Wir freuten uns so sehr darauf – auf unsere gemeinsame völlig neue Zukunft! Es gab überhaupt vieles, was uns freute, denn wir erlebten den Begriff Nähe ja ganz neu und anders, irgendwie fremd für uns beide und dennoch wunderbar. Echtes Vertrauen, Ehrlichkeit, Hoffnungen sowie Ziele wurden hier fühlbar.

Ich erlebte, wie Uwe sich vollkommen ‚drehte', eine neue Persönlichkeit entwickelte. Ja, er bekam endlich eine eigene starke Persönlichkeit und wirkte dazu absolut männlich. All dies erschien unfassbar für mich und geschah im Tempo von Sieben-Meilenstiefeln.

Wie extrem und erfindungsreich kann Leben sein? Die Tragik der Leukämie, diese gesamte Krankenhauszeit und dann das daraus resultierende: Geschenke über Geschenke an uns beide!

Bei einem weiteren Besuch im Krankenhaus, wollte Uwe wieder mit mir schmusen, was so aussah, dass ich bei ihm auf der Bettkante saß und er neben mir sitzend, seinen Arm um mich legte. Ich legte meine Hand auf seinen Oberschenkel und wir schmusten dann Wange an Wange. Mehr ließen wir beide, wegen der Bakterienübertragungsgefahr nicht zu. Wir genossen diese stillen Momente und irgendwann eröffnet Uwe mir, dass er sich zwar noch nicht vorstellen könne, dass auch sexuell wieder alles klappen würde, dennoch dachte er darüber nach und freute sich selber ganz besonders über seine Gedankengänge und Gefühle.

Engelbert bemerkte mir gegenüber dazu später: „Wenn Uwe schon an Sexualität denken kann, sich damit befasst, dann ist er auf einem guten Weg."
Engelbert schilderte mir in einem weiteren Gespräch, dass er sich immer wieder sieht, wie er Uwe hier zu Hause freudestrahlend in den Arm nimmt. Beide Männer weinen vor Rührung und Glück, dass Uwe wieder gesund ist. Dann begibt er sich vor Uwe auf die Knie und es überkommen ihn Tränen der Freude. Engelbert kann dieses Bild sehr oft *sehen* und diesen Glücksmoment in sich *fühlen*. Eine bessere Manifestierung von wunderbaren Gedanken vermag es kaum zu geben, denn Wunsch plus Emotion werden vom Universum aufgenommen und als erfüllt zurückgesandt – wenn es sein soll – wenn es schöpfungsgerecht ist, was zur Wunscherfüllung natürlich die Voraussetzung ist.
Engelbert du hast sooo viel für Uwe getan!

Am 24. November 2014 erzählte ich Uwe, dass ich aus einem inneren Antrieb heraus einem neuen Therapie-Impuls gefolgt sei. Hierbei flossen Energiestrahlen direkt aus meinen Fingerspitzen, die ich auf einem Foto von Uwe ruhen ließ. Oder ich stellte mir Uwe vor meinem geistigen Auge vor und ließ auf dieselbe Weise die Energie an Uwe wirken. Der Energieball befand sich währenddessen in meiner Hand – erstaunlich fühlbar – und die goldenen Lichtstrahlen vor meinem geistigen Auge sichtbar. Ich wollte gern von Uwe wissen, ob das bei ihm ‚ankam' wie ich das fühlte und bat ihn, seine Seele danach zu fragen. „Ja!", berichtete uns seine Seele. „Punktuell ist es besser als die Lichtdusche, jedoch wird die Lichtdusche für den gesamten Menschen hierdurch nicht ersetzt. Die

Lichtdusche ist nach wie vor äußerst effektiv. Beide Therapieanwendungen ergänzen sich recht gut."
Nachdem ich am 25. November auf diese Weise hier zu Hause an Uwe intensiv arbeitete, ohne mit ihm darüber zu sprechen, erzählte er mir am Abend, dass es ihm sehr gut ginge und er an dem Tag bemerkt hatte, dass ich etwas für ihn getan habe. Dabei trat dieses nicht unmittelbar und direkt für ihn spürbar ein, wie Uwe mir genau erklärte. Er erlebte eine allgemeine körperliche Verbesserung, die dann einige Zeit anhielt.

Während der inneren Reise an diesem Abend besuchten wir den Darm von Uwe und eröffneten vor Uwes geistigem Auge ein virtuelles Lagerfeuer der Liebe. Wir baten die Engel und Uwes Seele um Hilfe.
Der Darm verweilte hier und erklärte uns, dass die Darminnenwand auskleidende Schleimhaut Lücken aufwies.
Uwe erkundigte sich nach dem dahinterliegenden Motiv und erhielt die Auskunft: „Gleiten." Meine spontane Idee hierzu lautete: ‚die *Leichtigkeit* des Seins leben, durchs Leben *gleiten*'. Uwes Mentor bestätigte umgehend meinen Impuls durch ein zustimmendes Nicken.
Die Darmschleimhaut wurde zerstört und brauchte nun feste Nahrung, um langsam wieder aufgebaut zu werden.
Ich fragte hierzu nach der passenden Lösung und was es dazu brauche und bekam ein klares „Nein!" Der Darm sagte, dass er das alles selber in den Griff bekäme.
Da Krankheit im Körper niedriger schwingt als gesunde Organe, baten wir die Engel um eine Schwingungserhöhung des Darmes mit seiner kranken Schleimhaut.
Uwe erhielt einen Glaubenssatz dazu, den es schleunigst zu transformieren galt: „Ich habe zur Heilung des Darms Hilfe von außen (Ärzte) nötig." Dieser bis dahin ungelöste

Glaubenssatz hätte eine Behinderung der Selbstheilung für den Darm dargestellt.
Dann erkundigte ich mich noch einmal explizit nach der Botschaft von *gleiten* und hörte die Antwort: „Fließen lassen, loslassen, alte Gedankenstrukturen loslassen, all das unterstützt die Heilung."
Es bestand für Uwe keine Möglichkeit, die Phänomene hinter der schwachen Darmschleimhaut aufzudecken. Die körperliche Ebene schien eindeutig zu sein, denn die Zerstörung der Darmschleimhaut geschah durch Antibiotika und stellte den materiellen, körperlichen Auslöser dar. „Was ist da? Was benötigt die Schleimhaut, was ist unverdaut? Ist da Angst?" Was wirklich auf der Seelenebene dahinter steckte, blieb unbeantwortet.
Wir holten die Schwingungen und die Energie der gesunden Bakterien zurück in den Darm und baten sie, nach dem göttlichen Plan, ihre Arbeit wieder aufzunehmen. Uwe konnte daraufhin die arbeitenden Bakterien gut erkennen und sehen wie dieser Vorgang vonstattenging.
Ich schob noch eine Chakrenarbeit hinterher, denn das zweite Chakra, das Sexualchakra sowie das dritte Chakra, der Solarplexus sind unter anderem für die Verdauung zuständig und waren bei Uwe sehr schwach ausgeprägt. Ich ließ Uwe in sein Herz einatmen und sich mit der Liebe verbinden, was begleitend eine Verbindung mit seiner Seele bedeutete. Von hier aus war die Disharmonie der anderen Chakren spürbar und so ließ ich Uwe in die disharmonischen Chakren einatmen, um sie mit Energie und Liebe zu versorgen. Er konnte sehen, wie sie dann runder und farbenfroher ‚liefen'.

Ich hätte gern noch am Lagerfeuer von der Seele genau nachsehen lassen, was in den Chakren stattgefunden hatte und warum da Chaos herrschte, doch musste Uwe für heute Schluss machen, er konnte nicht mehr. Er überschritt seine Grenzen nicht und ich erhielt eine ganz klare Ansage: „Für heute ist es genug."

Engelbert hatte uns gezeigt, wie man Kraft tankt, denn jeder Mensch hat sein eigenes Kraftdepot, welches er *anzapfen* kann. Diesen neu erlernten Vorgang führten wir nach fast jeder Reise durch und Uwe hatte die Auflage von Engelbert bekommen, es tagsüber, wenn er daran dachte, selber zu tun. Uwe bat dabei seine Seele, dieses Kraftdepot in sich aufzunehmen und verband sich mit dem Kraftdepot, das irgendwo im Universum lag – die Seele kannte den Weg dorthin. Uwe atmete hierbei durch die Prana-Röhre.

Prana ist die universelle Lebenskraft (auch Chi, Od, Äther, Orgon genannt). Die Prana-Röhre verläuft eine Handbreite über dem Kopf beginnend entlang der Wirbelsäule und endet eine Handbreit unter den Füssen. Sie tritt von oben in die Schädeldecke ein und von unten am Damm in den Körper. Der Verlauf ist etwas vor der Wirbelsäule. An ihr sind alle Chakren angeordnet und werden durch die Prana-Atmung mitversorgt. Dass dies alles keine Einbildung ist, kann man heute sogar bereits messen.

Also übten wir die Prana-Atmung und den Anschluss ans Kraftdepot durch die Seele, so oft wir konnten. Uwe atmete durch die Röhre bis in den Solarplexus, gleichzeitig oben und unten einatmen und durch den Körper ausatmen. Wir verbanden uns mit Mutter Erde und Vater Himmel – dem Universum und ließen den Atem, der sich oft als ein Lichtstrahl darstellte, durch Uwe hindurchfließen, hinein in Mutter Erde, von dort aus sie den Lichtstrahl wieder zurück sandte. In diesem Zusammenhang kombinierten wir die Prana-Atmung mit einer Erdung.

Von Engelbert hatten wir auch den Tipp für eine hochschwingende Chakren-Harmonisierung. Es ging hierbei um das Christall-Chakra im Herzen. Wenn das zu fühlen ist und wir uns dort hineinbegeben, wird unweigerlich die allumfassende Liebe gefühlt und wir sind mit ihr verbunden und gleichermaßen mit unserer Seele verbunden. Wir visualisierten hierbei das Kehl-Chakra bis hin zum Sakral-Chakra und umschlossen alle Chakren mit der Christall-Chakra- Energie im Herzen, bis hin zu den Fußsohlen und den Fuß-Chakren, danach ging es hinauf zu Stirn- und Kronen-Chakra, damit hier ebenfalls eine Verbindung stattfinden konnte.
Die beiden oberen im Körper befindlichen Chakren stehen für die geistige Welt. Bei dieser Übung ist es wichtig, dass wir alle Chakren einzeln spüren und fühlen können und sie mit dem Christall-Chakra im Herzen verbinden, um sie dann am Schluß der Übung alle gemeinsam in eine Liebesumarmung zu nehmen. Liebe steuert die Chakren und lässt sie höher schwingen, die Farben werden kräftiger und sie ‚laufen' rund, so wie es sein soll. Bei ständiger Anwendung dieser Übung, bemerkt man nach einiger Zeit die deutliche Harmonisierung im Körper und es kann sein, dass Krankheiten verschwinden. Wir befragten bei dieser Art der Reise ständig die Seele, ob sie das, was wir hier taten, für stimmig und gut befand und bekamen jeweils ein klares „Ja!"

Eines Abends rief Uwe mich an und weinte wieder sehr. Er wollte wissen, ob es sein könne, dass er mit diesen vielen Tränen sein ganzes Leben nachhole und es sich um einen Nachholbedarf handeln würde.
Ich erwiderte: „Ja, so in etwa wird das sein, du bist jetzt in der Lage zu fühlen und deine Tränen sind der ehrliche Ausdruck dafür. Es gilt alles zuzulassen, was da hochkommt, Tränen sind Reinigung, lasse sie einfach zu."
Wenn auch in Uwe Dankbarkeit entstand, wollte er dennoch wissen, wenn er aus dem Krankenhaus entlassen und auf der Straße jemanden treffen würde, und er weinen müsste, was derjenige denn dann denken sollte. „Bleibt das denn wohl so?"
Innerlich schmunzelte ich und erklärte, dass sich das normalisieren und zu einem gesunden Mittelmaß einpendeln würde. „Jetzt ist die Situation so, dass es neu ist und tatsächlich vieles nachgeholt und aufgearbeitet wird, deine Gefühle wie junge, zarte Pflänzchen sind und die möchten gegossen werden, damit sie gedeihen können. Genieße deinen Zugewinn an Lebensqualität." Er erwiderte, er sei sehr dankbar und könne seine Tränen und Gefühle als einen „echten Gewinn" spüren.

Hin und wieder erzählte mir Uwe von seinem Elternhaus, in welchem niemals über Gefühle gesprochen wurde und es für ihn keine wirkliche Umarmung gab. Uwe hatte all das nicht gelernt. Er wusste, dass er geliebt wurde, gesagt worden ist ihm das niemals. Die „Kriegsgeneration" war dessen oftmals unfähig und die Eltern konnten nicht weitergeben, was sie selber nicht haben lernen können.

Bei einem erneuten Besuch im Krankenhaus, erwähnte Uwe: „Gestern Nacht war ich bei dir zu Hause und bin durchs Haus gegangen. Ich habe zwei Bilder im Korridor gesehen, die ich nicht kannte und wunderte mich. Dann fiel mir ein, dass die ja neu sind und wir sie zusammen vor Kurzem angebracht haben."
Was sollte ich dazu sagen, für mich gehörte das Wissen dieser Vorgänge zur Normalität. Uwe hatte eine Astralreise gemacht, sich aus seinem Körper *enthoben* und *wanderte*. Das einzige, was ich dazu sagte: „Herzlichen Glückwunsch, du kannst es!"

Martins Erdungen

Martin ist ein Freund von Thomas, meinem Seelenfreund aus Österreich, den ich während der Journey-Ausbildung kennenlernte. Martin wurde mir Anfang 2013 von Thomas empfohlen. Er macht „Erdungen" von einer höheren Energie-Ebene aus, der fünften Dimension. Die Erdungen wirken im gesamten Organismus, unterstützen die geistig seelische Entwicklung und wirken gesundheitlich sowie in vielen anderen Bereichen.

Ich besuchte Martin im Frühjahr 2013 und fragte Uwe, ob er mit wolle. Ich dachte, es würde für ihn wichtig sein, akzeptierte dennoch sein „Nein." Er hatte keine Lust dazu und so flog ich mit Engelbert allein.

Martin bat ich Ende Oktober 2014 um seine Hilfe und er wirkte kostenlos an Uwe mit, wie all die anderen Menschen, die Uwe Gutes auf Distanz leisteten. Martin arbeitete sehr intensiv mit mir als Medium und Brücke zu

Uwe. Er bedauerte, dass er Uwe nicht persönlich kannte, denn diese Tatsache erschwerte ihm die Arbeit an Uwe. Dennoch klappte es gut und wir hatten regelmäßige Sitzungen und Termine und führten die Erdungen aus, welche ich an Uwe vor längerer Zeit weitergegeben, erklärt und gezeigt hatte. Uwe wusste die jeweiligen Uhrzeiten und seine Aufgabe bestand darin, sich zu *öffnen* und zu *empfangen*. Wie ich später erfuhr, erkannte Martin recht früh, dass Uwes Seele sich bereits *anders* entschieden hatte, was er mir nicht mitteilte. Er arbeitete weiter an Uwe, um ihm den Weg zu ebnen, den er vor sich hatte.

26. November 2014

In der nächsten Reise begegnete Uwe wieder seinem Darm. Hinter der Türe, die Uwe vor seinem geistigen Auge wahrnahm, lag ein Knäuel vor seinen Füssen, dahinter waren eine Wiese, Häuser, ein Fluss und ein Bach. Die dazugehörige emotionale Beschreibung lautete: „Als würde der Darm zusammengekauert liegen, dahinter ist das Leben, der Darm muss dorthin, aber wie?" Uwe leistete Überzeugungsarbeit, dass der Darm in das heile Leben hinein durfte.
Ich spürte, dass hier etwas stockte, das Wort „durfte" beflügelte mich und ich horchte bei Uwe nach, ob der Darm dazu eine Erlaubnis benötige, was Uwe bejahte.
„Von wem braucht der Darm die Erlaubnis?"
„Von mir", sagte Uwe spontan. Als die Erlaubnis erteilt wurde, folgte der Darm Uwe, der vor ihm her ging. Es floss zwischen dem Darm und Uwe sehr viel Liebe und Uwe konnte nun sehen, wie sich der Darm ordnete.

„Er hat seinen Platz gefunden", sagte Uwe, „es ist nahe am Wasser."
„Wie fühlst du dich?", befragte ich den Darm.
„Ungewohnt aber sehr schön."
Erneut gab ich Uwe eine Aufgabe für den nächsten Tag: Ich bat ihn seinen Darm zu visualisieren und ihn gesund zu sehen, vielleicht am Wasser liegend. Dieses Bild einfach zu fühlen und immer wieder aufs Neue zu verinnerlichen.
Am nächsten Tag erzählte er mir, dass er seinen Darm im Universum gesehen habe, wie er in völliger Gesundheit dort erschienen sei. Er wollte ihn visualisieren und hatte ihn dort im Universum deutlich und bereits gesund beobachten können.

Ich bat Uwe, wenn er möge, eine Chakrenübung durchzuführen: Beim Einatmen die Geborgenheit in den Solarplexus einatmen und bei der Ausatmung die Geborgenheit über seinen Körper hinaus ausatmen und fühlen. Dasselbe mit der Gelassenheit, die in das Sexualchakra eingeatmet und ebenfalls wieder ausgeatmet wird. Diese Übung empfand Uwe als sehr angenehm.

Am Abend des 27. November 2014 erkundigten wir uns noch einmal bei dem Darm nach seinem Befinden: „Er fühlt sich angenommen." Uwe hatte ihn während seines Durchfalls gänzlich abgelehnt.
Dann befragten wir die Bernsteinzelle, die Uwe nicht mehr als Krebszelle begegnete und Uwe teilte mir ihre Botschaft mit: „Ich bin auf dem richtigen Wege und ich kann jetzt deutlich sehen, dass sie auf einem bernsteinfarbenen Thron sitzt und wunderschön strahlt!"

Am 28. November 2014 war eine innere Reise mit unserem Freund Engelbert und Uwe geplant.
Zunächst verband Engelbert Uwe mit dem Christusgitter, um Energiereserven zu mobilisieren, sein persönliches Kraftdepot mit Hilfe der Seele *anzuzapfen*. Das Christusgitter ist um unseren gesamten Erdball gelegt und mit jedem Menschen und seiner Seele verbunden.
Dann bat er Uwe, sich mit seinem gesamten Körper ins Lagerfeuer der Liebe zu stellen, um ganz in der Liebe zu baden, was in etwa so wirkte, wie die Lichtdusche, die ich mit Uwe regelmäßig durchführte.
Engelbert besuchte mit Uwe im Anschluss die fünfte Dimension, die neue Erde der Liebe. Uwe flog um die neue Erde, die etwas kleiner ist als unsere hier und mehr Grünflächen aufweist. Dort traf Uwe bei einer Brücke und einem Bach seinen Schutzengel, ein Schäfer namens Ullrich, der Uwe bereits sein gesamtes Leben begleitete. Die beiden führten eine kleine Unterhaltung, in der Uwe seinem Schutzengel Fragen stellte und Antworten erhielt.
Von Neuem empfing Uwe die Botschaft bei der Frage, was zu tun sei, „Vertrauen und Geduld".
Engelbert machte mit Uwe eine sogenannte Zukunftsintegration, was bedeutete, dass er die zeitliche Zukunft abfragte, um in jeder Zelle die Zukunft als JETZT zu manifestieren und zu verankern. Engelbert stellte die Verbindung zu dem gesunden Körper her und fragte nach dem Zeitraum bis dahin. Uwe sagte, dass es noch einen Monat dauern würde, bis er heile sei. (In einem Monat würde er kurz vor dem körperlichen Tod sein, was wir bis zu diesem Zeitpunkt natürlich alle nicht wussten).

1. Dezember 2014

Uwe teilte mir mit, er wolle heute Abend sein Thema „Unsicherheit" bearbeiten. Wir fingen mit dem „Fasching-Baustein" der Urzelle an.
Die Urzelle ist die erste Zelle, aus der wir Menschen entstanden sind und in der inneren Reise stellen wir uns diese wie eine Leonardo-da-Vinci-Kugel vor, in der wir aufrecht stehen. Uwe fühlte, als er sich in der Urzelle stehen sah, seine Unsicherheit rechts im Nackenbereich.
Die Emotion dazu lautete: „Angst!"
Ein Glaubenssatz tauchte auf: „Ich habe Angst, dass ich nicht vollständig gesund werde."
Uwe transformierte die Unsicherheit und die Angst und beide waren jetzt neutralisiert und unbesetzt von negativen Aspekten. Die rasche Veränderung nahm Uwe als sehr angenehm wahr.
Ich fragte ihn, ob und wo er die Sicherheit erfassen könne und er beschrieb mir die linke Schulter.
Die Frage an die Seele, ob an der Stelle der richtige Platz sei, wurde mit einem klaren: „Ja", erwidert.
Uwe erkundigte sich nach der „Bernsteinzelle" und wo sie sich nun aufhalte und erfuhr, dass sie im Herzen saß, hier bewahrte Uwe, die nun verwandelte Zelle, auf!
"Wie sieht jetzt die Unsicherheit aus?"
„Sie ist kleiner geworden aber noch da."
Ich forderte Uwe auf, sie aus der Urzelle sanft hinauszubewegen, was erfreulicherweise sehr gut gelang. Nachdem Uwe sie in Liebe einhüllte, konnten wir sehen, wie sie sich außerhalb der Urzelle auflöste. Stattdessen fühlte Uwe jetzt Selbstsicherheit, die ich bei meinem Vorgehen abgefragt hatte.

Als ich mich nach der Freude erkundigte, antwortete Uwe mir, dass sie da und in ihm war – allerdings tief vergraben. Sie wartete darauf sich auszudehnen. Der Pegel von Uwes innerem Maß stand auf 3 (bei einer Skala von 0 bis 10, wobei 10 jeweils das Höchste, also 100 Prozent bedeutet).
Die Seele gab Uwe den Hinweis, dass es bei ihm „immer die richtige Zeit ist, an der Freude zu arbeiten."
Wir gaben das Wort „Freude" zur Transformation frei und prompt sprang der Regler auf 6.
Ich wollte wissen, was noch hinderlich sei und Uwe sagte mir, dass „der große Anlass dazu fehlt."
Die Seele erklärte Uwe, dass er auch die kleinen Dinge sehen möge.
Er konnte sie sehen und erkennen und schon ging der Regler von allein auf 9.
Ich ließ ihn die Emotion fühlen, dass er bereits geheilt sei, worauf mir Uwe sagte, dass jetzt alles in seiner Urzelle mit strahlendem, hellem Licht ausgefüllt sei und der Regler für die Freude augenblicklich auf 10 gesprungen wäre. Die Urzelle stand jetzt und für Uwe sichtbar, mit allen anderen Körperzellen in direktem Kontakt. Jede Information wurde automatisch in jede andere Zelle weitergetragen. Trotzdem bat ich hier noch einmal explizit, diesen Vorgang nicht nur zu sehen, sondern außerdem zu fühlen und Uwe konnte fühlen und verfolgen, wie die Information zu allen Zellen verlief. Freude und Licht waren umgehend in jeder Zelle vorhanden.

Engelbert verbrachte mehrere Wochen im Ausland und erkundigte sich von dort fast täglich nach Uwe, auch, um mir weitere Tipps mitzuteilen, die in seinem Bewusstsein *in Erscheinung traten*, wenn er an Uwe dachte. Engelbert erkannte, dass genau DAS, was da jetzt in ihm ‚hochkam', jeweilig für Uwe ‚dran' wäre. Er nannte mir die Einzelheiten und was zu tun sei. Ich befolgte jedes Detail.

Am 2. Dezember 2014 kam es wieder zur Chakrenarbeit und so besuchten wir das Christall-Chakra im Herzen von Uwe. Hier und in diesem Moment der Verbindung, galt es die Allumfassende Liebe zu fühlen, was Uwe gelang. Uwe fühlte sich hierbei ausgesprochen glücklich und erfüllt.

Wie ich im 1. Teil des Buches bereits erwähnte, entstand bei Uwe seit einiger Zeit die Fähigkeit, bedingungslose, allumfassende Liebe zu fühlen, eine ihm bisher fremde Empfindung. Er hatte immer darunter gelitten, diese Art Liebe nicht fühlen zu können. Es war ihm nicht möglich zu erfassen, was ich genau meinte, wenn ich versuchte zu beschreiben, wie sich das anfühlt. Mit dem Kopf verstand er meine Worte, der ‚Bauch' blieb davon unberührt. Dann sah ich, wie er im Krankenhaus genau dieses Gefühl erlebte – von jetzt auf gleich konnte er es spüren und eine gewisse Feuchtigkeit in seinen Augen wurde hierbei von mir nicht übersehen.

Es gibt keine Worte um Allumfassende Liebe veranschaulichend zu erklären. Tränen und Berührtheit sind oftmals damit verbunden, vielleicht eine Erklärung für dieses unbeschreiblich, tiefe Empfinden. Es ist ein Verbundensein mit allem was IST.

Einmal fragte ich Uwe – so beiläufig – wie der Stand seines Gefühls „nicht gut genug zu sein" sei. Sehr sicher und spontan hörte ich: „Das ist nicht mehr da!" Gut so! Endlich! Ich hatte den Eindruck, dass Uwe im Krankenhaus durch seinen ganz ureigenen Prozess „10 Fliegen mit einer Klappe" erledigte. Uns kam es vor wie ein Dominosystem, ein Stein wurde angestoßen und alle anderen fielen in ungeheurer Geschwindigkeit direkt mit. Jedes Lebensthema wurde angesprochen und einige waren ruck zuck erledigt und bearbeitet. Für mich bedeutete all das ein einziges Wunder. Auch Uwe erkannte das sehr wohl. Wir waren uns einig, dass alle neuen Lebenserkenntnisse nach seiner Krankheit vom Leben überprüft würden und er sicher diverse ‚Proben' zu bestehen hätte, er sein neues Leben unter Beweis stellen müsste. Denn das ist im Normalfall die Regel. Erkenntnisse sind gut, sie allerdings in die Tat umzusetzen und im Leben damit zu bestehen, ist eine andere Sache. Das ist wie in der Schule. Wir lernen dort die Theorie und schreiben dann die Klausur, um unser Wissen unter Beweis zu stellen. Oder wir lernen für das Leben und müssen, wenn wir erwachsen werden, alles praktisch anwenden. Diesen Ablauf hatte uns die jahrelange Erfahrung gelehrt: zuerst erhalten wir Erkenntnisse, diese heißt es zu verinnerlichen, nachfolgend erscheinen die praktischen Prüfungen und die Umsetzung des Erkannten. ‚Eigentlich' sind das die Spielregeln des Lebens und im Normalfall funktioniert das Leben genau so – dachten wir …, zumal uns die Heilung von Uwe wiederholt in den Reisen begegnete und wir einen anderen Ausgang seiner Krankheit kaum oder so gut wie nicht in Erwägung zogen.

7. Dezember 2014

Wir schauten uns an diesem Abend die DNA, genauer gesagt, die Chromosomen in der Urzelle einmal genauer an und stellten fest, dass diese nicht in Ordnung schienen. Uwe entdeckte auf der DNA eine dunkle Stelle mit dem Bezug zu seinem Vater. Wir machten eine Journey, um mit dem verstorbenen Vater Kontakt aufzunehmen und konnten es gut lösen.
Dann schickte ich Uwe in sein Knochenmark, in dem das Zentrum der Krankheit seinen Sitz hatte, um nachzusehen, wie es dort ausschaute. Wie gewöhnlich erfragte ich die Emotion und plötzlich brach Uwe in Tränen aus. Er schien völlig fassungslos und überwältigt. Nachdem der Weinkrampf vorbei war, schilderte er mir: „Es ist alles rot, die schwarzen Punkte sind raus, alles sieht so aus, wie es aussehen soll!"
Im nächsten Reiseabschnitt beabsichtigte ich, alles Genetische, was auf Uwe mit ungünstigem Einfluss einwirken konnte zu transformieren, sprich umzuwandeln. (Genetisch ist nicht gleichbedeutend mit karmisch!) Und so baten wir die genetischen Vorfahren ans Lagerfeuer, seine Lichtfamilie. Alle Personen stellten sich im Kreis um das Lagerfeuer auf. Ich bat die Engel, am Lagerfeuer zu erscheinen und einen weiteren Kreis außen herum zu bilden.
Jetzt bat ich die Vorfahren, ihren gesamten Schmerz ins Lagerfeuer zu legen und gleichzeitig ihr Herz zu öffnen um einen rosa Strahl, aus reiner Liebe, direkt aus ihren Herzen auf das Feuer zu richten, in dem jetzt der gesamte Schmerz aller Beteiligten lag. Dieser Strahl aus Licht und Liebe, aus den Herzen der Vorfahren, transformierte zusammen mit dem Lagerfeuer, allen Schmerz in Licht und

Liebe. Die Engel unterstützten das Geschehen von außen.
Als sich alles aufgelöst hatte, fragte ich nach, ob jetzt wirklich alles aufgelöst sei und Uwes Mentor, ob es noch irgendetwas zu tun gäbe. „Nein." Alle Beteiligten waren nun in Frieden und Liebe miteinander.
Uwe dankte allen und segnete sie, verabschiedete sich und wir ließen sie mit dem Lagerfeuer verschmelzen oder in der Ferne entschwinden.
„Wie viel Prozent Heilung ist jetzt hier?"
„40 Prozent", erwiderte Uwe.
Wir öffneten unsere Herzen und übersendeten Heilung, Licht und Liebe in jede Zelle und kamen tatsächlich auf 100 Prozent. Dann wollten wir den Zeitpunkt wissen, wann es im Blutbild SICHTBAR würde, worauf es keine Auskunft gab. Der Zeitpunkt stand noch nicht genau fest, so dachten wir …
Mit unserem Bewusstsein widmeten wir uns wieder dem Punkt in der Urzelle, wo nun die schwarze Stelle an der DNA blasser geworden war.
„Was fehlt?", erfragte ich beim Knochenmark und es teilte Uwe mit: „Ich muss die Veränderung zulassen, es wird geschehen, ich bin es nicht gewöhnt mich zu verändern, es braucht noch Zeit", hörte ich Uwe berichten.
Erneut fragte ich nach dem JETZT-Stand der Heilung und teilte die Heilung in energetische, also unsichtbare Heilung und materielle, sichtbare Heilung auf. Energetisch waren es 90 Prozent, materiell 10 Prozent. Das Materielle im Knochenmark musste noch verändert werden, damit es im Blutbild ersichtlich werden würde. Daraufhin fing Uwe arg an zu weinen und hatte einen psychischen Umsturz, als aus ihm herausbrach: „Ich will leben!!!" Der Auslöser für die reichlichen Tränen bestand in dem überraschend niedrigen Wert von 10 Prozent auf der

materiellen Ebene. Wir beide waren äußerst ergriffen, Uwe wegen des Wertes und ich wegen seines heftigen Gefühlsausbruches. Ich wünschte mir sehnlichst, ihm noch viel mehr helfen zu können.

Unser Verstand wollte noch wissen, ob die Bernsteinzelle Schaden nahm, wenn sie schulmedizinisch mit Chemotherapie behandelt würde, was sie verneinte. Es war eigenartig, wir hatten beide diese jetzt wunderschöne Bernsteinzelle, sitzend auf ihrem Bernsteinthron und platziert in Uwes Herz, mit ihrer tiefen Weisheit, lieben und schätzen gelernt.

Diese intensive Arbeit miteinander hätten wir viele Jahre vorher tun können. Natürlich haben wir diverse innere Reisen mit und für Uwe durchgeführt, leider viel zu wenige. Wenn wir wirkten, dann eher für die Tiere als für Uwe selbst. Zu Tier-Journeys hatte er jederzeit Lust.

Sicher wundert es manchen, dass bei verschiedenen inneren Reisen offensichtliche Rückschritte zu verzeichnen waren und die Ergebnisse mal besser, mal schlechter zu sein schienen. Brandon erklärte das in unserer Ausbildung sinngemäß und anhand eines Beispieles: „Ihr könnt 70 Journeys mit dem Konflikt zum Vater gemacht haben und bei der 70. Journey ist alles gelöst." Gezeigt wird hier, dass es sich um unendlich viele Aspekte EINER Geschichte handeln kann. Ebenso ist es möglich, dass es bereits nach einer Reise ‚Klick' macht und sämtliches ist vollständig aufgelöst und geheilt. Dieses ist eine Seelenentscheidung, auf die wir keinen bewussten Einfluss haben. Die Seele entscheidet! Sie ist es, die uns (beide!) wirklich führt, uns Impulse und Anleitung in unseren Reisen gibt.

8. Dezember 2014

Zum Knochenmark erfolgte ein erneuter Prozess und so gingen wir Uwes bekannte Treppe hinunter.
Wir nennen diese Treppe mit ihren 10 Stufen „Fasching-Treppe", da sie bei manchen Menschen vielleicht anders aussieht als die „Journey Treppe" und wir den Abstieg bei der Fasching-Treppe wesentlich schneller funktionieren lassen als in der Journey. Es handelt sich hierbei um etwas unterschiedliche Prozess-Arten. Die Wirkung der verschiedenen Prozesse und was darin vorkommen kann, ist dabei identisch!

Die Türe vor Uwes geistigem Auge ging auf und Uwe sagte mir, als er im Türrahmen stehen blieb, dass es sehr dunkel sei: „Vereinzelt blitzen Lichter auf."
Die Emotion dazu: „Sehr beklemmend und bedrückend."
Wir erkundigten uns nach der Bedeutung von „dunkel" und „Lichter", worauf uns Uwes Seele informierte, dass die Dunkelheit für eine Fehlfunktion im Knochenmark stand und die Lichter zeigten, dass etwas Gesundes produziert würde und weiter: „Die Lichter benötigen Unterstützung, damit sie sich vermehren können."
Hier schlief der Glaubenssatz, der in Uwe spontan hochschnellte. „Die dunkle Seite hat die Übermacht", und den sollten wir schleunigst auflösen!
Ich bat ihn zu integrieren: „Es werde Licht – JETZT!"
Umgehend wurde das dunkle Schwarz zu dunklem Grau.
Wieder gab es hier einen Glaubenssatz zum Knochenmark und seiner Fehlfunktion, den wir transformieren konnten.

Wir beschlossen das dunkle Grau zu füttern und aus Uwe platzte der herzzerreißende Satz heraus: „Ich will leben!" Umgehend ließ ich ihn die Fülle fühlen, ein Gefühl, welches er ja bereits kannte und zu jeder Zeit überaus genießen konnte.
Dann hörte ich ihn sagen: „Es kommen Sterne."
Auf die Frage an die Seele, um was es sich hierbei handeln würde und welche Bedeutung die Sterne hätten, erhielten wir die Auskunft: „Dies sind gesunde Stammzellen. Es sind wenige und um sie zu vermehren, braucht es eine Aufforderung von dir – eine Erlaubnis."
Uwe bat sein Knochenmark bewegt und eindringlich von den Sternen mehr zu produzieren, ganz gesunde Stammzellen zu produzieren!
Nachdem die eindeutige Aufforderung zur gesunden Produktion ans Knochenmark ‚geschickt' wurde, wirkte die gesamte Anfangsszene aus dem Prozess harmonischer.
„Das Bedrückende ist weg, es ist etwas angekommen!", beschrieb mir Uwe freudig.
Ich forschte nach der materiellen Sichtbarkeit. Die Antwort lautete: „Vertrauen!" Die Seele vermittelte uns, dass sie weder Aufschluss noch Beweise geben würde. Wir schickten ihr unseren Segen in Akzeptanz des Gesagten.

Ich kann es gar nicht mit Worten erklären, weil unser Wortschatz oftmals sehr arm ist, welche tiefen Emotionen häufig bei Uwe zu fühlen waren. Wie sehr konnte ich Uwes Hoffnung, ja, seine tiefe Freude, seinen tiefen Glauben spüren – manchmal jedoch auch seine innere Verzweiflung.

Jede Reise verlief anders aber alle waren für uns beide wunderschön, tiefgreifend und bewegend. Sie kosteten Uwe dennoch sehr viel Kraft und er war hinterher völlig erschöpft, was ich nur zu gut verstehen konnte. Und so hielt er sich auch an diesem Abend wieder an unsere Vereinbarung und bat um Beendigung für heute.

An manchen Tagen, an denen es Uwe einigermaßen gut ging, konnten wir länger arbeiten, an manchen gar nicht oder nur kurz. Manchmal quälte ihn sein Husten so sehr, dass er nicht sprechen konnte oder er hatte schlimme Luftnot und häufig war hierbei sprechen ebenfalls kaum möglich, Uwe flüsterte dann in den Hörer.
Mehrfach betraten am Abend Schwestern das Zimmer, um Medikationen zu wechseln, Blut abzunehmen oder was es sonst noch zu tun gab. Wenn wir in einem Prozess waren, störte die Ablenkung Uwe nicht, wir unterbrachen kurz und telefonierten danach weiter, als sei nichts gewesen. Uwe war einfach ein Profi und richtig gut!

Es kam vor, dass das Chemo-Hirn von seinem Gedächtnis Gebrauch machte und wenn ich einen Satz sprach, bat Uwe: „Bitte wiederhole, was du gerade gesagt hast, ich habe es bereits vergessen." Dies war natürlich außerordentlich anstrengend für uns beide und sehr kraft- und zeitraubend.

Bei dem, was uns in den Reisen interessierte, ergab es sich, dass ich gegebenenfalls direkt Uwes Körperteile oder Organe ansprach. Manchmal bat ich jedoch Uwe, selber zu fragen. Dies war unterschiedlich und unterlag keiner Regel. Wenn ich führte, war nur mein Bauch zugegen, nicht mein Kopf. Alles was geschah, passierte spontan und aus der Intuition.

Ich erkundigte mich häufig ob Uwes Knochenmark eine Botschaft für ihn hätte. Das Knochenmark antwortete jeweils: „Vertrauen und Geduld." Wie oft ich in den drei Monaten genau diesen Ausspruch hörte, kann ich kaum zählen. Es wurde uns zu einer Art Mantra: „Vertrauen und Geduld!" Dauerhaft wurde Heilung in Aussicht gestellt, was uns in Sicherheit wog, uns Motivation und die nötige Kraft zum Weitermachen gab.

Wenn Uwe einen Licht- und Heilstrahl zum Knochenmark schickte, bat er Vater Himmel (das Universum) um einen goldenen Licht- und Heilstrahl, der auf das Knochenmark gerichtet wurde, mit der verzweifelten Bitte, gesunde Zellen zu produzieren, „die mich am Leben erhalten" und zum Knochenmark hinwendend brach aus ihm heraus: „erinnere dich an deine Aufgabe!"

Jetzt gerade, wenn ich diese Worte schreibe, packen mich meine eigenen Emotionen beim Schopfe und die Tränen rinnen mir die Wangen hinunter. Ich bin wieder ganz in dieser Energie, ganz bei Uwe, ich spüre seine Angst und ich kann nicht unterscheiden, ob es seine oder meine eigene Angst ist – oder unser beider Angst.

Habe ich damals manches Mal wichtiges überhört? Dass da mehr Angst existierte, als uns beiden bewusst war? Bestand tatsächlich Angst? Gab es da noch etwas anderes? Hätte ich insgesamt auf mehr eingehen müssen, mehr wissen müssen? Stellte ich Fragen nicht, die zu stellen gewesen wären, ja, die wichtig gewesen wären? Hatte ich alles getan und nichts versäumt?

Ich frage mich heute, ob ich Angst hatte. Hätte man mich damals gefragt, wäre Angst vermutlich von mir verneint worden. Ich besaß tiefes Vertrauen in das, was wir in den Ausbildungen lernen durften und die Gewissheit, was ALLES möglich war. Wir hatten es erlebt – mehr als ein Mal. Oder hatte ich Angst und wollte sie nicht fühlen? So etwas ist fatal, weil sie einen früher oder später einholt. Vielleicht verfügte ich über einen Schutzmechanismus, den ich aufgebaut hatte und der Angst gar nicht zu ließ ...?!

Einmal erklärte ich Uwe, was eine Bewusstseinsprogrammierung ist, die er jederzeit vornehmen konnte, wenn ihm danach war: „Wenn uns eine Musik nicht gefällt, ändern wir die Einstellung am Radio oder legen eine andere Musik auf. Wir haben für alles, was wir tun, denken oder wünschen eine Wahlmöglichkeit."
Für Uwe bedeutete dies, sein Bewusstsein ständig auf die Gesundheit fixiert zu halten.
Wenn das Bewusstsein auf etwas fokussiert ist, was ich nicht haben möchte, ist es wichtig, dass ich meine Einstellung zu einem Geschehen oder einer Eigenschaft ändere. Ich fokussiere meine Gedanken und Wünsche auf das, was in meinem Leben in Erscheinung treten möge, ich in meinem Leben erleben möchte, denn sonst kommt genau das, was ich nicht in meinem Leben verwirklichen möchte, weil der Fokus des Bewusstseins genau darauf ausgerichtet ist, nämlich auf das Nicht-haben-wollen. Hierzu ist es erforderlich, dass wir der Seele den Auftrag geben, uns

Schutz vor ungünstigen Gedanken zu geben, vor etwas, was nicht gut für uns ist.

8. Dezember 2014

Heute stellten wir erneut die Frage nach genetischen Vorfahren, um die Ursachen für DNA Schwachstellen in dieser Richtung aufgelöst zu wissen. Was nutzte es, nur an der Oberfläche zu kratzen, ohne die Ursachen in Augenschein zu nehmen. Uwe stieg seine Treppe hinab und vor seinem geistigen Auge erschien ein dunkles Meer. Es schien fast Nacht zu sein, wie er sagte, die Sonne ging unter und leuchtete wunderschön, die dazugehörige Emotion war friedlich. Mir wurde schnell klar, dass hier eine erneute Symbolik auftauchte, die es zu deuten galt. Auffallend bei Uwe war, dass fast alle Reisen einen symbolischen Charakter hatten.

Die Frage nach den genetischen Vorfahren hielten wir für wichtig, weil es hätte sein können, dass die Leukämie von ihnen übernommen wurde und entsprechende Verbindungen und Verstrickungen in diesem Fall gelöst werden sollten, um die Heilung zu ermöglichen.
Ich fragte ihn: „Gibt es eine Botschaft? Was hat es mit dieser Szene auf sich? Gibt es hier etwas zu lösen?"
„Nein", antwortete Uwe und sprach weiter: „ich habe das Bedürfnis auf das Licht zuzugehen und stehe vor einer großen Wand. Es ist ein warmes Licht. Hier liegen Leute am Strand, sie haben mich erwartet, sie kennen mich."
Uwe setzte sich in den Kreis der Menschen, es waren verschiedene Kreise von Personen, die alle gleich gekleidet waren.

Als Erklärung hierzu von mir: Es handelte sich um die Ahnen verschiedener Generationen, genau wie das, was wir am Lagerfeuer bei einer der Reisen vorfanden, viele gleich gekleidete Leute, die dort in großer Ruhe verweilten – Uwes Ahnen. Alle hatten offenbar mit der Krankheit zu tun, sonst hätten sie nicht in Erscheinung treten können und unsere Frage lautete nach wie vor: „genetisch?" Die dazu auftauchende Antwort und Emotion hieß: „Liebe!" In dieser Liebe ließ ich Uwe *baden* und er gab die Liebe, die er jetzt fühlen konnte, an seine Ahnen zurück. Nun leuchtete das Meer von innen.

Von der Seele erhielten wir die Botschaft: „Vertrauen und Geduld!" Die gesamte Szene wurde nun heller, Uwe fühlte sich hier ausgesprochen wohl.

Vor Uwe erschien nun eine Türe durch die er gehen wollte, um jetzt im Anschluss an das Erlebte, das rote Knochenmark zu überprüfen. Er konnte ins Knochenmark hineinsehen und sah seine Knochen, die hell erleuchtet waren. „Was geschieht da?", lautete meine Frage.

Er erklärte mir, dass hier das Blut produziert würde. Das meiste Blut sei gesund, nur hier und da noch krank.

Plötzlich ertönte Uwes inbrünstige Bitte: „Bitte liebes Knochenmark, erinnere dich an deine Aufgabe. Ich bitte all meine Engel und geistigen Führer dazu. Ich erbitte eine Schwingungserhöhung."

Daraufhin berichtete Uwe verwundert: „Da ist jetzt Bewegung drin, die vorher nicht stattfand und es gibt im Knochenmark nun jede benötigte Information zur Heilung." Ich ließ Uwe mit seinem Knochenmark und der Liebe verschmelzen, er war das Knochenmark und das Knochenmark war er. „JETZT, im Moment bin ich absolut gesund!", hörte ich ihn freudestrahlend sagen.

Ich weiß das, Uwe! Ich weiß ja, wie es funktioniert ... tief in meinem Herzen!

10. Dezember 2014

Erneut begab Uwe sich ins Knochenmark zur Status-Überprüfung. Er war im Beckenkamm auf der linken Seite, dort sah das Knochenmark hellrot aus. So sollte es sein!

Von Engelbert hatten wir wieder einen wertvollen Tipp erhalten, denn es gab für Alles und Jedes ein zuständiges geistiges Wesen, was Uwe mir bestätigen konnte und so ließen wir hier an dieser Stelle das ‚Blut-Wesen' erscheinen, welches sofort in Erscheinung trat. Es zeigte Uwe die Rückseite vom Knochenmark, an der noch wenige kleine schwarze Punkte waren, die dort nicht hingehörten. „Die müssen noch raus", sagte es.
Uwe unterhielt sich mit dem Wesen. Schließlich berichtete er mir, das Wesen habe die Aufgabe, ihm die Schwachstelle aufzuzeigen und gab den Rat, diese Schwachstelle von Uwes geistigem Führer entfernen zu lassen. Uwe bat seinen Mentor hinzu. Der Mentor kümmerte sich sofort darum und Uwe konnte sehen, dass alles, was nicht schöpfungsgerecht aussah, entfernt wurde, alles war nun sauber. Die schwarzen Punkte – was auch immer es damit auf sich hatte – wurden vom Mentor in Liebe dem Lagerfeuer der Liebe übergeben.
Nun begaben wir uns in die rechte Seite des Beckenkamms, wo das Gleiche geschah und Uwe berichtete mir, dass „der Mentor alles heraus saugte" – vermutlich mit unserem imaginären ‚Staubsauger', einem Journey-Modul. Wir ermittelten, ob es noch andere Stellen im Körper gab, die bereinigt werden sollten, denn die

Knochenmarkherstellung erfolgt an mehreren Stellen und nicht nur im Beckenkamm.
Wieder erfolgte eine Unterhaltung mit dem Wesen. Uwe erzählte mir dann, dass er das Wesen, ein kleines Männchen, bat, all das Gesunde nun in den materiellen Bereich zu bringen, damit es für die Ärzte messbar würde.
Das Wesen erklärte ihm, dass Uwe da schon das Knochenmark selber drum bitten müsse. Uwe sagte, dass er heute keinen Kontakt zum Knochenmark bekäme, es ihm nicht antworte. Wir gaben dem Knochenmark „Sprache" und baten um die Bereitschaft, mit Uwe zu kommunizieren. Uwe befand sich nun in der Lage seine Bitte direkt ans Knochenmark zu richten und bekam tatsächlich eine Rückmeldung: „Es handelt sich hierbei um eine Prozessumgestaltung, die nicht von jetzt auf gleich vonstattengeht, dennoch ist ohnehin der Heilungsprozess angeschoben, die Heilung läuft bereits."
Alles in Allem zeigte das Knochenmark große Bereitschaft.
„Dem Knochenmark ist nicht bekannt, ob es das in ein paar Tagen schafft, ist darum jedoch bemüht", teilte Uwe mir mit. Wir erfragten, was das Knochenmark an Unterstützung benötige und Uwe aktiv tun könne. Wir schickten, nachdem wir die Antwort erhielten, „Heilung, Kraft, Liebe und Unterstützung." Danach tat sich erneut ganz sanft etwas, es bestand definitiv Bewegung!
Wie schon so oft, baten wir das kranke Knochenmark um die Auskunft, ob es etwas mit einem früheren Leben zu tun habe und ein eindeutiges, klares „Nein!" war die Rückmeldung.
Ich stellte die Frage: „Gibt es einen Glaubenssatz in Uwe, der Heilung behindern könnte?"
Uwes Seele antwortete mit „Nein!"

„Was fehlt, wenn zu wenig Bewegung im Knochenmark vorhanden ist?"

Die Seele erklärte Uwe: „Dann handelt es sich um eine Fehlfunktion und die Heilung kann zu einem längeren Prozess werden."

Dann wollten wir wissen, wie denn Uwes Gesundheit zu spüren sei, worauf Uwe vermittelt wurde: „Es gibt körperliche Anzeichen, die nicht spürbar sind. Allerdings wird irgendwann das Gefühl in dir aufkommen ‚ich bin gesund!' Und dann ist es genau so! Hierbei handelt es sich dann um ein tiefes, inneres Wissen, welches sich in dir ausbreiten wird."

12. Dezember 2014

Der Inhalt des heutigen Abends sollten noch einmal die Vorfahren, Uwes genetische Lichtfamilie, sein. Allerdings kam es anders als geplant. Die Lunge hatte heute Vorrang, weil gestern eine erneute Lungenentzündung diagnostiziert wurde!

Die folgende Art der inneren Reise bedurfte keiner Vorbereitung, ich sagte einfach nur: „Uwe begib dich bitte in deine Lunge." Schwups, war er drin, denn er lebte eh gerade einen Teil seines großen Potentials in vollen Zügen. Also befand sich Uwe in der Lunge und bat das dazugehörige Wesen herbei, welches für die Lunge zuständig war und augenblicklich erschien.

Uwe wollte wissen: „Warum habe ich immer wieder eine Lungenentzündung?"

Das Wesen erklärte: „Weil das momentan deine Schwachstelle ist, die Entzündung ist in den Lungenspitzen."

Wieder baten wir um Unterstützung, die für die Lunge benötigt wurde und bekamen die gleiche Antwort wie

beim Knochenmark: „Heilung, Liebe, Kraft und Unterstützung." Diese Eigenschaften und Ressourcen fühlte Uwe jeweils nacheinander in sich und sendete sie einzeln zur Lunge.
Der Mentor erschien, reinigte die Lunge von Bakterien und gab uns zu verstehen, dass sie in fünf Tagen weitestgehend abgeheilt sei. (Kurz vor Weihnachten – Uwe wollte nach Hause – wurde hier tatsächlich eine Reduzierung der Entzündungswerte im Blut festgestellt.)

Ich gab Uwe mit auf den Weg, er möge so oft wie möglich mit Knochenmark und Lunge Kontakt aufnehmen und mit Hilfe der Engel „Heilung, Liebe, Kraft und Unterstützung" dorthin schicken.
Wir erfragten, wo wir sonst noch hin müssten und unser Bewusstsein wurde zum Herzen geführt. Dort befragten wir das ‚Herz-Wesen' was los sei. Es sagte uns, dass das Herz an Kraft verloren habe, sonst aber durchaus funktionstüchtig und gesund sei. Das Herz-Wesen wünschte sich, dass Uwe auch hier die vier Ressourcen hinschicken möge, außerdem verordnete es Bewegung, um das Herz anzuregen. Dazu solle er um Energie von Vater Himmel bitten. (Bewegung für Lunge und Herz war Uwe seit einiger Zeit nicht möglich.)
Weiter ging's zum roten Knochenmark, denn das wollten wir überprüfen. Uwe fing heftig an zu weinen und ich gab ihm die Zeit, die er für sich benötigte, worauf ein langer Moment verstrich. Dann hörte ich seiner Beschreibung aufmerksam zu: „Ich sehe das, was ich mir immer gewünscht habe!"
Ein Wesen erschien dort und Uwe erzählte mir: „Alle Zellen vom Knochenmark sind miteinander verknüpft. Alle Stellen sind jetzt okay. Es strahlt und leuchtet!"

Nach einer Pause machten wir an diesem Abend noch einen weiteren Schritt und Uwe ging mit der Frage die Treppe hinunter: „Was ist JETZT wichtig?"
Die Türe ging auf und Uwe berichtete mir von einer Wiese auf einer Hälfte eines geteilten Bildes. Es handelte sich wiederholt um eine Symbolik. Die andere Hälfte des Bildes bestand aus einer Stadt mit einer Straße.
„Ich laufe rechts durch die Wiese, bin immer nur in Bewegung."
Ich erkundigte mich nach den Emotionen: „Freiheit, Glück, Fülle", woraufhin das Stadtbild unvermittelt verschwand.
Die Botschaft für Uwe lautete: „Bleib in Bewegung, im Außen wie Innen!" Seine Worte waren: „Ich hatte die Wahl, wo ich hinlaufen kann und ich habe mich entschieden, DARIN bestand meine Aufgabe!"
Nach fast jeder Reise visualisierten wir die Heilung. Uwe erreichte das Ziel, seine Heilung fühlen zu können, all seine Freude dort ‚hineinzupacken'. Wir sprachen die Worte die uns Christoph lehrte, um die Heilung zu ‚verankern':

Bleibe auf deine Heilung konzentriert und spreche folgende Worte aus:
Ich verbinde dieses Bild mit der Göttlichkeit.
Ich verbinde dieses Bild mit meinem Herzen / der Liebe.
Ich verbinde dieses Bild mit meiner Seele.
Ich verbinde dieses Bild mit meiner Urzelle.

Grundsätzlich gilt hierbei: Sobald Zweifel da sind, wird der Zweifel, der EINEN Gedanken durch zwei teilt, wovon ein Teil dann gegen uns wirkt, transformiert.

15. Dezember 2014

Es handelte sich heute um Uwes starken Husten. Uwe befand sich sofort in seiner Luftröhre und teilte mir mit, dass der Husten „von weiter unten" käme. Er richtete sein Bewusstsein genau an diese Stelle. Hier erblickte Uwe mehrere Kartons. Ich ließ ihn hineinsehen und er berichtete mir, dass sie leer seien. Sie waren so trocken, wie sein trockener Husten sich darstellte. „Bei jedem Husten verschwindet ein Karton. Es sind leere Hüllen, die dort nicht hingehören."
Wir gaben den Kartons „Sprache" und ermittelten ihre Aufgabe: „Sie sollten Schleim produzieren und ihn aus dem Lungenbereich hinaus transportieren und der Schleim fehlt hier." Der von Uwe angesprochene Karton sagte: „Ich warte nicht länger." Dann hustete Uwe wieder und der Karton verschwand. Wir riefen ein für diesen Bereich zuständiges Wesen herbei, doch sagte das Wesen nichts und zeigte Uwe nichts, es schwieg. Dabei bekam Uwe jedoch das Gefühl, dass wenn kein Schleim auftrat, das genauso gut und völlig in Ordnung sei.
Zusätzlich berichtete Uwe mir, dass er eine Information erhalten habe und dass die Kartons überflüssig wären, es würde sich um Bakterien handeln, die ihm durch diese Kartons gezeigt werden sollten.
Er erkundigte sich bei mir, wie der bekannte Krankenhauskeim hieße – wo auch immer dieser Impuls in Uwe herkam und so erwiderte ich: „MRSA. " „Ja, das könnte es sein", hörte ich und erklärend fügte er hinzu: „und diese Keime nutzen diese Kartons als Rückzugsgebiet, wenn das Antibiotika naht.".
Wir eröffneten ein Lagerfeuer und baten das Wesen, die Kartons einzusammeln. Uwe sah jetzt eine komplette

Schrankwand, „wie ein Bücherschrank", voller Kartons: „Es sind Schuhkartons und sie sind alle gleich." Liebevoll übergab Uwe alle Kartons dem Lagerfeuer.

Daraufhin veranlasste ich, Uwe im Krankenhaus auf MRSA zu überprüfen. Dort vermerkte man in seiner Akte, dass ein großes Risiko bestehe, dennoch der Bluttest negativ sei.

Zusätzlich gab ich die Information, dass Uwe in einer inneren Reise die Information über MRSA erhalten hatte, dem Heilpraktiker weiter, der auf Distanz täglich für Uwe arbeitete. Er testete Uwe auf MRSA per Bioresonanz und wie sich zeigte, ergab seine energetische Testung ein positives Ergebnis! Natürlich bezogen sich im Krankenhaus durchgeführte Untersuchungen des Blutbildes auf bereits Manifestiertes (= Sichtbares). Folglich hatten wir die Gewissheit, dass der MRSA zwar vorhanden, bislang jedoch ‚nur' auf der Energieebene existierte – Gott sei Dank!
Der Heilpraktiker behandelte Uwe auf MRSA, bis es nicht mehr ‚testbar' war.
Mit den Testungen verhält es sich so, dass manchmal das, was im ‚Anmarsch' ist, was sich also bereits auf den Weg vom unsichtbaren energetischen Aspekt in den materiellen greifbaren Aspekt gemacht hat, positiv getestet wird. Es ist häufig kaum zu unterscheiden, inwieweit es sich um materielle greifbare Ergebnisse handelt oder das, was positiv getestet wird, sich noch auf der energetischen Ebene befindet.

16. Dezember 2014

Heute ist der Abend nach dem Aufenthalt in der Uni-Klinik-Düsseldorf und Uwe in die Suchkartei für einen passenden Knochenmarkspender aufgenommen wurde. Daher berührte uns das Ergebnis der folgenden Reise durch und durch …!
Das Ziel der Reise sollte sein, nach weiteren Kartons zu suchen. Uwe fand tatsächlich noch drei weitere Kartons unter dem Bücherregal, die ihm das ‚Kartonwesen' zeigte. Wir gaben die Kartons nach dem System von Christoph Fasching zur Transformation frei und die drei Kartons verschwanden komplett. Jedoch war noch einer vorhanden, der etwas abseits lag und irgendetwas sagte mir, dass ich Uwe nicht zur Transformation des Kartons animieren sollte. So bat ich ihn, sich diesen Karton genauer anzusehen, was er natürlich sofort tat, weil er den gleichen Impuls hatte wie ich. „Er ist mit einem Inhalt und dieser Inhalt ist in Seidenpapier eingewickelt, ich packe diesen Inhalt jetzt vorsichtig aus."
Dann hörte ich Uwe herzzerreißend weinen und ließ ihn in Ruhe ausweinen, ohne ihn darin zu unterbrechen. Ich spürte, es waren Freudentränen. „Es ist ein passender Blutspender!" Ich war ‚baff' und konnte es nicht fassen! Uwe fügte ergänzend hinzu: „Das heißt, es gibt ihn bereits und ich bekomme die Information, dass er nicht übersehen werden darf."
Meine Frage, ob dieser Spender bereits registriert wäre, das heißt, in der DKMS-Datei vorhanden sei oder ob dieser Spender mit seiner Registrierung noch in der Zukunft liege, beantwortete Uwe mit den Worten: „Er ist bereits registriert. Es braucht jetzt Geduld und Vertrauen."

Diese Begebenheit passte genau mit meinen Worten überein, die ich ihm vermittelte, als es hieß: „Wir machen eine große Werbekampagne mit Medienrummel." Damals bat ich ihn, sich das genau zu überlegen und erklärte, wenn er geheilt werden SOLLTE, brauchte es das alles nicht. Dann würde bereits ein passender Spender DA sein.

Mir war seit längerem klar, dass Uwe eine Transplantation nicht überleben würde, jedenfalls nicht aus einem normalen Sachverstand und seinen Jetzt-Zustand betreffend, der leider fernab von „Alles ist möglich" zu sein schien. Fehlte mir Vertrauen? Ich erwischte mich hin und wieder bei gehörigen Zweifeln! Und so bat ich ihn nachzufragen: „Habe ich die Chance vor der Transplantation gesund zu werden?" Die Nachricht bestand in einem klaren „Ja!"
Uwe ergründete im weiteren Verlauf der Reise, wo der richtige Platz für diesen wertvollen Karton sei und Uwes Auskunft kam prompt: „In meinem Herzen!" Uwe erklärte mir, dass er nur den Inhalt des Kartons in sein Herz legen würde. „Den Karton nehme ich aus meinem Herzen wieder mit und lege ihn an seine Ursprungsstelle, die Stelle an dem ich ihn gefunden habe. Ich danke dem Karton, dass er seinen Inhalt geschützt hat, bis ich ihn finden durfte und sage zu ihm: ‚Ich hoffe, du erkennst, dass deine Aufgabe nun erfüllt ist, wo möchtest du jetzt hin?'"
Eine Nachricht abwartend, hörte ich Uwe seinen Transformationssatz aussprechen und der Karton war verschwunden. Wir fragten das ‚Kartonwesen', ob es noch etwas zu tun gäbe und erfuhren, dass alles bestens erledigt wurde. Von Uwes Seele bekamen wir ebenfalls vermittelt,

dass wir für heute fertig seien und es an dieser Stelle hier, nichts mehr zu tun gäbe.

Wir begaben uns jetzt zum Knochenmark und wollten in Erfahrung bringen, wie die gesunde Blutproduktion aussah. Uwe hatte sofort Kontakt zum Knochenmark und das Knochenmark erklärte Uwe seinen extremen Schwächezustand. Uwe berichtete, dass das Knochenmark selber auf „Hochtouren läuft und sehr hell und quirlig aussieht." Nach einer kurzen Pause, in der ihm offenbar etwas erklärt wurde, fügte er hinzu: „Für die Prozessumorientierung und Aktivität im Knochenmark benötigt mein Körper Kraft und diese Kraft ist die, die mir im Moment physisch sehr fehlt."

Ich fragte Uwe, ob er denn zwischenzeitlich an seine Lunge wie auch an sein Knochenmark Heilung, Kraft, Liebe und Unterstützung geschickt habe, was er verneinte. Manchmal fühlte er sich zu schwach, seine ‚Hausaufgaben' zu machen oder er vergaß es einfach. Daher meine liebevollen und vorsichtigen Erinnerungen, gänzlich ohne Druck. Wir ließen es für heute gut sein. Uwe war glücklich und erfüllt über das, was er erleben und sehen durfte.

17. Dezember 2014

Uwe prüfte, ob der Inhalt des Kartons, der Knochenmarkspender, sich noch in seinem Herzen befand und erhielt hierfür eine Bestätigung.

Im Anschluss daran und während der heutigen Reise befanden wir uns wieder am Luftröhrenende, an der Stelle, wo der Husten produziert wurde und ich bat Uwe einmal in die Lunge zu sehen und mir mitzuteilen, ob und was es dort zu sehen gäbe: „Hier ist ein großes Gewölbe, eine Stelle links oben ist entzündet." Er gab dieser Stelle

„Sprache", um mit ihr kommunizieren zu können: „Hier ist eine kleine Gruppe von Bakterien, die der Grund für die Entzündung sind."

In den jeweiligen Reisen besuchten wir verschiedene Orte, von den Lungenspitzen bis hin zu irgendeinem anderen Bereich der Lunge, gerade dort, wo Uwe es ‚hinzog' oder an die er ‚geführt' wurde. Hierbei wurde er häufig aufgefordert den Lungentrainer zu nutzen.

Wie schon einmal erwähnt, entsteht durch langes Liegen eine relativ flache Atmung und die Lungen werden nur unzureichend in Anspruch genommen. Demzufolge entstehen unbelüftete Lungenabschnitte, in denen sich Bakterien bilden und nicht abtransportiert werden können. Die Folge ist die Entstehung der sogenannten „Bettlungenentzündung", die genau hier ihren Ursprung hat.

Wir baten Uwes Seele um Rat, was derzeit zu tun sei und die Seele merkte an, dass der Mentor hinzugeholt werden solle, um die Bakterien liebevoll aus dem Körper zu geleiten. Der Mentor erschien umgehend und reinigte die befallenen Stellen.

Uwe bedankte sich bei den Bakterien, segnete sie und konnte sehen, wie sie in Mutter Erde ausgeleitet wurden, um von ihr transformiert zu werden. Ebenso wurde Vater Himmel hinzugezogen und ein goldener Heil- und Lichtstrahl säuberte im Inneren den Körper von Uwe.

An dieser Stelle eine weitere Anmerkung von mir:
Der ‚Intelligenz' des Körpers wird überlassen, wie und wann etwas ‚bearbeitet' wird. Es gibt kein festgelegtes Schema, denn jeder Prozess, jeder Mensch ist individuell. Bei der Intelligenz des Körpers handelt es sich um explizit das, was Selbstheilungskräfte in Gang bringen kann, wenn die richtigen Impulse hierfür gesetzt werden. Wenn es gilt

eine Wunde zu verschließen, erscheinen aus dem Blut genau die Bestandteile, die es braucht. Dafür verantwortlich, was und in welcher Abfolge dieser Vorgang genau geschieht, ist diese Intelligenz. Es gibt nichts, was wir hierzu tun müssen, es geschieht einfach so, der göttlichen Ordnung entsprechend.
In dieser inneren Reise wurden auch die Kartons, die mit dem Husten im Zusammenhang standen, überprüft und Uwe schaute genau nach, ob sich noch irgendwo einer versteckt hielt. Wir baten das ‚Kartonwesen' hinzu. Es existierte kein Karton mehr und das Wesen erklärte Uwe, „dass die Kartons stellvertretend für alles waren". Was auch immer „alles" bedeuten mochte.
Uwe fragte das Knochenmark: „Wie geht es dir? Benötigst du etwas, was ich dir geben kann?" Uwe sandte wieder Heilung, Kraft, Liebe und Unterstützung und konnte die anschließende Stärkung des Knochenmarks wahrnehmen.

Die Wichtigkeit bei diesem Vorgang bestand darin, dass Heilung, Kraft, Liebe und Unterstützung von oben in das Kronenchakra (die Stelle der Fontanelle) und dann durch Uwe hindurch floss und er nichts aus der ‚eigenen Batterie' gab, die ohnehin leer war. Dies bedeutete, dass Uwe sein Bewusstsein auf sich, als ein *Kanal*, ausrichtete und sich nach *oben* bewusst *anschloss*, das heißt, seinen Gedankenfokus genau prüfte.
Wir brauchen uns nirgends bewusst ‚anschließen', denn wir sind unser gesamtes Leben hindurch mit Vater Himmel, dem Universum sowie Mutter Erde verbunden. Dennoch kann es wertvoll sein, wenn wir den Fokus darauf noch einmal bewusst ausrichten. Energie folgt Gedanken!

18. Dezember 2014

Das Thema heute Abend bestand aus Uwes Schwäche und die Ursachenforschung hierfür. Uwe ging die Treppe hinunter und die Tür vor seinem geistigen Auge öffnete sich. Wieder erschien eine Symbolik: „Dort sehe ich ein abgemähtes Feld, sozusagen eine Doppelwiese (was auch immer dieser Ausspruch von Uwe zu bedeuten hatte), ein Stoppelfeld, welches keine Kraft mehr hat, es ist braun." Die Seele fragend, was es damit auf sich habe, klärt sie Uwe auf: „Bis vor ein paar Tagen befand sich hier ein kräftiges Weizenfeld. Der Weizen wurde gemäht, darum das Stoppelfeld. Das Feld spiegelt deinen Zustand. Nichts wurde kaputt gemacht, es folgt das normale Einsammeln der Ernte und eine erneute Aussaat."
Das Stoppelfeld und Uwe befanden sich symbolisch an der gleichen Stelle: abgeschoren und alles weg. Jetzt musste sich erst langsam wieder neues Leben bilden. Das Feld, wie auch er selbst, mussten zunächst noch ‚bearbeitet' werden. Danach wachse alles von allein wieder – so wurde es, von Uwe als ‚Sprachrohr' seiner Seele, an mich durchgegeben. Und weiter: „Nach der Ernte wird sich um den Boden gekümmert", was bei Uwe hieß, dass das Knochenmark therapiert werden müsse, „damit wir im nächsten Jahr wieder aussäen können".
Außerdem bedeutete das bei Uwe, so erzählte er mir, dass sich die Lebensweise verändern müsse, was allerdings von allein geschehen würde, da er verstanden habe, worauf es im Leben ankomme.
Uwe konnte nun sehen, wie auf dem Stoppelfeld kleine grüne Halme zu erspähen waren. „Das bin ich und mein Zustand nach der zweiten Chemo, danach kommt die

Heilung. Bei mir wächst jetzt ebenfalls kleines Grün, in Form gesunder Blutzellen."
„Was ist jetzt das Höchste und Beste für dich?", fragte ich.
„Geduld und Heilung, es besteht die Aufforderung zum TUN."
Um zu „tun", wollte Uwe wissen: „Wie kann in mich körperliche Kraft kommen, indem ich mich an meinen selbstgemachten Sportplan halte? Und wie sieht die Alternative aus? Ist es so, dass ich mein Kraftzentrum weiterhin anzapfen soll?" Uwe erklärte, dass er die Antwort seiner Seele nicht ganz verstanden habe. Er bat darum, dass sie ihm dabei helfen möge, dem kam sie gern nach. Weiter berichtete er mir, dass „das klappen könnte", was die Seele ihm da gerade mitgeteilt habe.
Er erwähnte etwas von einem „Strahl und Kraftfeldern", wovon etwas „zurückkommt". Dann bat er darum zu erfahren, wie oft er das tun solle und erhielt den Hinweis: „Ein Mal täglich." Uwe fügt hinzu: „Die Heilung wird spürbar werden, wenn es mir kräftemäßig besser geht. Dann wird eine Verbesserung im Blutbild sichtbar."

19. Dezember 2014

Heute ergab sich bei Uwe eine allgemeine Verschlechterung, welche durch die dritte Lungenentzündung hervorgerufen wurde und sich auf Uwes Allgemeinbefinden ungünstig auswirkte. Einige Nerven, die für gewisse Hirnfunktionen zuständig waren, schienen betroffen zu sein. Ich hörte, dass seine Sprache und Konzentration in Mitleidenschaft gezogen waren. Das Sprechen, Denken und Behalten fiel ihm extrem schwer und er vergaß jeden zweiten Satz, den ich sagte. Das bedeutete heute äußerst mühselig zu reisen. Jedoch, wir hatten ja Zeit und er

wollte es so, also reisten wir. Er litt sehr unter seinem Zustand und wollte noch einmal von mir erklärt haben, ob das Chemo-Hirn denn wieder wegginge und warum das jetzt so sei. Ich konnte ihn diesbezüglich beruhigen. Uwe begab sich mit seinem Bewusstsein zu den Nerven im Gehirn und wollte wissen „was da los ist".
„Ich sehe eine Werkshalle und es sind etwas Ältere, die dort arbeiten."
„Wofür sind die Menschen dort zuständig?", erkundigte ich mich.
„Jeder hat seinen Zuständigkeitsbereich mit viel Erfahrung. Es gibt keine Spezialisten, sie arbeiten Hand in Hand miteinander, teilen alle gerne die Arbeit mit dem Anderen. Es gibt keine vorgegebenen Stückzahlen. Die Produktion muss optimal sein."
Ich fragte Uwe: „Ist alles optimal?" und erhielt die Nachricht: „Ja, mit kleinen Dellen versehen, zum Beispiel bei der Sprache."
Uwes Sprache hörte sich etwas verwaschen an, so als ob er leicht benommen wäre.
Weiter berichtete Uwe mir: „Dort gibt es einen Modellraum mit einem Arbeiter, der nicht zu mir gehört, es ist wie eine Art Lehrraum." Wir befragten das dazugehörige Wesen, welches wir erscheinen ließen, nach der Bedeutung der Werkshalle.
Uwe antwortete mir: „Jetzt hat dies noch keine große Bedeutung. Ich kann damit nichts anfangen, allerdings werde ich mich später an die Personen und an deren dazugehörigen Gesichtsausdruck und an diese Zufriedenheit in den Gesichtern erinnern."
Das Wesen erklärte, dass es nicht für die Nerven zuständig sei sondern nur, um Uwe all das hier zu zeigen. Das Wesen bedankte sich für Uwes Aufmerksamkeit und

bemerkte, dass es noch etwas für ihn zu sagen gäbe, was im Nachhinein allerdings ungeklärt blieb. Weil Uwe nicht wusste, was er noch sagen sollte, wendete er sich an seine Seele mit der Bitte um Lösung seines Problems: Nerven, Sprache sowie die Konzentrationsstörungen. Es erschien daraufhin ein anderes Wesen, welches erklärte, dass es sich bei der Konzentrationsschwäche um einen Mangel an Anforderungen handeln würde und Uwe entgegnete, dass er im Krankenhaus nichts Großartiges habe, worauf er sich konzentrieren müsse oder könne, um zu trainieren.

Weiterhin erklärte das Wesen, dass es sich bei der Konzentration so verhalte, wie bei einem Muskel, der bei mangelndem Training erschlaffe, entsprechend verhielte es sich mit der Konzentrationsfähigkeit – sie lässt nach. Er bekam den Hinweis, als eine wichtige Aufgabe, seine Konzentration zu beanspruchen! Es könne allerdings sein, dass ihn bei einem Zuviel der Schlaf überkomme. Also möge er eine Methode herausfinden, welche richtig und passend für ihn sei. Nun trat ein Wesen in Erscheinung, welches für den gesamten Mund und Rachenraum zuständig zu sein schien. Das Wesen erklärte Uwe: „Der Rachenraum, die Schleimhäute und die Sprache unterliegen entsprechenden Muskeln. Dies kann sich ‚einrenken' und ist nach einer Chemobehandlung nichts Neues. Sollte das nicht von allein wieder weggehen, kannst du dir professionelle Hilfe dazu einholen."

Uwe wollte wissen, ob dieser gesamte Trakt von der Chemo angegriffen sei und die Auskunft lautete: „Dort sind Verbindungen, die da nicht hingehören und ich schlage dir vor, Erzengel Michael (unter anderem dafür zuständig, Verbindungen zu trennen und aufzuräumen) zu bitten, sich die Verbindungen anzusehen, die vorher nicht da waren und durch die Chemo ausgelöst wurden."

In der Dimension, in der wir *wirken*, gibt es keinerlei Zeitverzögerung vom Gedanken bis zur Sichtbarwerdung, innerhalb einer inneren Reise. Das heißt, dass Uwe Erzengel Michael bei seiner Arbeit zuschaute und mir das Ergebnis übermittelte: „Die Verknüpfungen lagen oben und waren sehr dick, es ist wie eine Überlagerung. Die alten, die kleinen Verbindungen sind die Gesunden."
Nachdem Erzengel Michael seine Arbeit beendet und Uwe sich bedankt hatte, verschwand der Engel wieder. Ich fragte Uwe: „Was hat sich geändert?" Uwe entgegnete mir: „Es fühlt sich viel freier an, wie schwebend, als wenn der Ballast, der darauf gelegen hat, sehr schwer gewesen wäre."

20. Dezember 2014

Uwe rief mich an und erzählte mir, dass er Transformationen durchgeführt hatte, „ …die mich bis ins Mark erschüttert haben". An die Glaubenssätze konnte er sich dabei nicht mehr erinnern. Uwe erlebte anscheinend diverse „Volltreffer" und offenbar erschien währenddessen „wie aus dem Nichts" Erzengel Michael, um ihn zu unterstützen, berichtete mir Uwe.

Sich an Glaubenssätze nicht zu erinnern ist jeweils gut und richtig, denn dann sind sie tatsächlich *gelöscht* und aufgelöst.

25. Dezember 2014

Am Abend machten wir eine kurze Reise, da es Uwe sehr schlecht ging und hohes Fieber gemessen wurde.

Wir lenkten das Bewusstsein auf die Knochenmarkzellen und Uwe traf seinen Schutzengel Ullrich, ein Schäfer, den er bei einem Prozess mit Engelbert kennengelernt hatte. Uwe erkundigte sich bei Ullrich, wann die Heilung zu fühlen sei und Ullrich erwiderte: „Bald – es dauert nicht mehr lange."

30. Dezember 2014

An diesem Abend, in der Nacht zu Silvester, erlebten wir die letzte gemeinsame innere Reise, kurz bevor Uwe die Sauerstoffmaske angelegt wurde.

Uwe bekam wiederum schlecht Luft und so fingen wir ganz langsam an zu arbeiten. Uwe sagte mir, er wolle es zumindest versuchen. Ich verließ mich auf unsere Vereinbarung und vertraute Uwe.

Uwe sah mit seinen geistigen Augen in seiner Urzelle nach, ob das Programm der *Lichtnahrung* dort angelegt sei, mit dem Ergebnis, dass es hier nicht vor kam und so bauten wir es in die Urzelle, an einem entsprechend korrekten Platz, ein. Dieses erschien wichtig, da Uwe feste Nahrung ständig verweigerte.
Wir hofften, dass er mit diesem Programm ohne feste Nahrung leben und aus dem Licht alles das *ziehen* könne, was seinem Körper fehlte.
Der Ausspruch „Ich ernähre mich von Luft und Liebe" hat in der Lichtnahrung seinen Ursprung. Im Krankenhaus ist dies jedoch weitaus schwieriger als in der freien Natur, da die Fenster häufig geschlossen sind.[13]
Gern wollten wir an diesem Abend noch mehr tun, dennoch brach Uwe vorzeitig ab, weil die Luftnot heftiger wurde.

---

[13] Es gibt darüber Studien. Wer mehr wissen möchte, dem kann ich den Film: "Am Anfang war das Licht" (Regie: P.A. Straubinger) ans Herz legen.

Die Zeit des künstlichen Koma

Jedes Mal wenn ich an Uwes Bett saß, *hob* ich die Energie-Schwingung des Zimmers an, einem Konzept entsprechend, welches wir bei Christoph Fasching erlernten. Der gesamte Raum wurde in Licht und Liebe transformiert. Es handelt sich hierbei um die Energie der fünften Dimension, die Dimension der reinen, allumfassenden Liebe. Uwes Herzenswunsch bestand seit einigen Jahren darin, irgendwann in dieser Dimension mit mir gemeinsam leben zu können. Als er während einer inneren Reise einmal danach fragte, bekam er dazu die Information, dass in krankem Zustand dort nicht sein Platz sei, was ihm einleuchtete. Ein für ihn essentieller Grund unbedingt gesund werden zu wollen, leben zu wollen, um später in der 5. Dimension zu wirken.

Hier an seinem Bett sitzend, erspürte ich manchmal, dass Uwe mich, trotz Koma Zustand, wahr nahm. Darüber hinaus hatte ich das Gefühl, dass sich seine Seele mal innerhalb und dann wiederum außerhalb seines Körpers aufhielt oder zu einem Teil in ihm und ein anderer Teil außerhalb von Uwe selbst. Es fiel mir schwer seine Seele zu ‚lokalisieren'.
In manchem Augenblick empfand ich eine äußerst wohltuende innere Ruhe, die ich mir kaum erklären konnte, denn die Situation an sich war äußerlich kaum zu ertragen, wozu die ‚Piepgeräte' ihren Teil beitrugen. Woher diese *Ruhe* kam, hinterfragte ich nicht, ich war dankbar, sie fühlen zu dürfen.

Am 2. Januar 2015, in den frühen Abendstunden, bekam ich selber eine Journey von Engelbert und natürlich trat in der Reise Uwe in Erscheinung und war mit uns anwesend. Wir baten unsere Seelen uns mitzuteilen, was für Uwe zu tun sei.

Wir sollten „einen Heilstein in Uwe einpflanzen", dessen Strukturen, innerhalb seines Brustbereiches, bereits vorhanden waren und wir konnten sehen, dass es ein sehr großer Rosenquarz sein würde.
Ich recherchierte die Bedeutung und die wunderbare Erklärung hierzu brachte Engelbert und mich zum Staunen, denn der Rosenquarz steht für einen Umbruch und Neubeginn, zum Beispiel als Sterbehilfe. Mit sanfter Bestimmtheit hilft der Rosenquarz sich selbst zu entfalten und seine wahren Bedürfnisse zu verwirklichen. Außerdem ist der Rosenquarz unter anderem für die Bildung der roten Blutkörperchen zuständig, also genau das, was bei Uwe nicht funktionierte und krank war.

Es war eine wunderbare Reise und der letzte Dienst, den wir Uwe in seinem irdischen Leben erweisen durften ...

Uwe verstarb in der folgenden Nacht.

Besondere Begebenheiten

3. Januar 2015

Am Abend, es war Samstag – Uwes Todestag – setzte ich mich auf mein Sofa, mit dem Vorhaben das zu tun, was wir gemeinsam jedes Mal taten, wenn ein Mensch oder ein Tier aus unserem direkten oder auch ferneren Umfeld verstarb. Wir zündeten eine Kerze an und nahmen Verbindung mit der Seele des verstorbenen Wesens auf, um Licht, Liebe und Kraft zu übertragen.
Manchmal wenn heftige Krankheit und Leidenszeit vorausgegangen sind, brauchen die Seelen genau diese Ressourcen, um voranschreiten zu können. Sie benötigen Erholung von dem, was sie durchgemacht haben. Ob das alles tatsächlich so ist, kann ich, nachdem was ich mit Uwe erleben durfte, heute nicht mehr mit Sicherheit sagen. Damals war dieses jedenfalls unser Wissensstand. Außerdem gaben wir der zu begleitenden Seele, wenn dies erforderlich war, kurze Anleitungen für den zu vollendenden Weg *ins Licht*.
Und so zündete ich mir an diesem Abend eine Kerze an, begab mich in eine ruhige Atmung und verband mich mit Uwe, genauer gesagt mit seiner Seele. Aus irgendeinem Grunde erkundigte ich mich als Erstes bei ihm, ob er Kraft benötige und erhielt ein klares „Nein", was mich in Staunen versetzte. Dann fragte ich, ob ich Kraft benötige und bekam ein klares „Ja." Irgendetwas ließ mich *wissen*, dass Uwe sich bereits *im Licht* befand und gleichzeitig bei mir völlig präsent war. Mir war klar, dass Uwe den Weg ins Licht kannte und ich ihn dort nicht ausdrücklich hingeleiten musste. Dass dieser Übergang letztendlich

dermaßen schnell geschehen würde, darüber bestand in mir völlige Unklarheit.

Ich war zutiefst berührt, jedoch konnte mein Verstand kaum glauben, was mein Sein hier gerade erfuhr, daher bat ich um ein Zeichen, dass Uwe tatsächlich bei mir verweilte und um ein „Küsschen auf meine Wange". Umgehend fühlte ich eine ganz sanfte, sehr warme Energie, so groß wie ein Stecknadelkopf auf meiner rechten Wange. Ich war froh, dass ich saß, sonst hätte es mir vermutlich den Boden unter den Füssen weggezogen, denn ich konnte Uwe *fühlen* und *wahrnehmen*, als säße er direkt neben mir, woraufhin sofort, ohne dass ich eine Frage gestellt hatte, die Bestätigung und *Antwort* von ihm kam – er saß rechts von mir. Dann erbat ich vorsichtig eine Umarmung, die wiederum sogleich geschah. Ich konnte sie allerdings weniger fühlen als dieses ‚Küsschen', dennoch spürte ich diese sehr feine, warme Umarmung und es überkam mich ein Weinkrampf der Freude und Dankbarkeit über das, was mir hier zuteilwurde.

Es gibt immer wieder Begebenheiten und Ereignisse zwischen Himmel und Erde, die mich sprachlos werden lassen, Geschehnisse die nicht in Worte zu fassen sind, dieses hier war eines davon.

In mir existierte eine unbeschreibliche Dankbarkeit! Dankbarkeit mit diesem wunderbaren Menschen mein Leben bis hierher verbracht, ja, mein Leben mit ihm geteilt zu haben. Ich war dankbar, seine Frau gewesen zu sein, dankbar, die letzten Monate diese wunderbare und für mich neue Nähe zwischen uns beiden erlebt zu haben.

Dankbar, an dieser ganz speziellen Entwicklung, die Uwe durchlebte, teilhaben zu dürfen, ja, wie ein Zuschauer verfolgt und miterlebt zu haben. Ich war dankbar, dass er sich selbst gezeigt hatte, dass er KANN – sich für Uwe alles erfüllte, was für ihn von großer Bedeutung und wesentlich gewesen war. Rückblickend war alles, was ich mir je für Uwes Seelenfrieden gewünscht hatte, in Erfüllung gegangen.
Unsere Hoffnung, unsere Freude, ja Überzeugung, dass alles noch hier und jetzt und in der Zukunft seines Lebens unter Beweis gestellt werden müsse, blieb uns versagt und war wohl mehr eine Hoffnung unserer beider Egos, denn Uwe hatte bereits im Krankenhaus bewiesen, was es umzusetzen und zu leben galt. Uwe änderte all seine Überzeugungen grundlegend! Oftmals reichen bei Lebensthemen Erkenntnisse aus, um im Lebensplan der Seele als „erledigt" zu gelten.
Es handelt sich um eine göttliche Gnade, dass wir unseren Todestag nicht kennen und um eines der „kosmischen Gesetze", dass wir über unseren Todestag nicht in Kenntnis gesetzt werden. Wir erfahren ohnehin nur, was wir verkraften können und schöpfungsgerecht ist, gemäß dem „Gesetz der Gnade". Wer weiß, wenn wir tatsächlich gewusst hätten, dass Uwe verstirbt, wäre Uwe dann so motiviert und intensiv in diese Art des Tuns gegangen? Wäre sein Geist dann in dieser Form SO geheilt worden, wie dieses jetzt scheinbar geschehen war? Ich weiß es nicht.
Zu diesem Zeitpunkt war mir noch nicht klar, dass Uwe tatsächlich die uns beharrlich versprochene „Heilung" erfahren hatte und dass sein Geist wirklich geheilt wurde. Diese Erkenntnis sollte sich mir erst ein paar Tage später nähern …

Meine abendlichen Kontakte zu Uwe

Am nächsten Abend erkundigte ich mich bei Uwe, wieso ich so viel seelische Kraft hätte, Nachbarn trösten könnte, die weinen, wenn sie an ihn dachten oder mich sahen. Wieso ich so verändert war, von gestern Morgen (Todesmorgen) bis jetzt, körperlich zwar schwach, jedoch seelisch kraftvoll, jedenfalls kein Vergleich zur letzten Zeit, oder ob ich mir das alles einbilden würde? Er erklärte mir, dass meine gefühlte seelische Kraft real sei und die Kraft aus mir selber käme. Ich müsse sie nicht mehr teilen, nicht mehr die Last für ihn mit-tragen, könne diese Kraft jetzt für mich allein nutzen.
Dennoch – ich weinte und fühlte, wie allein ich physisch war, was sich in einem körperlich spürbaren, tiefen Schmerz äußerte, der mein Herz zu zerreißen drohte.

Ich hinderte ihn mit meinen Fragen nicht an seinem *Weiterkommen* und das war wichtig! Uwe vermittelte mir außerdem, dass wir beide noch nicht ganz loslassen könnten. Dennoch genug losgelassen hatten, damit er *nach Hause gehen* konnte. Ja, das fühlte ich und seine Worte resonierten in mir?

All das, was ich hier erleben durfte, war für mich wie in einem Wunder – unsagbar schön. Wie sehr war ich gesegnet, diese Möglichkeit der Kommunikation mit Uwe haben zu dürfen. Und so nahm ich in der ersten Zeit täglich kurzen ‚Kontakt' zu Uwe auf, um zu erfahren, wie es ihm ging und wo er war. Ich stellte viele Fragen und bekam sie alle beantwortet. Einige Beantwortungen verstand ich nicht, da mein Horizont offenbar Begrenzungen zeigt, die in der *Anderswelt* aufgehoben sind. Manchmal ist uns unser Verstand im Wege und stellenweise beschränkt. Der Verstand ‚kommt nicht nach' und ist überfordert Angelegenheiten zu verstehen, die über ihn hinausgehen.

Es ging mir zu diesem Zeitpunkt seelisch – und für mich nach wie vor befremdlich – gut, was ich kaum fassen konnte und mich verunsicherte. „Wieso geht es mir gut, wenn Uwe tot ist?", versuchte ich tief in mir zu ergründen. War es tatsächlich so, dass ich meine seelische Kraft bisher „geteilt" hatte? Es schien mir die einzige Erklärung, die mir ja durch Uwe *übermittelt* und bestätigt wurde.

In großen Teil-Schritten ließ ich Uwe weiterhin los und empfand mich in einem kleinen inneren Bereich sogar glücklich – jedenfalls zu diesem Zeitpunkt. Ich verstand das alles nicht. Freunden fiel die Stärke in meiner Stimme auf und sie sagten es mir: „unglaublich", hörte ich mehrfach von Menschen, mit denen ich telefonierte. Mir selber war es irgendwie rätselhaft und fremd, ja unheimlich, da völlig außerhalb jeglicher Normen. Wie ich später feststellte, lag diese Stimmung auch daran, dass ich noch lange nicht realisiert hatte, was geschehen war. Dieser innere Prozess sollte eine längere Zeitspanne in Anspruch nehmen ...
Ich stellte Uwe viele Fragen. Es war für mich unfassbar, was hier an Informationen fließen durfte und glücklich, dass die Situation unserer Kontakte keine Behinderung für ihn darstellte, seinen Weg dennoch voranschreiten zu können. Uwe fühlte in den ersten Tagen wohl ein wenig

Wehmut, auch bestand die Gefahr, dass er in alte Verhaltensmuster tappte (was auch immer er damit meinte), wobei ihm liebevolle Hilfe *von oben* zur Seite gestellt wurde, um den Rest aufzulösen, den es noch zu lösen galt. Er teilte mir mit, dass wir uns zu Lebzeiten noch wiedersehen würden ... Hierfür gab es mehrere Möglichkeiten, die ich kannte, aber kannte ich alle? Es erschien mir nicht wichtig und so forschte ich da nicht weiter. Was wussten wir irdischen Menschen schon ...

Unter anderem erfuhr ich, dass „seine Zeit abgelaufen war", gleichwohl sein Geist geheilt wurde und nur ich diejenige hatte sein können, genau dazu zu verhelfen. Uwe gab mir *durch*, dass, wenn er sich vor Jahren von mir getrennt hätte, er noch leben würde – jedoch nicht hätte geistig heilen können. Nur mit meiner Unterstützung habe er aktuell dieses Ziel erreichen können, ja er wäre sogar über sein Ziel „hinausgeschossen", weiter, als von seiner Seele für diese Inkarnation geplant gewesen sei. Seine Seele hatte die gesamten Zusammenhänge durchschaut und darum sei er bei mir geblieben. Sich von mir zu trennen oder an meiner Seite zu bleiben, wäre allein seine Entscheidung gewesen, wie er mir vermittelte.

All diese Informationen versetzten mir einen tiefen Schlag in mein Sein! Lange Monate quälte ich mich mit erheblichen Schuldgefühlen, die geradewegs aus meinem Ego kamen und bohrte in mir nach einer Lösung, bei dem was besser gewesen wäre: Wenn Uwe noch leben würde – ungeheilt – oder so wie jetzt, verstorben und geheilt sein? So oft hatten wir besprochen, uns zu trennen. Hätte ich ihn aus dem Haus hinaustreten sollen? Dann würde er jetzt noch leben! Wie sollte ich mit dieser Information fertig werden?

Ich erfuhr, dass alles genau so gekommen war, wie es sein sollte. Hier schien sich mein „Alles gut" zu bewahrheiten ... Uwe und ich hatten eine *Absprache*, die wir auf *Wolke 7* vor unserer Inkarnation trafen. Dieses war uns, solange wir uns kannten, jederzeit völlig bewusst. Nur wussten wir beide über diese Absprache zu keiner Zeit Genaues und schon gar nicht in vollem Umfang – mit DIESEM Ende! Eine diesbezügliche Frage war nicht in unserem Tages-Bewusstsein, wenn es auch hierfür während unserer tiefen Krisen, bei uns beiden, innere Impulse gegeben hatte, wie zum Beispiel, das Uwe bald *nach Hause gehen* würde.
Wir kannten viele unserer gemeinsamen Leben, die uns in all den Jahren offenbart wurden. Wir hatten verstanden, dass wir manches erst im Hier und Jetzt zu lösen hatten. Was genau, war uns nicht bekannt.

Manchmal fragte ich mich in den nachfolgenden Monaten, wenn ich vor unserem Hochzeitsbild stand, ob ich Uwe geheiratet hätte, wenn ich DAS tatsächlich bewusst gewusst hätte ... vermutlich ja, denn ich liebte ihn ja von ganzem Herzen!

Wir hatten stets nur das geglaubt und als tiefes Wissen in uns verankert, was wir selber erleben durften und wenn mir diese Art der Absprache zwischen uns beiden, jemand erzählt hätte, hätte ich es vermutlich nicht geglaubt, was eh jetzt keine Rolle mehr spielte.

Wundersame Erscheinungen und Dank

Im Folgenden möchte ich beschreiben, was einzelne Menschen und Helfer, die Uwe in den letzten Wochen seines irdischen Lebens begleiteten, um seinen Todestag herum erlebten und wie Uwe sich bei den Menschen für ihre unaufhörliche und großartige Hilfe bedankte.
Jelena, eine ehemalige Workshop-Teilnehmerin von Uwe und mir – ein „Christallkind" – nahm mit mir, irgendwann im Oktober 2014, wie aus dem Nichts, Kontakt auf. Ich berichtete ihr was geschehen war. Daraufhin *meldete* sie sich geistig bei Uwe. Sie fragte, ob er Hilfe brauchen könne, was er verneinte. Später erzählte sie mir dann, dass Uwe sich ein paar Tage danach bei ihr auf Seelenebene *gemeldet* habe und ihr die Erlaubnis erteilte, etwas für ihn zu tun, was im Anschluss daran geschah. Kurz vor seinem Tod hatte Uwe sich noch einmal bei Jelena *eingeklinkt* und diese junge Frau in Kenntnis gesetzt, dass er *gehen* wird und sich für ihre Hilfe bedankt. So erzählte sie es mir im Januar 2015, als wir gemeinsam zu Christoph Fasching fuhren.

Einige Tage vor Uwes Ableben schrieb mir Dany, eine uns nahestehende Freundin, in einer E-Mail:

> *„Ich glaube, dass es bei Uwe wie bei dir um Läuterung geht. Sollte durch die weitere Heilung von Geist und Seele Uwes Körper nachziehen können, wird ein völlig neuer Mensch neben Dir stehen. Das Gefühl habe ich sehr stark. – Aber er wird auch neben Dir stehen, wenn sein Körper nicht gesunden wird. Dann wird er Dir von der für uns (noch) nicht sichtbaren Welt aus zur Seite stehen."*

Genau 2 Tage vor Uwes Tod schrieb sie weiter:

„Ich habe letzte Nacht in einem Wachtraum gesehen, wie Uwe sehr groß, aufrecht gehend und sehr erhaben wirkend, auf dem Flur im Krankenhaus Richtung Ausgang ging. Seine Bewegungen waren langsam und jeder Schritt bedächtig gesetzt, mit großer Ruhe und Stärke dabei ausstrahlend. Das ist mir heute sehr stark in Erinnerung geblieben, obwohl ich Träume meistens nicht behalten kann."

Desweiteren folgt eine Nachricht von dem Heilpraktiker, der mir beziehungsweise uns *vom Himmel gefallen war* – wie so viele Menschen, die uns unterstützten und Uwe begleiteten. Er hatte fast täglichen ‚Kontakt' zu Uwe und alles getan, was in seiner Macht stand. Im Folgenden ein Text aus seiner E-Mail vom 3. Januar 2015, bei der es um ein Erlebnis während Uwes Todesstunden am 2. Januar 2015 ging, was der Heilpraktiker bewusst nicht wissen konnte:

„ ... Ich bekomme Antworten auf meine Fragen nahezu ausschließlich durch meinen Tensor. Nur – leider – noch viel zu selten werden meine Behandlungen intuitiv ausgewählt. Die Letzte war so eine. Ich habe den Tensor für Ihren Mann gar nicht in die Hand genommen, sondern mich einfach nur „verbunden". Ich kann auch nicht direkt etwas sehen (mein Verstand akzeptiert Bilder noch nicht und zweifelt vieles an), aber ich hatte ein Bild von Ihrem Mann vor mir, wie er unter einer dicken, dunklen Wolkendecke stand. In dieser Wolkendecke entstand dann eine kreisrunde Öffnung, die immer größer wurde. Durch diese Öffnung kamen von oben Strahlen, die ein bisschen wie goldenes und silbernes Lametta aussahen und Ihren Mann einhüllten. Ich hatte den Eindruck, dass viel Energie (Lichtwesen?) zugegen war.

Ich war einfach nur Beobachter und kann mich auch nicht mehr an alles erinnern, aber es war ein sehr schönes Gefühl und ich hatte den Eindruck, dass DEUTLICH etwas Positives geschehen ist."

Unserem Österreicher Thomas, *erschien* Uwe direkt nach seinem Tod und bedankte sich bei ihm und berichtete, „dass seine Zeit abgelaufen war" und Thomas jetzt das bekommen würde, was ihm noch fehle, dann kamen Engel, die sich in Thomas Chakren platzierten ... und vieles mehr!
Thomas sollte mir etwas ausrichten und so berichtete er mir sinngemäß: Uwes dramatischer Tod habe mir etwas sagen wollen, nämlich das Uwe nur für andere dagewesen sei, statt achtsam mit sich selber umzugehen. Weiter vermittelte er Thomas, dass sein Lebenssinn das Dienen und Unterstützen war und dass der Tod von Uwe mir etwas zeigen wollte und weiterhin will: nicht nur zu geben, sondern überdies für mich etwas zu tun und das an erster Stelle. Uwe galt mir als *Spiegel*, wie er Thomas durchgab.
Ich hatte das niemals SO gesehen und war dankbar diese Botschaft zu erhalten. Jedes Wort behütete ich meinem Herzen – bis heute.
Unabhängig voneinander hatten Thomas und ich die gleiche Nachricht erhalten. Dass seine Zeit abgelaufen war und sein Geist geheilt wurde. Gott sei Dank! „Alles ist gut so wie es gekommen ist", hatte Uwe Thomas noch mitgeteilt. So wie Uwe es ebenfalls mir sagte, wenn ich den Kontakt mit ihm pflegte und meine Unsicherheit zum Ausdruck brachte. Dieses war gleichbedeutend damit, dass sein Lebensprogramm- und plan erfüllt war! Ja, er hatte es geschafft, alles aufzuarbeiten und das, was noch nicht

gänzlich aufgearbeitet war, dafür bekam er nun Hilfe, um zu lernen, was es zu lernen galt.

Sieben liebe Menschen, von denen ich wusste – der sogenannte enge Kreis – taten für Uwe regelmäßig ihre Arbeit. Aus den E-Mails, die ich bekam, erfuhr ich, dass es weitaus mehr Personen waren, die Uwe halfen oder Tipps gaben. Sie alle waren DA!
Wir Sieben erkannten, dass Uwe geheilt worden ist. Nur nicht so, wie wir es uns gewünscht hätten, denn die körperliche Heilung trat nicht in Erscheinung. Aus einigen *Kanälen* wurde mir übermittelt, dass es sich hier um wahre Geist-Heilung handelte. Diese wertvolle Erkenntnis machte mich schier glücklich! Für uns alle war das ein wunderbarer Trost!
Wie bereits mehrfach von mir erwähnt, wurde in den vielen inneren Reisen ständig von „Heilung" gesprochen. Wenn wir gewusst hätten, dass Uwe tatsächlich stirbt, wäre der Verlauf vielleicht ein ganz anderer gewesen und wer weiß, ob wir das alles auf diese Weise ‚durchgezogen' hätten. Wir hatten vertraut, Uwe und ich hatten wirklich aus tiefstem Herzen vertraut, wie ebenfalls unsere gesamten Freunde. Waren wir wirklich enttäuscht im Sinne von getäuscht worden? Nein, denn wir hatten nur das Materielle, seinen Körper gesehen. Nicht aber das, was Heilung sonst noch bedeuten kann. Den Geist zu heilen, ist das oberste Gebot und viel wichtiger als den Körper zu heilen, der das Gefäß darstellt und vergehen wird. Die Seele, der Geist bleibt bestehen, auch nach unserem körperlichen Ableben, in welcher Dimension auch immer ... Der Körper ist nur unser ‚Schulanzug', den wir im Tod ablegen, es ist der Aggregatzustand der sich ändert – nicht mehr und nicht weniger.

Anfang Januar 2015 löste ich in einer Journey mit Engelbert unsere Ehe offiziell auf, mit dem Ziel unsere Versprechen, die wir uns bei der Eheschließung gaben, für die weitere Zukunft unwirksam werden zu lassen und auch hier noch einmal Uwe am Lagerfeuer ins Licht zu verabschieden. Wir gaben uns beide, während des Journey Prozesses, einander frei und wünschten uns Glück auf unseren von nun an getrennten Wegen. Unsere Ringe übergaben wir dem Lagerfeuer – in Liebe. Wir nahmen uns noch einmal in den Arm. Uwe trug dabei sein weißes, langärmliges T-Shirt und die blaue Haus-Jeans, seine Lieblingskleidung, die ich dem Beerdigungsinstitut für Uwe mitgegeben hatte, was mir jedoch erst nach der Journey bewusst wurde. Es war eine äußerst ergreifende Journey, so etwas wie „Trauung rückwärts", wie Engelbert bemerkte.

Mitte Januar ging ich wieder zur Arbeit. In dieser Zeit stand ich nach Feierabend an der Bushaltestelle und fragte gedankenversunken und mit offenen Augen: „Wie siehst du wohl jetzt aus, dort wo du jetzt bist?" Ich blickte unvermittelt nach oben und sah postwendend, wohlgemerkt mit offenen Augen, ein Bild vor meinem geistigen Auge gen Himmel, in dem sich Uwe mir als riesige Erscheinung zeigte. Ich sah ihn in einem strahlenden Licht, mit einem weißen langen Mantel bekleidet und einem Hirtenstab in seiner rechten Hand. Ich konnte es nicht genau erkennen, dennoch meinte ich ein Lächeln wahrzunehmen. Seither trage ich dieses Bild in meinem Herzen und es war genau die gleiche Erscheinung, die ich später in der Kirche, vorne in der Kuppel, bei Uwes Beisetzung erblickte. Dieses Bild oder eher diese ‚Erscheinung' ist von

Güte und Schönheit geprägt, wozu es darüber hinaus keine beschreibbaren Worte gibt.

Es gab viele Dinge, die so nach und nach in mich, wie kleine Tropfen, als Erkenntnis hinein rieselten, wie zum Beispiel auch die Tatsache, dass die Ärzte und Schwestern am Abend des 2. Januar 2015 verzweifelt versucht hatten, ein Medikament in Uwe zu injizieren (oder Blut zu entnehmen, laut Aussage meines Bruders) und die Resignation des Krankenhauspersonals sehr groß war, weil sie keine Einstichstelle fanden.
Meine persönliche Erklärung ist eindeutig und einfach: Uwe hatte *zu gemacht*! So etwas weiß man jeweils erst hinterher, dabei liegt es auf der Hand. Wie oft hatte ich das bei den Tieren erlebt, wenn für sie nichts am Bioresonanzgerät ‚testbar' war und ich erst später erkannte, dass die Seelen der Tiere ihre Entscheidung bereits getroffen hatten und sie kurze Zeit darauf verstarben.

Wir haben kein Recht, einen anderen ‚zurechtzustutzen'. Das war mir allezeit bewusst und soweit mir das möglich war, hielt ich mich daran. Jedoch erkannte ich jedes Mal wieder, wie schwer es ist, wenn man einen Menschen so sehr liebt, mit ansehen zu müssen, wie er in sein ‚Verderben' rennt, ohne die inneren Stoppschilder zu beachten, die auf dem Weg zu erkennen sind. Hierbei stellt sich die Frage: Ist Verderben tatsächlich das, was wir Menschen, mit unserem irdischen Denken sehen können? Dürfen wir das überhaupt beurteilen? Nein, natürlich nicht, denn wir würden über etwas urteilen, was uns nicht zusteht.
Wir legen oft unsere eigene Denkweise zugrunde, die meistens mit unserem Ego gekoppelt ist, was sich etwas

wünscht oder will. Ich für meine Person kann sagen, dass es mir bei Weitem nicht alle Tage gelingt, allumfassend zu denken, zu fühlen und zu lieben, insbesondere wenn ich emotional involviert bin.

Ich hätte Uwes innere Arbeit nicht für ihn tun können! Das habe ich gewusst und Uwe vermittelt. Uwe bestätigte mir das jedes Mal aufs Neue: „Du kannst mir nicht mehr weiterhelfen, das kann ich nur selber." Dennoch, hätte ich mir das manches Mal gewünscht, ja, ich habe hier und da versucht, für ihn seine Probleme zu lösen. Ich liebte ihn! Hierzu etwas von einem japanischen Zen-Meister – Kôdô Sawaki Rôshi – der für seine kraftvollen Aussprüche bekannt war. Seine Schüler ermahnte er gelegentlich mit dem Satz:

„Du kannst für keinen anderen einen Furz lassen – das muss der schon selbst erledigen."

Für mich galt es seit der Diagnosestellung zu akzeptieren, dass schwere Krankheiten eine positive Nebenwirkung haben, die sich in Reife und Erwachsenwerden zeigen. Mit diesen ‚tollen' Weisheiten versuchte ich mich ständig zu trösten, um nicht meinen Verstand zu verlieren. Uwe wurde, wie ich erleben konnte, „reif und erwachsen" und löste auffallend schnell und äußerst gründlich seine Lebensthemen und wie ich von ihm erfahren hatte, mehr und besser, als er gemusst hätte: „über mein Ziel sogar hinausgeschossen" …

Uwes Weg hinter dem Schleier

Es ist mir nicht möglich, in meinem Haus Wesenheiten zu *sehen*, nur unsere Tiere, insbesondere die Kätzin kann dieses. Sie ist jeweils, seit sie hier lebt, mein Hinweis auf im Haus anwesende Wesenheiten. Bei mir sind einige Kanäle noch(?) verschlossen, nehme nur wahr und fühle oder höre Uwe in mir.

In einem meiner abendlichen Kontakte, die ich in der ersten Zeit, nach dem Ableben von Uwe hatte, wünschte ich mir, zu wissen wo er war und was er tat. Mir wurde daraufhin mitgeteilt, dass Uwe ein hoch entwickeltes Wesen ist und irgendetwas mit Mensch, Tier und Pflanze, sprich, mit der Natur zu tun hat. So ganz begriff ich das jedoch nicht, um was es sich genau handelte. Dazu sagte mir eine ältere Dame aus Österreich mehr. Ich machte ohne besonderen Grund einen Termin mit ihr, auf Empfehlung von Thomas, meinem österreichischen Seelenfreund. Diese Frau ist Medium, was mir damals unbekannt war und sich erst im Verlaufe unseres Gespräches herausstellte, denn sie fragte mich ganz offen und aus heiterem Himmel: „Möchten Sie irgendetwas über ihren Mann wissen?" Und ob ich das wollte! Nur war ich so perplex, dass mir aus dem Stegreif keine Frage einfiel. Schon redete sie drauf los: „Ihr Mann ist in der siebten Dimension." Mir ging das Herz auf, denn das bedeutete tatsächlich, dass er *im Licht*, ja, von Anfang an *aufgestiegen* war. Weiter berichtete sie mir: „Er lehrt und unterrichtet Seelen, die nicht wissen, was es mit der Erd- und Naturverbundenheit auf sich hat und nichts über Mutter

Erde, Tiere und Pflanzen wissen. Es geht ihm sehr, sehr gut und da ist so viel Freude!"

Lao Tse sagt: „Wenn ich loslasse, was ich bin, werde ich, zu dem, was ich sein könnte." Uwe war auf dem Weg zu werden, was er sein könnte und offenbar sollte. Er würde im *Jenseits*, sein gesamtes Potential entfalten können und ein neues Leben beginnen. Wie ich in meinen Kontakten mit Uwe erfuhr, schien es genau SO zu sein! Mein Herz sprang vor Freude, denn das war es, was ich nicht genau verstanden hatte, weil es sich jenseits meines begrenzenden Verstandes abspielte, als Uwe es mir versuchte zu erklären.

All das entsprach meinem tiefen inneren, oftmals verdeckten Fühlen. Ich war so unendlich dankbar, dass diese Informationen mir jetzt aus einer völlig unabhängigen Quelle mitgeteilt und bestätigt wurden.

Agnihotra Feuer

2012 bekam ich von einem meiner Workshop-Teilnehmer eine fertige Klarsichtmappe überreicht: „Die ist für dich, ich habe sie für dich gemacht." Ich bedankte mich und staunte über diesen Vorgang. Da ich das Leben kenne und nur zu gut weiß, wie es zu uns *spricht*, setzte ich mich am Abend mit Uwe hin und wir lasen die vielen Seiten sehr aufmerksam durch. Wir waren beide fasziniert. Es ging um „Agnihotra-Feuer", davon hatten wir bisher nie etwas gehört. Wir fühlten uns sehr berührt von dem, was es dort zu lesen gab. Umgehend bestellten wir darüber ein Fachbuch, besuchten einen Vortrag und ließen uns aufklären, was es mit diesen alten vedischen Feuer-Zeremonien[14] auf sich hat.

Zum ersten Mal erlebte ich, dass eine Angelegenheit zu Uwes ‚Ding' wurde. Ohne eine Empfehlung von mir, las er alles, was es darüber zu lesen gab und wir kauften, was wir zum Agnihotra-Feuer benötigten. Mit einer erstaunlichen Akribie und Disziplin fing Uwe an, täglich bei Wind und Wetter, draußen bei Sonnenuntergang, die Agnihotra-Feuer vorzubereiten und durchzuführen, manchmal allein und ganz bei sich, manchmal mit mir gemeinsam.

Die Essenz der Zeremonie ist, sich mit Mutter Erde zu verbinden und aus Liebe zu ihr und als ein Zeichen, dieses Feuer durchzuführen. Die Nebeneffekte haben weitrei-

---

[14] Wer mehr darüber wissen möchte:
http://www.homa-hof-heiligenberg.de/index.php?lang=de

chende Auswirkungen in einer großen Vielfalt und von unschätzbarem Wert, die in der zugehörigen Literatur genau beschrieben sind. An dieser Stelle darauf einzugehen, würde den Rahmen sprengen und ist hier nicht das Ziel.

In den Sphären, in denen sich Uwe jetzt befindet und bei dem, was er nun tut, sehe ich einen großen Zusammenhang indem wie er lebte, wenn es um die Natur ging, wie er sich mit ihr verbunden, sie geachtet und jedes Leben rettete, nichts vernichten oder gar töten konnte, gleichgültig ob Spinne, Wurm oder Fliege. Uwe war der Inbegriff von „Naturverbundenheit" – seit ich ihn kannte.

Welch ein Segen für mich zu erfahren, dass Uwe JETZT seine Fortsetzung und Vollendung erfahren darf.

Hierzu aus meiner Abschlussmail an alle:

„… Uwe gebührt meinerseits TIEFSTE Verehrung und ich verneige mich vor ihm, bei dem, was er in den letzten Monaten geleistet hat. Er wird immer ‚mein Diamant' bleiben und ich habe das Gefühl, dass er eine große Aufgabe bekommen wird."

Unvorhergesehene Informationen die mir Anfang 2016 zugetragen wurden

Uwe und ich waren seit Anbeginn der Zeit zusammen. Engelbert rief irgendwann an und berichtete mir: „Ihr seid wirklich EINS!" Er hatte eine innere Reise mit einer Journey Kollegin gemacht, die Uwe und mich bereits in dem ‚versunkenen' Lemurien – bei linearer Zeitrechnung, vor Atlantis – *sah*. Sie konnte uns nur in einem bestimmten Bewusstseinszustand auseinanderhalten und sagen, ob es sich bei uns um ein oder zwei Personen handeln würde, da wir ständig hin- und her switchten, mal waren wir EINS, dann standen wir wieder hintereinander.

Engelbert spricht niemals über persönliche Inhalte aus Journeys mit anderen Menschen! Wir haben alle Schweigepflicht, es sei denn, dass uns jemand davon entbindet. Weitere Details, die Persönliches in dieser Reise enthielten und nur die betroffene Person angehen, hätte er mir nicht mitgeteilt. Aus Engelbert war lediglich die Information, Uwe und mich betreffend, herausgesprudelt, weil er darüber so erfreut war und mich daran teilhaben lassen wollte.

In diesem Zusammenhang liegt mir am Herzen zu vermitteln, dass ich für die Wiedergabe der inneren Reisen in diesem Buch Uwes *Einwilligung* erhalten habe.

Die Information von Engelbert nahm mir in meiner Trauerphase Lasten von den Schultern, denn ich habe

viele Monate versucht, Uwe aus mir regelrecht herauszureißen, alles durchzuschneiden, ihn fast zwanghaft auf allen Ebenen loszulassen, was mir äußerste Energie abverlangte. Ich schaffte es nur bedingt. Die Liebe blieb und BLEIBT! Dass dieses Bestehenbleiben solch tiefer Empfindungen so sein darf, habe ich erst mit der einhergehenden Nachricht von Engelbert wirklich verstanden.
Demzufolge tauchte in mir die tiefe Gewissheit auf, dass wir *damals* in Lemurien bereits miteinander *verschmolzen* sind und hier vielleicht begründet war, dass ich mir dieses erneute Einssein in dieser Inkarnation mit Uwe, so sehr wünschte. Zusehends wuchs in mir diese innere Gewissheit heran: Ja, wir hatten die Verschmelzung bereits erlebt, der Zustand den wir gemeinsam im Hier und Jetzt von neuem und bewusst verspüren wollten. Wir waren bereits damals tatsächlich EINS – sind es noch – und werden es immer sein.

Was nach dem Bericht von Engelbert in mir geschah, fühlte sich nach Befreiung und Fallenlassenkönnen an. Mit dieser für mich lebenswichtigen Information konnte ich jetzt dieses zwanghafte Loslassen-WOLLEN – diese Gewaltanwendung und Selbstvergewaltigung meiner tiefen Gefühle zu Uwe – endlich loslassen.

Alles ist gut wie es ist und darf da sein. Ja, wir sind EINS ... und die Zeit wird ganz von allein heilen, was in mir zu heilen ist. Mit dem Wollen und Müssen darf ich nun aufhören! Und so kann auch zukünftig meine Achterbahn der Gefühle und Emotionen, von Liebe, Verzweiflung und Zuversicht an Fahrt abnehmen oder wiederum zunehmen – ganz wie es zur Heilung meiner Seelenwunden erforderlich ist. Ich kann und darf alles zu seiner Zeit geschehen lassen, ohne dass ich gegen vielleicht aufkommende, gefühlte Widerstände zwanghaft ankämpfen müsste.

Da ist sie wieder, die Dankbarkeit und Demut, die mich erfüllt und die ich sehe – in allem was bereits geschah – in allem was noch geschehen wird.

Das Leben geht oftmals eigenartige Wege, wenn es um die Weiterentwicklung von uns Menschen geht und so wird es mir tatsächlich gelingen, die Kunst von Trauer in Dankbarkeit zu wandeln und sie zu verinnerlichen ...

# 3. Teil

Mein Leben danach – die Liebe stirbt nie

Mein Leben danach

Konfuzius ließ mich, während einer inneren Reise kurz nach Uwes Tod, wissen: „Schau nach vorne, nicht zurück." Leichter gesagt, als getan. Die erste Zeit nach Uwes Ableben war voll mit Vergangenheit und Vergangenheitsbewältigung.

Ich bin allein, endgültig ALLEIN! Der Verstand weiß darum, mein *Bauch* jedoch nicht und das wird noch lange so bleiben – so sehr ich mich bemühe es zu begreifen.

Erschwerend zu meiner Situation kommen die Behörden auf mich zu, denn es gibt kein Testament. Außerdem ist ein Stammbuch der Großeltern unauffindbar. Formulare über Formulare schneien ins Haus, so dass ich eine regelrechte Briefkasten-Phobie bekomme. Dieser Briefluss wird nach circa drei Monaten glücklicherweise weniger.

Wenn die Kollegen sich an den Freitagen mit den Worten: „Ein schönes Wochenende!" verabschieden, dreht sich mir der Magen. Je schöner das Wetter ist, umso mehr weine ich, wenn ich auf dem Nachhauseweg im Bus sitze. Der Garten ‚ruft', insbesondere bei schönem Wetter und der Verlust gemeinsam unsere Wochenenden zu verbringen, schaufelt in mir tiefe Gräben.

Freunde und Kollegen müssen mich aushalten. Und manchmal werde ich den Eindruck nicht los, dass die Menschen von mir erwarten, dass ich möglichst schnell wieder ‚die Alte' werde, die ich nie wieder werden KANN. Ich soll möglichst schnell wieder funktionieren. Ich bin keine Sache, die kaputt war und lediglich einer Reparatur bedarf, das gelingt so nicht. Wie oft höre ich: „Du musst dich ablenken und weg gehen, raus gehen!" und vieles mehr. Dieser gut gemeinte Rat ist nicht mein Weg, denn es würde bedeuten, dass ich mich von mir entferne, mich von mir selbst ablenke, während ich dabei bin einen Schritt, ja, viele Schritte auf mich selber zuzugehen, mich selber besser kennen zu lernen – das Gegenteil von Ablenkungen.

Der Tod eines nahestehenden Menschen reißt eine tiefe Wunde und hat immer einen tiefen, rätselhaften Grund für alle Beteiligten. Keiner kann sagen, wie lange es dauert, bis die Wunde verheilt – es gibt Wunden die niemals heilen. Erlebe ich so etwas gerade selber?

Im Frühjahr bricht mein Organismus zusammen und ich rufe meine Therapeutin an, die Uwe und mich aus vorangegangenen Jahren gut kennt. „Sie brauchen keine Therapie. Sie sind so eine starke, taffe Frau, sie schaffen das allein", höre ich am Telefon ihre freundliche Stimme und alles schreit in mir „Nein!" Ich bestehe auf eine Terminvereinbarung mit ihr und das ist gut so, denn ich benötige akut fachlichen Beistand. Als sie mich sieht, ist sie offenbar sehr erschrocken und da ich nach meiner Krankschreibung wegen eines Tennisarmes, der nicht ausheilen will, wieder arbeiten gehen möchte, redet sie mir derart ins Gewissen, dass ich begreife, dass ich tatsächlich nicht arbeitsfähig bin. Sie fragt mich ob ich keine Freunde und keinen Spiegel zu Hause habe. „ ... da ist nichts mehr mit zusammenreißen,

da ist nichts mehr, was sie zusammenreißen könnten, weil da keine Energie mehr ist." Mit harten und klaren Worten öffnet sie mir die Augen, was offenbar in diesem Augenblick erforderlich ist.
Dabei fallen mir Uwes Worte ein, die er mir gegenüberständig und eindringlich äußerte: „Pass auf dich auf. Es gibt keinen wichtigeren Menschen als DU selbst, die Gesundheit ist das Höchste."
Als wenn ich das nicht wüsste! Diese Worte aus SEINEM Mund zu hören, war mir damals völlig neu. Ja, es ist so: Wenn wir selber ‚im Pudding' stecken, sind wir betriebsblind. Es ist dann erforderlich, dass jemand anderes mit drauf schaut.
Wie oft hatte ich ihm gesagt: „Du musst dich um dich selbst kümmern und dein Leben leben." Tja, so kann es gehen, momentan geht dieser Satz an meine eigene Adresse, das Blatt hat sich gewendet ...

Mit vielen Aspekten meines Lebens komme ich nicht zurecht, es fällt mir schwer in „Ich" und „Mein" zu denken und zu sprechen. Das „wir" und „unser" ist tief in mir verwurzelt. Alles wirkt fremd und neu. Ein In-die-Situation-hineinwachsen beginnt ganz langsam und im Verlauf von langen Monaten, die vor mir liegen. Egal, ob es sich um innere oder äußere Belange handelt. Zum Beispiel hat Uwe immer unseren Papierkram abgearbeitet und geordnet und hatte hierbei einen völlig anderen Ordnungssinn als ich. Schier unüberwindliche Berge türmen sich vor mir, die es zu bewältigen gilt, egal in welche Richtung ich schaue, egal in welchen Lebensbereichen. Ich fühle mich völlig überfordert!

So gut es mir in der ersten Zeit nach Uwes Tod ging – jedenfalls seelisch – umso mehr bemerke ich nun, dass sich das ändert und ich bin über diesen Verlauf äußerst betroffen.

Es schleicht sich ein tiefes inneres Loch ein, was ich nur zu deutlich fühlen kann und das heißt: „Wofür und für wen?" Die Vernachlässigung von Garten und Haushalt, ist in vollem Gange, selbst die Pflege meines Körpers. Außerdem esse ich kaum noch und erwische mich bei äußerst krummen Gedanken, meinem Leben ein Ende zu setzen, denn „Wofür und für wen?" steht spürbar im Raum – wenn da nicht meine Katzen wären ... ich trage Verantwortung für beide und beide sind nicht gesund, wer würde sie versorgen? Wo kämen sie hin?

Letztlich raffe ich mich mit einem großen Energieaufwand auf, diese krummen Gedanken zu canceln. Gut so! Dieser Schritt fordert von mir eine Menge an Stärke, Mut und Entschiedenheit. Es fühlt sich an, als wenn ich mich mit letzter Lebenskraft wieder ins Boot ziehen würde, wobei die schwere, nasse Kleidung, die ich trage, mich jederzeit und ganz leicht wieder ins Wasser befördern könnte ...

Irgendwo hatte ich etwas gelesen und diese Worte tauchen immer wieder in mir auf: „Der Schlüssel zum Glück ist der, dass in jedem Verlust ein Gewinn steckt, nämlich der Gewinn des Verlustes" ... ich kann meinen Gewinn nicht sehen, so sehr ich mich auch bemühe, dabei ist es hierfür, wie sich zeigen wird, viel zu früh.

Ich darf mich nicht überfordern, lerne mir Zeit zu geben, was schwer fällt. Das Thema Geduld hat mich seit jeher in meinem Leben begleitet und gefordert. Geduld ist eines MEINER Lebenspfeiler, eine Eigenschaft die Uwe endlos zur Verfügung stand, sie mir spiegelte und vor lebte.

Wenn ich in den Garten blicke, bricht mir das Herz. Uwe liebte ihn so sehr! Werde ich dort zukünftig allein sitzen? Das frage ich mich immer und immer wieder. Der Gedanke daran erscheint mir unerträglich. Wie gern beobachtete er die Frösche, Schnecken oder Molche in unserem wunderschönen Teich mit den vielen Pflanzen. Manchmal saß Uwe, ganz für sich allein, auf einer der Terrassen und genoss den angrenzenden Wald, die Natur mit den Tieren, die Rehe, welche bis an unseren Zaun kamen und dort verweilten oder die Glühwürmchen, die um die Zeit der Sonnenwende zu hunderten erschienen. Bei diesen Betrachtungen und in diesen Augenblicken versank Uwe tief und sprach stets über seinen Herzenswunsch an meiner Seite alt zu werden und dieses Paradies gemeinsam mit mir genießen zu können.

All diese Gedanken schmerzen mich, sie sind fast unerträglich! Manchmal ertappe ich mich dabei, im Wohnzimmer hin und her zu gehen, mit den Fäusten vor die Wände zu schlagen, um einen anderen Schmerz zu spüren als den, der in mir ist und mich gänzlich auszufüllen scheint. Ich weiß nicht wohin mit meinen Gefühlen, die mich in Wellen wie eine gewaltige Lawine regelrecht überrollen.

Was hatten wir in der Journey Ausbildung gelernt? Wenn der Schmerz so groß ist, dass wir glauben ihn nicht mehr ertragen zu können: „Öffne dich, mach dich weiter auf, öffne dich ganz in den Schmerz hinein und fühle den Schmerz." Ich tue es, immer und immer wieder und ‚brenne den Schmerz durch', so lange, bis es mir vielleicht irgendwann einmal besser geht – und bis zum nächsten Mal ... Die Hoffnung auf Besserung stirbt auch hier zuletzt und hält mich aufrecht und wach.

Es ist mir nicht möglich, die vorgekochten und eingefrorenen Mahlzeiten zu essen, die ich für Uwe und mich vorbereitet hatte. Verwunderung überkommt mich, wenn ich bemerke, dass mit dem Gedanken an eine bestimmte Speise diese Übelkeit auftaucht und bei anderen Gerichten nicht. Und so benötige ich eine Weile, um zu erkennen, dass mein Essverhalten, mit ihm in einem direkten Zusammenhang steht. Jedes Mal, wenn ich eine Portion zum Auftauen aus der Tiefkühltruhe heraushole und daran denke, sie zu mir zu nehmen, wird mir übel und ein Würgegefühl sucht mich heim. Ich verschenke all die vielen Speisen. Noch heute fällt mir der Verzehr von Lebensmitteln schwer, von allem, was Uwe gern aß.

Nachts schlafe ich nicht, erst gegen Morgen. Manchmal wird es 6:30 Uhr bis ich einschlafe. Immer und immer wieder stehen die Bilder vor mir: die letzten drei Monate in der Klinik, der Silvester, Uwes aufgerissene klare Augen, bei meinen letzten Worten. Zahlreiche Geschehnisse laufen mir Nacht für Nacht über die Bettdecke. Ich schrecke oftmals von meinem eigenen Schreien und

Stöhnen hoch. Ich empfinde es wie ein Ventil, durch das sich der Überdruck des unerträglichen Schmerzes befreit.

Ebenso gibt es wunderbare Momente nach Uwes Tod. Einige Menschen melden sich, die mir „unter die Arme greifen möchten". Dieses Erleben fühlt sich tatsächlich an, als würden *Engel vom Himmel fallen*, denn es ergeben sich Hilfestellungen, mit denen ich nicht im Entferntesten rechne.

Dany, meine Freundin, schreibt mir eine E-Mail dazu, ohne dass sie zu diesem Zeitpunkt weiß, dass ich diesbezüglich ein Wunder nach dem Anderen erlebe:

„Durch das ‚Nach-Hause-Gehen' von Uwe wird Dir nun vermehrt die Erfahrung zuteil, dass alles, was Ihr an Liebe ausgesät habt, nun auf unterschiedlichen Ebenen um ein Vielfaches zurückkommt – und das in vollem Umfang anzunehmen, ist eine Herausforderung.

Neben der Trauer um den geliebten Menschen ist das eine wundervolle Erfahrung."

Nie habe ich gelernt, um Hilfe zu bitten, nie habe ich gelernt, Hilfe anzunehmen. An dieser Stelle erkenne ich eine weitere Herausforderung! Dankbar erfasse und weiß ich, dass derzeit eine Umsetzung in meinem Leben erforderlich ist: bitten, fragen, annehmen.

In meinem eigenen Leben fühle ich mich völlig fremd. Es liegt wie in Einzelteilen vor mir. Ich darf jetzt ganz neu entscheiden, wer ich sein will und wer und was noch in mein neues Leben passt oder nicht mehr passt. Nur wie

soll es eigentlich weiter gehen? „Wie soll mein Leben weitergehen?" Das ist die Tag und Nacht in mir flehende und bohrende Frage, die ich beständig und oft verzweifelt gen Himmel richte. Ich weiß es nicht, öffne mich in die Leere, denn nur so kann und darf Neues entstehen. Der Zeitpunkt, wann etwas Neues geschieht, steht jedoch in den Sternen. Ich brauche Zeit, sehr viel Zeit!
Mein ganzes Leben habe ich mir gewünscht, Zeit für mich zu haben, für mich ganz allein. Nie hätte ich mir träumen lassen, dass dieser Wunsch auf diese unglaubliche Art und Weise erfüllt wird. Diese Möglichkeit birgt eine Sternstunde und Chance! Vom Kopf her weiß ich das, aber fühlen und umsetzen ist mir derzeit noch nicht möglich – im Gegenteil – ich hadere mit all dem was ich in meinem Leben lernte und mir an Wissen aneignete, stelle alles in Frage, würde am liebsten ‚alles schmeißen'. In mir schreit jedoch dazu ein kräftiges NEIN!

Da mein ‚bester Mitarbeiter' verstorben ist, melde ich meine Tierheilpraxis ab. Uwe war ein Genie, wenn er mit den Seelen der Tiere einen Kontakt herstellte, mir zum Beispiel anatomische Zusammenhänge erklärte, wovon weder er noch ich über entsprechendes Wissen verfügten. Wir waren ein wunderbares Team und das in vielen Lebensbereichen. Nur sehr selten waren wir uneinig, ich kann mich kaum an entsprechendes erinnern.

Über einen längeren Zeitraum erhalte ich die *Kontakte* zu Uwe aufrecht. Ich wünsche mir sie weniger werden zu lassen und Fragen meiner eigenen Seele zu stellen und beantworten zu lassen, mit ihr ist ein Kontakt genauso möglich und ich möchte Uwe weitestgehend nicht *stören*!

Bemerkenswert ist jedoch, wie präsent Uwe hier im Haus und in mir ist und bleibt – auch heute noch und ohne dass ich dieses Geschehen forciere. Von *sehenden* Besuchern wird er wahrgenommen.

Von Anfang an frage ich mich, ob ich offen für eine neue Beziehung bin, was ich ganz klar mit JA beantworten kann – wie auch immer so etwas aussehen mag. Ich öffne mich hierfür, wobei ich einen Zeitpunkt nicht fest lege. Wozu? Jedoch gilt es, als Voraussetzung für eine neue Beziehung, gegenwärtig zu klären, was genau in meinem Alleinsein für eine Aufgabe liegt, bevor etwas Neues beginnen darf. Und schon erscheint in mir die Frage ob ich für einen neuen Partner überhaupt ‚zumutbar' bin? Wird Uwe nicht allezeit zwischen einem Partner und mir stehen, weil ich selber gar nicht zulassen möchte, dass es anders sein könnte? Sowas nennt man blockieren! Es ist immer wieder schön zu erkennen, wie leicht es ist, bei anderen hinzusehen und die Lösungen präsent zu haben. Wenn es dann ans eigene ‚Eingemachte' geht, wird das schon schwieriger und erscheint manchmal unmöglich.

Ständig forsche ich nach dem Sinn derzeit allein zu sein und was es für mich in dieser und den vielen anderen Angelegenheiten zu bearbeiten gibt. Ich kann den Grund nicht entdecken – ihn nicht auf decken, sondern nur erahnen und so kontaktiere ich erneut die ältere Dame in Österreich, um mir auf die Sprünge helfen zu lassen. Vielleicht kann ich mit ihrer Hilfe *erkennen*, was mir selber schwer fällt. Ich bitte sie von außen auf mein Geschehen zu *schauen*, um mir Aspekte aufzuzeigen, die für mich selber unsichtbar sind. Außer meinem Namen hatte ich ihr zu keiner Zeit etwas von mir erzählt.

Zunächst berichtet sie mir wieder von Uwe, was mich tief berührt: „In ihrem Mann ist sehr viel Freude. Wehmut möchte er jedoch nicht, das bremst ihn", höre ich sie am Telefon berichten. Ihr ist jedoch auch klar, dass ich Wehmut nicht von jetzt auf gleich abstellen kann wie einen Fernseher. Weiter erklärt sie mir, dass in unserer Ehe eine gewisse Abhängigkeit bestand. Ich solle mich jetzt als Einzelwesen sehen, autark sein, selbständig, mein Leben bestehen – dies sei meine Aufgabe von nun an.

Gerade in den letzten Wochen, denke ich häufig in diese Richtung, bin also auf dem Weg zu mir hin, ja auf der richtigen ‚Spur'. Mir wird in einigen Situationen bewusst, dass ich – allein auf mich gestellt – durchaus lebensfähig bin. Dieser stetige Prozess wird für mich langsam und schrittweise klarer und transparenter.

Gehörte das zu meinen Impulsen, wenn ich Uwe bat, mir technische Vorgänge zu erklären, damit ich diese ab und an hätte allein durchführen können?!

Die Dame erklärt mir weiter, dass ich Qualitäten besitze, die von mir noch gar nicht entdeckt und nie genutzt wurden. Es ist noch einiges verschüttet, weil immer jemand da war, der alles erledigt hat, was ich nicht bewerkstelligen konnte und was es zukünftig gilt anzugehen – ohne Wehmut sondern mit Mut.

Gerade an diesem Tag habe ich voller innerer Freude und Stolz die Teichpumpe auseinander und wieder zusammen gebaut, sie zum funktionieren gebracht.
Weiter höre ich am Telefon, dass in meinem Leben zuerst Uwe war und nun das JETZT ist, welches einige Edelsteine für mich bereit hält. (In mir fühlen sich diese „Edelsteine" eher nach Ziegelsteinen an!) Nach unserem Gespräch ist mir wohler. Das Medium bestätigt mir, was längst in mir ist. Ja, es verhält sich genau so: Zum ersten Mal bin ich für mein eigenes Leben und für mich selbst ganz allein verantwortlich. Ob ich mich dazu beglückwünschen kann, weiß ich noch nicht so recht.
Wir hatten in unseren vielen gemeinsamen anderen Leben mehrfach symbiotische Beziehungen, weil wir Seelenpartner sind. Hieraus gilt es sich zu lösen, welches über Dankbarkeit und Liebe geschehen kann.

Nur sehr selten sahen Uwe und ich fern, was sich in meiner derzeitigen Situation gerade nicht ändert. Lesen ist mir nicht möglich, weil ich nicht aufnahmefähig bin. Also sitze ich Abend für Abend und ‚arbeite' mit mir allein, denn als Ergebnis scheint diese innere Arbeit meinen weiteren Weg Schritt für Schritt zu offenbaren.

Mich quält die Einsamkeit. Grenzenlose Leere entsteht, ich fühle sie, bin ganz bei mir, denn ich weiß, es ist die Vorstufe des Neuen, was kommt. Das Neue kann ich jedoch noch nicht fühlen und scheint in weiter Ferne zu sein. Zweifel befallen mich. Wird es überhaupt Neues geben? Kann ein Leben auch stehen bleiben? Natürlich nicht, dennoch frage ich mich das, weil meine Vorstellung nicht ausreicht eine lebenswerte Zukunft zu kreieren.

Da ich ein Mensch bin, für den Geduld ein Fremdwort ist, geht mir mein Weiterkommen nicht schnell genug und ich werde in diesem aktuellen Lebensbereich erfahren, dass es zu lernen gilt: Beschleunigung ist nicht möglich! Durch meine Ungeduld, mein Ego und „Ich will", schiebe ich manches, was Erfüllung bedeuten könnte, immer weiter von mir weg. Die durchaus umsetzbare Lösung lautet an dieser Stelle: Geduld, geschehen lassen, jegliches Loslassen von meinem Willen. Brandon erklärt das so: „Wenn du im Meer versuchst den Rettungsring mit deinen Händen zu angeln, der ganz nahe vor dir auf den Wellen gleitet, schiebst du ihn mit jeder hastigen Bewegung weiter von dir weg, statt Ruhe zu bewahren, dich den Wellen hinzugeben und dich in Richtung des rettenden Ringes gleiten zu lassen und dabei gänzlich im Vertrauen zu sein."
Bei diesen hilfreichen Gedanken wird mir klar, dass ich eher zu den hastig paddelnden Menschen gehöre und mich wundere wenn der ‚rettende Ring' immer weiter in die Ferne entschwindet. Dabei ist es gleichgültig, um was es sich handelt.

Immer öfter fühle ich in mir nun wieder, wie in den ersten Tagen nach Uwes Tod, das Gefühl der Dankbarkeit. Wenn dieses Gefühl in mir auftaucht, bin ich in absoluter Ruhe und völlig gelassen. Meine Dankbarkeit führt mich zu unseren gemeinsamen und wunderbaren Kreuzfahrten, die wir liebten. Wir erlebten sie miteinander, bevor wir unser Haus kauften. Mehrfach begegneten uns dort ältere Menschen, die uns ansprachen und bemerkten: „Ihr seid schlau, ihr reist in jungen Jahren. Viele verschieben das auf später und man kann nie wissen, was später ist und ob ihr dann körperlich noch in der Lage seid diese großen Reisen zu bewältigen." ... wie wahr! Häufig erinnerten wir uns, in all den Folgejahren, dankbar an diese grandiosen, oftmals exotischen Reisen und bemerkten, dass sie tief in unseren Herzen verankert waren. Wir wussten beide, dass wir diese Art von Erfahrung über den Tod hinaus *mitnehmen* würden ... ist das wohl so?

Wir begaben uns nach dem Kauf unseres Hauses nie wieder in einen Urlaub, der uns auch zu keiner Zeit fehlte.

Mein Kräfteverfall will kein Ende nehmen, die Bearbeitung meines inneren Prozesses scheint mir alles abzufordern. Was an Energie durch Nahrungsaufnahme in mich eindringt, wird deutlich nicht für körperliche Kraft benötigt, sondern für andere innere Vorgänge. Ich lernte in der Journey Ausbildung: „Die Intelligenz unseres Körpers weiß, was zu tun ist." So auch hier.

Um zu sagen: „Ok, das ist jetzt schlimm, ich stehe trotzdem auf, denn draußen scheint die Sonne", dazu benötige ich Kraft. Der gute Vorsatz allein, richtet hierbei nicht viel aus. Will ich überhaupt aufstehen? Meine konstruktiven Gedanken, die sich ab und zu zeigen, tatsächlich in die Tat umzusetzen, stellt sich als nicht so ganz leicht dar.

Äußerst selten mochte ich in der Vergangenheit Schokolade und im Allgemeinen nahm ich wenig Süßes zu mir. So etwas hatten wir gar nicht im Haus. Ich brauchte Süßigkeiten nicht. Uwe hätte sich davon ernähren können und so wollte er nicht, dass wir die Schränke damit füllten.

Als der Appetit sich nach einiger Zeit bei mir meldet, kaufe ich Taschen voller Süßigkeiten und etliches an Eis für mehrere Tiefkühlschubladen. Augenscheinlich gleiche ich damit meine Energiedefizite aus, was so nicht funktionieren kann. Im Übrigen stelle ich mir vor, auf diese Weise mein altes Gewicht wieder zu erlangen. Folglich vertilge ich jede Nacht, wenn ich mangels Schlaf aufstehe, drei bis vier Schokoladeneis am Stiel mit Mandeln – nachdem ich als Nachtisch vom Abendessen bereits erhebliche Mengen an salzigem im Wechsel mit süßem Zeug, in mich ‚hinein geschaufelt' habe. Ich nehme nicht zu, da ich offenbar einen gehörigen Stoffwechsel habe. Eine leichte Gewichtszunahme erfolgt erst ein Jahr später.

Jeder Tag stellt für mich einen Kampf dar und jeder Abend und all die Nächte sind eine einzige Herausforderung. Es gilt mein Leben, mit ausbleibender Kraft, zu organisieren – ohne Auto. Jede Entscheidung muss ich ALLEIN treffen, Handwerker ja oder nein, sämtliche finanziellen und behördlichen Vorgänge allein regeln. Ich tröste mich damit, dass Millionen anderer Weggefährten das auch müssen, wenn sie ‚übrig bleiben'. Und was die können, kann ich auch – also weitermachen!

Es gelingt mir in vielen Bereichen nicht, einfach geduldig geschehen zu lassen – schon gar nicht in äußeren Bereichen und darum gehe ich hier gern in die Aktivität. Daher kommt mir das Frühjahr und die Gartenarbeit unseres großen Grundstückes recht gelegen und ich nehme mir vor, nur für echte ‚Männerarbeit' um Hilfe zu bitten. Alles andere teile ich mir ein und genieße dabei die Bewegung und die frische Luft. Ich stoße schnell an meine körperlichen Grenzen, muss lernen, alles in Ruhe und ganz langsam abzuarbeiten, da oft schon nach ein paar Minuten die Kräfte streiken … und das bei meinem entgegengesetzten Naturell, was gewöhnt ist immer schnell, schnell, wusel, wusel, Unmengen an Arbeit wie im Akkord zu erledigen und das mit heller Freude und Begeisterung. Auch an dieser Stelle heißt es Geduld mit mir zu haben und achtsam zu sein!

Uwe ist allgegenwärtig! Das *fühle* ich sehr genau. Zum Beispiel erlebe und vernehme ich jedes Mal, wenn ich Unkraut ausstechen möchte, ja, nur den Versuch starte, eine laute Stimme mit einem strikten und strengen „Nein!", direkt mit Erklärung und dem dazugehörigen Gefühl, was die gerade Pflanze fühlt … Toleranz mit Unkraut scheint hier das Ziel zu sein. Die erhaltene *Nachhilfe* nehme ich innerlich schmunzelnd und kopfschüttelnd zur Kenntnis – na super – Löwenzahn soll stehen bleiben! Uwe meistert seine Aufgabe in Sachen „Natur" und „unterrichten", offensichtlich recht erfolgreich.

Mir wird nach und nach klar, dass ich einiges an Erleichterung für die Gartenarbeit benötige und so entsorge ich den schweren Benzinrasenmäher, ihn zum Anspringen zu bewegen, schaffe ich gerade nicht. Viele Gartengeräte, die mich entlasten, werden von mir angeschafft. Ich bestelle online in Hülle und Fülle, wobei mir die Dinge schnell und bequem direkt vor die Haustüre geliefert werden. Oftmals bleibt mir ein, mit dem Bus in die Stadt fahren, um dann nicht mehr zu wissen, wie ich es nach Hause schaffen soll, auf diese Art und Weise erspart.

Eine große Holzlieferung wird fällig – oh graus! Ich bestelle das Holz und finde Nachbarn, die mir helfen, es in den Garten zu schleppen, damit ich es dort im Holzunterstand, unterbringen und stapeln kann. Der Holzunterstand, den Uwe baute, ist über zwei Meter hoch und rund vier Meter lang. Was dort nicht mehr hinein passt wird in die Garage geschafft. Hierbei und bei zahlreichen anderen Angelegenheiten entwickle ich zum ersten Mal in meinem Leben Muskulatur an den Oberarmen. Dabei erziele ich natürlich keine wirkliche Verbesserung meines schmerzenden Tennisarmes, den ich seit dem Frühjahr habe, mittlerweile beidseitig. „Überlastung", waren die Worte des Arztes, was auch sonst ... Jeder Handgriff tut weh und brennt in den Ellenbogen – bis heute.

Spaßig wird es, wenn ich im Herbst, wie jedes Jahr den hohen Bambus und die Bäume beschneiden werde. Ich bekomme Angst. Angst vor dem, was ich in meinem Leben noch alles allein bewältigen muss ... Es wird schon klappen – irgendwie – dessen bin ich mir sicher. Dennoch fühle ich mich manchmal regelrecht erdrückt, von dem, was alles noch vor mir liegt – Tätigkeiten, die ich noch nie gemacht habe oder wenn sie umfangreich waren, wir sie gemeinsam als Team erledigten. Wir waren immer eine Symbiose, hatten Arbeitsteilung oder verrichteten die zu erledigenden Angelegenheiten zusammen. Und genau das war der Fehler! Ich war nie „autark"! Und das sollte ab diesem Zeitpunkt nun meine Aufgabe werden?! Genau das war es, was die Dame aus Österreich mir vermittelt hatte. Na denn ...

Was mache ich mit den großen Hochbeeten? Für mich allein ist die Ernte zu groß. Soll ich sie bepflanzen? Wenn sie leer bleiben, hat Uwe sie umsonst gebaut. Das darf ich auf keinen Fall zulassen und so beschließe ich, mein Gemüse zu pflanzen. Die wunderbare Ernte verschenke ich gern, wenn es zu viel sein sollte. Ja, so mach ich das!

An schönen Tagen liege ich im Garten auf der Liege, weine vor mich hin oder bin voller Gewissensbisse meinen Arbeitskollegen gegenüber und fühle mich faul, schlecht und – allein. Erst ganz allmählich lerne ich, all diese neuen Situationen anzunehmen, sie zu leben. Hier findet eine völlig neue Erfahrung statt, nur für mich da sein zu dürfen, meine Gefühle zuzulassen. Dieser Zustand ist mir sehr fremd. In diesem Zusammenhang stoße ich auf Glaubenssätze in mir, die ich bearbeite und transformiere, stoße auf vieles, was in mir ist und eine Aktualisierung meiner alten Denkmuster erfordert. Danke, dass ich das erkennen darf!

Es scheint, dass ich an technischen Notwendigkeiten nicht vorbei komme. Ich nehme mir vor zu lernen, was es zu lernen gilt. Häufig steht mir hierbei der ‚Angstschweiß auf der Stirn' und Panik ist bei solchen Aktionen mein ständiger Begleiter. In dem Zusammenhang bemerke ich, wie wenig belastbar ich bin und versuche Verständnis für mich selbst aufzubringen, bin bemüht Ruhe zu bewahren und atme tief durch. Also schraube ich Lampen auseinander, bei denen es ansteht, neue Birnen einzusetzen, was nie zu meinem Arbeitsbereich gehörte. Warum ist jede Lampe, die hier im Haus hängt anders? Nach *oben* um Hilfe bittend und – wie von Geisterhand, wird mir *geholfen*.

Jedes Mal erfüllt es mich mit tiefer Freude, anzuerkennen, dass ich wieder irgendetwas allein geschafft habe, ohne es zu beschädigen.

Wenn ich nicht schlafen kann, miste ich aus, so wie den Keller oder die Garage. Alles was ich nicht benötige, wird verkauft oder verschenkt. Ich bin froh, wenn ich etwas unter den Händen habe, ja, von mir getan werden möchte. Irgendwann hört das auf, irgendwann ist alles geputzt, ausgemistet und aufgeräumt. Und so erlebe ich wiederholt, wie ich an meine eigenen ‚inneren vier Wände' stoße. Hier verbirgt sich echte Herausforderung! Mir wird bewusst, dass ich mich ausschließlich mit mir selbst zu beschäftigen habe. ‚Oh Graus!' oder ‚Oh schön!', je nach Sichtweise und Erleben ...

Im Laufe der Zeit verinnerliche ich, dass dieses „Für wen und für was?" ganz schlicht zu beantworten ist: FÜR MICH! Ich tue und mache für mich. Dieses bedeutet einen riesen Schritt in meinem Bewusstsein, weil ich etwas wichtiges erkenne, mein Selbst erkenne, mich wert schätze, welches zunächst in kleinen Schritten geschieht, bis es mir tatsächlich klar und bewusst wird. Ich lasse diese Art von neuem Bewusstsein in mir wachsen und lerne, dass ich es mir wert bin für mich weiterzuleben, mir mein Leben für mich einzurichten, mir gut zu tun! Es ist ein langer Prozess, der in mir vonstattengeht, mit dem Ergebnis, dass ich Blumen kaufe und Kübel bepflanze, mir regelmäßig Essen mache, ohne dass ich es, wie bisher, völlig lieblos ‚zusammenschustere' und im Stehen zu mir nehme. Ich lerne für mich da zu sein, in meinem Inneren auf meine Bedürfnisse zu horchen und sie zu befolgen.

Einige Freunde reagieren verblüfft, als ich mit ihnen erfreut über meine Erkenntnisse spreche. Für sie gilt es als selbstverständlich, was für mich gerade Neuland bedeutet: Schritt für Schritt, diese neue Bewusstseinsfacette von Wertschätzung umzusetzen und in mir zu integrieren.

Hatte ich Uwe nicht immer gebeten, sich wertzuschätzen? Tja, so ist das wenn wir mit den Fingern auf andere Weggefährten zeigen …und ich schreibe „wir", weil wir Menschen dazu neigen unsere eigenen Balken im Auge zu übersehen und unser Gegenüber nicht als unseren *Spiegel* zu erkennen.

Der Glaubenssatz „ich bin (es) nicht wert", ist ein sehr grundsätzlicher Glaubenssatz, der ausgesprochen kraftvoll wirkt und weitreichende Folgen hat. Er taucht früher oder später in den meisten Menschen auf.

Der erste Sommer – danach

Noch traue ich mich nicht an die Agnihotra Feuer heran. Natürlich weiß ich, wie sie vonstattengehen, doch waren diese Feuer stets Uwes geliebte Zeremonien. Im Sommer ist es dann irgendwann soweit und ich weine Tränen der inneren Freude und Berührung, als ich diesen weiteren Schritt vollbringe und Uwes *Platz* einnehme.

Im Juli finden in Köln die alljährlichen „Kölner Lichter" statt, zu denen wir geplant hatten einmal hinzufahren, es jedoch nie in die Tat umsetzten. Uwe und ich schauten uns im Fernsehen jeweils die Live-Übertragungen an.
Auch in diesem Jahr beschließe ich, mir im Fernsehen die Übertragung anzusehen. Das Feuerwerk und der gesamte Abend steht heute ausgerechnet unter dem Thema „Liebe". Der Blick von oben auf die Brücken – unseren Brücken – sowie das gesamte Geschehen bringen mich vollständig aus der Fassung und so ‚brenne' ich regelrecht meine heftigen Gefühle durch, entsprechend dem, wie wir es in der Journey lernten, so lange bis nichts an Emotionen mehr zum Vorschein und an der Oberfläche meines Bewusstseins erscheint. Ich bin schweißgebadet und völlig fertig. Ein Stückchen Heilung darf in diesem Moment geschehen. Nach einiger Zeit ist es mir möglich, die vierstündige Übertragung mit einer gewissen Leichtigkeit und einem gesunden Abstand bis zum Ende anzuschauen.

Die Sommerabende verbringe ich auf der Terrasse. Während der Abenddämmerung und der untergehenden

Sonne erleuchten nach und nach die vielen Solarlampen, zugleich die Unterwasser-Teichbeleuchtung und ich sitze allein und bei Kerzenschein in meinem Paradies. Die Abende sind von Tränen und innerer Leere geprägt. In diesen mich vereinnahmenden Situationen brenne ich auch hier alles, was in mir hervor kommen möchte durch. Die Frösche spazieren, einer nach dem anderen, an mir vorbei. Ich fotografiere diese bemerkenswerten und manchmal recht farbenfrohen Tiere. Die Natur scheint mir zu helfen stückchenweise kleine Funken von Freude entstehen zu lassen. Mitunter bin ich ganz bewusst im Hier und Jetzt, statt der Vergangenheit nachzutrauern und ausschließlich in ihr zu leben – all dies ist harte Arbeit und verlangt mir erheblichen Energieaufwand ab.

Zunehmend gelingt es, sofern mir das möglich ist, meine innere und äußere Freiheit zu erkennen und zu genießen. Ich kann im Grunde tun und lassen was ich möchte und wenn ich nachts die Fenster putzen würde, egal. Auf keinen brauche ich hier in meinem Haus irgendeine Rücksicht nehmen, darf nur für mich und meine Bedürfnisse da sein – und natürlich die meiner Katzen. Mein Ziel ist es, dieses Gefühl in mir aufzubauen, auszuweiten, es ganz intensiv zu spüren und in jede Zelle einzubringen. Ich lasse mich in dieses gerade anwesende Gefühl einfach hineinfallen und spüre, wie es mich durchdringt. Es ist alles Neuland. So auch, wenn ich mich bei Selbstgesprächen erwische und zunächst völlig fassungslos darauf reagiere. Dabei sind Selbstgespräche völlig normal und lediglich Ausdruck von Einsamkeit. Es ist wie bei einem Kind in seinem Spielzimmer, während die Mutter nicht weit ist und das Kind mit ihr reden kann, bei dem, was es gerade tut. Wenn die Mutter nur selten anwesend ist und kein weiterer Ansprechpartner zur Verfügung steht, spricht das Kind mit sich selber – es fühlt sich einsam. In der Annahme dessen was ist und das Selbstgespräche lediglich ein Symptom für Einsamkeit sind, kann ich mich in meiner Situation gut damit arrangieren.

Andreas Bouranis Lied „Auf anderen Wegen", ertönt täglich im Radio und es bringt mich in die tiefsten Tiefen meines Seins. Ich nutze die Gelegenheiten, alles aus mir herausbrechen zu lassen und Stück für Stück meine Wunden zu heilen, jedes Mal ein kleines bisschen mehr ...

Ein kleiner Auszug des Liedes[15]:

„*Wir gehen auf anderen Wegen*

Mein Herz schlägt schneller als deins, sie schlagen nicht mehr wie eins. Wir leuchten heller allein, vielleicht muss es so sein. Ich geb' dich frei. Ich werd' dich lieben. Bist ein Teil von mir geblieben."

Nach einigen Monaten beobachte ich, dass wenn das Lied im Radio ertönt, ich zwar noch die Lautstärke aufdrehe und nach wie vor jedes Wort intensiv fühle, dabei jedoch keine Tränen mehr auftreten.
Ich habe dieses Lied in mir erfolgreich ‚durchgebrannt'!

---

[15] Den vollen Text zu dem Lied durfte ich hier leider nicht abdrucken, jedoch kann ihn jeder, der möchte googeln.

Mich plagen wiederholt Gedanken und Gefühle von Schuld sowie eine innere Zerrissenheit. Habe ich genug getan? War ich oft genug im Krankenhaus? Was ist mit der allerletzten Nacht? Ich war nicht anwesend, weil ich das vermutlich nicht überstanden hätte und den Ärzten eher eine Last gewesen und vielleicht vom Stuhl gefallen wäre. Ich hätte nichts am Endergebnis ändern können. Wie wäre es gewesen, wenn ich mich vielleicht vor Jahren von Uwe getrennt hätte, damit er seinen ureigenen Weg gehen konnte? Fragen über Fragen, auf die ich kaum Antworten zu finden weiß.

Es gelingt mir Wahrheit und Wirklichkeit zu unterscheiden. In manchen Momenten und während meiner inneren Forschungen, erkenne ich, meine Schuldempfindungen betreffend, die Wahrheit hinter dem Schein, also die Wirklichkeit, das was wirkt. Minuten später bin ich jedoch wieder gefangen, in meinen destruktiven Schuld-Gedankenmustern, die mich bereits mein gesamtes Leben begleiten und weiß nicht herauszukommen, sie umzudenken, neue konstruktive Muster entstehen zu lassen. Ich begreife, dass ich mich in eine der Funktionen meines ‚Denkers' verrenne, der mich mit all den Schuldgedanken exzellent beschäftigt. Dabei handelt es sich um ein Ablenkungsmanöver vom eigentlichen Problem. Ja, nichts anderes ist es! Bestehend aus Schuldgedanken, Selbstvorwürfen und Fehlerzuweisungen – immer wieder. Die Menschen, die das als Kind für mich taten, sind ja nicht mehr da, also muss ich das heute selbst tun – so leben sie übrigens in mir weiter – muss mir selbst Schuld zuweisen, mir Fehler vorwerfen, immerzu aufs neue. Doch all diese Schuld-Denkerei und die Selbstgeißelung sind einzig dazu da, mich von etwas abzulenken. Vor einer unveränderba-

ren Erkenntnis, einer Klarheit, die für das Ego selbst, zu einem im Moment, zu großen Schmerz führen würde. Auch das ist die Wirklichkeit!
Welche Gedanken würden meinen Schmerz am direktesten aus mir heraus- und hoch holen? Sofort erscheint der Gedanke: zu realisieren das Uwe tot ist, er nicht wieder kommt – zumindest als mein Partner in diesem Leben nicht – nach allem, was wir wissen und glauben.
Um den Schmerz, der aus dieser Erkenntnis resultieren muss, nicht fühlen zu müssen, den übrigens auch das Ego produziert, lenkt dasselbe Ego mich und sich selbst(!) davon ab, indem es sich und mich mit Selbstvorwürfen beschäftigt. Und da ich schon recht klar und oft im Hier und Jetzt bin, muss es dabei alle Register ziehen, die es hat, damit das Ablenkungsmanöver nicht auffliegt.
Ich erfasse, wie das Ego nach und nach alle Regler für eine Ablenkung bis an den Anschlag hoch regelt. Zunehmend stärker, immer mehr Selbstvorwürfe. Bis der Gipfel erreicht ist. Bemerkenswert ist, wie gut das Ablenkungsmanöver sein muss, damit mein Selbst ihm auf den Leim geht und ohne den Trick zu bemerken, wie gebannt und mit Schrecken im Gesicht in das Fernsehprogramm des Senders EGO starrt. Ich bin darin gefangen und es ist eine tolle Inszenierung, dennoch nicht echt. Denn um Schuld geht es nur im Ego sowie um Vorwürfe, Fehler, Schande, Schmach, um das Gebrochen-Sein durch die eigene Vergangenheit – die ich selbst zu verantworten habe.
Alles Ego-Spiel, Ego-Theater und die einzige Hauptdarstellerin in diesem Spiel bin ich! DAS ist die Wirklichkeit!

Die Lösung würde bedeuten mich zu fragen: „Was für eine Emotion müsste ich hier und jetzt WIRKLICH fühlen, wenn all die Selbstvorwürfe, die Selbstgeißelung und das

ganze Ablenkungsmanöver zum Erliegen käme und nicht mehr funktionieren würde? Oder anders gefragt: Vor welcher unangenehmen Emotion möchte mich und das Ego mit seinem Spiel bewahren? Wenn ich es wüsste und wenn ich hier und jetzt genau so viel fühlen könnte, wie ich gerade noch gut verkrafte, was wüsste ich dann und was könnte ich dann in meinem Körper für eine Emotion wirklich fühlen? Dabei spüre und fühle ich und gebe mich dem unSCHULDig hin, offen wie ein kleines Mädchen. Bei all meinen niederschmetternden Gedanken und diesem hätte, hätte Fahrradkette ... sehe ich ein, dass all die ‚Hätte-Geschichten' und Rückblicke nutzlos zu sein scheinen. Sie entspringen meiner persönlichen Wahrnehmung und Wahrheit, also dem was ich für wahr halte, was jedoch nicht der Wirklichkeit entspricht. Dennoch dienen meine Gedanken dazu in den eigentlichen Kern meines Schmerzes vorzudringen und bei meiner Entwicklung zu helfen. Wenn ich weiter forsche, liegt *unter* all meinen Gedanken der tatsächliche physische Verlust von Uwe. Mein gesamtes Wissen, mein tiefes Spüren, dass es ihm gut geht, er sogar glücklich ist, seine Zeit abgelaufen war, ersetzt nicht seine körperliche, männliche Anwesenheit – da ist Leere, eine unglaubliche Leere. Wenn dieser Schmerz nur nicht so weh tun würde, dieser ewige, tiefe, bohrende, fast körperliche Schmerz, der mich innerlich völlig zerreißt. Ein ständiges Achterbahnfahren und hin und hergeworfen sein, zwischen tiefen Erkenntnissen und aktuellen Gefühlen – all das ist allgegenwärtig.
Uwe war tatsächlich ein „Teil von mir" geworden, natürlich ebenso in der umgekehrten Variante, bei der ich „Teil von ihm" war – wie oft hatten wir uns das gesagt. Bei Mutter und Kind ist es bekanntlich genau so, bei dem das Kind einen Teil der Mutter sozusagen ‚bewohnt' hat.

Vermutlich ist es die lange Zeit – 43 Jahre – die Uwe zu einem Teil von mir werden ließ. Und dieser Anteil fehlt nun gänzlich!

Ich finde heraus, dass streckenweise meine Tränen und Trauer um den Verlust, tatsächlich aus meinem Ego entspringen, dem Ich. Nach genauerem Hinsehen ist es mir möglich die genauen Anteile dessen zu erfassen. Diese Erkenntnisse verschaffen mir neue und klarere Sichtweisen und ich kann meine Stimmungsschwankungen deutlicher definieren. Dazu gehört, dass mir bewusst wird, welche Gefühle von Selbstmitleid geprägt sind. Ich fange an, daran zu arbeiten, was das Ertragen nicht wirklich leichter macht – bis heute!
In zahlreichen Momenten diskutiere ich mit meinem Denker und meinem Ego, mal mit Erfolg, mal weniger erfolgversprechend und mit Rückschlägen. Immer wieder durchschaue ich, dass ich drei Schritte vor und dabei erneut mindestens zwei Schritte rückwärtsgehe. Ich erkenne meine Unzulänglichkeiten, ebenso wie die Tatsache, dass ich mich so annehmen muss, wie ich nun einmal bin, mit all meinen Fehlern und Macken die ich habe. Hier Selbstliebe zu entwickeln – auch das ist schwer!

Bekanntlich suchen wir uns unser Leben aus, bevor wir inkarnieren. Wir führen regelrecht Regie, was die Mit- und Neben-Darsteller, Bühnenbild und Themen des Stückes betrifft. Und so erwische ich mich dabei, innerlich zu fluchen: „Wenn ich DEN erwische, der sich *ausgesucht* hat, dass ich in eine solche Situation gerate, die letzten Worte zu meinem geliebten Mann sprechen zu müssen, der schlimmsten Situation meines Lebens." Ich werde geradezu sauer auf mich selbst, genauer gesagt auf meine Seele. Gleichzeitig ist mir natürlich bewusst, dass alles was Uwe und mir widerfahren ist, gut und richtig ist. Die Annahme dessen gelingt mir nur zeitweise erfolgreich. Ein ständiger innerer Konflikt ist die Folge.

Matthias, mein Kollege und Freund, bittet mich bei unserem nächsten Telefonat, bezüglich der Herausforderung, zu Uwe die letzten Worte sprechen zu müssen, „die Rückseite dieser Medaille zu betrachten." Und schon sprudelt es nur so aus mir heraus: „Es ist eine Gnade, dass ich genau DAS durfte. Wie viele Menschen gäben alles darum, hätten sie doch noch ein letztes Wort an einen geliebten Menschen richten können, anstelle einer endgültigen Trennung ohne Abschied, manchmal sogar noch belastet von unerledigten Angelegenheiten."
Ich bin also augenblicklich in der Lage, auf der „Rückseite", das Schöne zu sehen und diese Gnade zu erkennen. Ab diesem Zeitpunkt hat das Hadern und die Verbitterung mit diesem Erlebnis ein Ende und ich erhalte einen veränderten Blickwinkel. Nun ist es mir möglich auch diese Situation in Dankbarkeit zu wandeln.
Danke, Matthias!

Jedoch bleibt in mir die bekannte und bohrende Frage offen: Wie soll mein Leben weitergehen? War's das? Die Einsamkeit zu ertragen fällt nach wie vor äußerst schwer, dennoch verinnerliche ich, dass das Leben weitergeht – irgendwie. Ich bleibe offen für alles, was in Erscheinung treten mag. Mein inneres Mantra lautet schließlich „alles gut!" oder „Im Verlust steckt ein Gewinn!" Ich hangele mich regelrecht an meinen eigenen Worten hoch, immer wieder aufs Neue. Und so übe ich mein Thema Geduld ... was bleibt mir anderes übrig? All diese inneren Vorgänge sind arg energieraubend. Jedoch fühlt es sich insgesamt nach (über-)leben wollen an. „Na, das ist ja schon mal was", stelle ich mit einem inneren Lächeln fest und klopfe mir gedanklich und in anerkennender Haltung auf die Schulter.

Im Verlauf von einigen Monaten, fortwährend auf der Suche nach meinem Selbst und nach weiteren Wegen meine ‚Mitte' zu finden, entdecke ich, dass sich der Schmerz der Einsamkeit verändert hat, etwas leichter zu ertragen ist, wenn ich mir selbst genug bin. Die Kunst besteht darin zu erleben, wie sich das genau anfühlt, dieses „sich selbst genug sein". Ich beabsichtige diese Erkenntnis und dieses Gefühl in der Umsetzung immer mehr zu leben – ein kräftezehrender Vorgang.
Diese Wahrnehmung und weitere Einsicht, scheint mit der Dankbarkeit einherzugehen, die ich für die gemeinsame Zeit mit Uwe empfinde und die in mir lebt.
Wenn ich mich derzeit als eigenständiges, autarkes Wesen begreife und erlebe, strebt dieses in die Richtung, mir selbst genug zu sein, begleitet davon, mich anzunehmen wie ich bin. Augenblicklich und als Ergebnis spüre ich die Liebe zu mir, die sich umgehend durch meine Selbstannahme zeigt. Fazit für mich ist: Sich selbst genug zu sein, ist mein Schlüssel Einsamkeit aufzulösen, mit ihr besser umgehen zu können, weil sich Eigenliebe einstellt. Eine durchaus erfolgversprechende Spur, wie ich finde, die hilfreich ist und ich dankbar als ein Geschenk annehme.

Zurück zu alten Gedankenmustern, offenbar (fern-) gesteuert von Ego und Verstand, dem bekannten Denker: Im Bestreben um tiefe medizinische Erklärungen und für mich erkennend – die Schuldfrage, egal wen betreffend – abzuklären, beschließe ich ein Gespräch mit Uwes Chefarzt zu erwirken. Ich werde darum bitten, dort Antworten auf meine Fragen zu erhalten. Also fasse ich meinen gesamten Mut zusammen, rufe die Sekretärin an und bekomme tatsächlich einen Termin zu einem persönlichen Gespräch. Es ist ein Freitagmittag, als ich die Klinik betrete, in der Uwe drei Monate seines Lebens verbracht hat. Mir zittern die Knie und ich bin kaltschweißig, bekomme kaum Luft und fühle mich körperlich unendlich schwach. Der Chefarzt empfängt mich ohne seinen weißen Kittel. Er scheint nicht den Anspruch zu haben, ‚du bist der Patient und ich bin der große Arzt'. Schnell bemerke ich seine angenehme Art und fühle die liebevolle Menschlichkeit, die mir entgegengebracht wird. Er begrüßt mich mit den Worten: „Sie sind aber mutig, es muss doch äußerst schwer sein, dieses Haus noch einmal zu betreten. Ich würde mir wünschen, dass Angehörige das öfter tun, denn es gibt ja immer Fragen und die sollten geklärt werden und nicht jahrelang bohren." Nach einer kurzen Pause bemerkt er: „Sie sind nach 43 Jahren länger zusammen gewesen, als die Hälfte ihres Lebens. Vermutlich können sie sich kaum erinnern, dass es anders war." Genau so ist es! Wir waren 14 Jahre alt, als wir zueinander fanden. „Man sagt, dass die Zeit alle Wunden heilt, jedoch muss ich ihnen sagen, manche Wunden heilen nie. Das ist eine Erfahrung, die ich ihnen nicht vorenthalten möchte."

Oh ja, genau DAS kann ich genau so fühlen!

Ich habe etliche Fragen medizinischer Art sowie genaue Daten, die mir völlig entfallen sind. Jede einzelne Frage erhält hier eine ordentliche Antwort – und ja – er kann sich gut an Uwe erinnern, „weil er eine so gute Prognose hatte". Folglich frage ich den Arzt, warum Uwe Chemobehandlungen erhalten hat, wenn es sich doch, wie Uwe mir erzählte, um einen Gendefekt gehandelt habe und hierbei Chemotherapie nichts ausrichten kann. Er schildert mir, dass in einer Zelle unter dem Mikroskop, vor dem er mit der Ärztin gesessen hat, vier mutierte Chromosomen zu erkennen waren, bestätigt mir, was ich bereits von der Ärztin wusste, dass die Chemos Uwes Leben verlängert hätten. Ich möchte wissen, ob Uwe diesen Gendefekt in dieses Leben „mitgebracht" hat, was mir der Arzt nicht beantworten kann.
In unserem Gespräch, erwähne ich das Buch von Herrn Westerwelle, dass ich ihn im Fernsehen sah und ihm aufmerksam zuhörte. Herr Westerwelle hatte die gleiche Art der Leukämie, wie sie bei Uwe diagnostiziert wurde. Bei Herrn Westerwelle handelte es sich um einen reinen „Zufallsbefund", bevor irgendeine Beschwerde auftrat. Nach diesem Zufallsbefund wurde er sofort behandelt. Die Diagnose bei Guido Westerwelle wurde zeitgleich wie bei Uwe festgestellt. Im September, als Uwe gerade ins Krankenhaus kam, war bei Guido Westerwelle bereits die Transplantation durchgeführt worden. Diesbezüglich möchte ich von dem Chefarzt wissen, ob die vier bis fünf Monate, von der Blutabnahme bis zur tatsächlichen Diagnosestellung und Einweisung in die Klinik, einen zu langen Zeitraum in Anspruch genommen haben und ob Uwe hätte gerettet werden können, wenn die Behandlung früher eingesetzt hätte.

Der Chefarzt teilt mir mit, dass man zu dem Zeitverzug nichts Genaues sagen könne. Tatsache sei, dass die Chemos sein Leben verlängert hatten, damit einhergehend natürlich auch seinen Körper zerstörten, jedoch eine unbehandelte AML (akute Leukämie), innerhalb von kürzester Zeit, unausweichlich zum Tode führen würde. Zeitangaben entfallen hier, was ich nachvollziehen kann. Währenddessen bleibt mir nicht verborgen, wie ich von neuem nach hätte, hätte, hätte und Schuld suche. Mir ist mein Vorgehen in diesem Moment durchaus bewusst und rechtfertige mein Verhalten vor mir selbst mit der Begründung, dass ich ausschließlich für mich, für meinen Kopf und Verstand diese Fragen geklärt wissen möchte. Es ist mir in dem Moment nicht möglich, mich gegen meine Handlungsweise zu wehren und so folge ich hier und heute meinem inneren Impuls, den Verstand zu beruhigen und mir Erklärungen von höchster Stelle, dem Chefarzt selbst einzuholen. Meinen Dank hierfür bringe ich dem Arzt zum Ausdruck, der mich ermuntert jederzeit wiederkommen zu dürfen und freundlich verabschiedet.

Das Gespräch geführt zu haben, ist gut und richtig – fühlt sich stimmig in mir an. Vom Krankenhaus lasse ich mich allerdings von einem Freund abholen, weil ich den Weg nach Hause nicht mehr zu bewältigen weiß.

Das Jahr 2015 nähert sich dem Ende

Es ist Herbst geworden und der Garten soll nun bald winterfest gemacht werden. Mit der Zeit und gesunder Kräfteeinteilung, ab und an mit männlicher Hilfe, bewerkstellige ich alles zu meiner vollsten Zufriedenheit.

Die Blätter fallen von den Bäumen und ich befreie den Rasen vom Laub, denn von Uwe lernte ich, dass zahlreiche Blätter dem Rasen nicht gut tun. Ich bemerke, dass ich oftmals stundenlang, Tag für Tag und Woche für Woche – eben der Zeitraum in dem die Blätter herunter fallen – jedes einzelne Blatt mit der Hand auflese. In der Natur verweilend, erlebe ich eine unglaubliche Ruhe, begleitet von einem heilenden inneren Frieden. Ich spüre, wie ich bei dieser Beschäftigung, vollständig zu meiner inneren Mitte finde, im Frieden mit mir und der Welt bin, so wie sie gerade im Hier und Jetzt ist. Meine Handlung hat etwas von Meditation und ich fühle *hautnah* die Liebe zur Natur und zu unserer Mutter Erde, währenddessen die für mich benötigte *Erdung* ganz automatisch geschieht. Diese facettenreichen Empfindungen bei dieser Art von Arbeit erlebe ich als eine gänzlich neue Erfahrung und wirkt bereichernd für mein Leben. An dieser Stelle erfahre ich ein Beispiel dessen, sich selbst genug zu sein.
Was ich hier in achtsamer Art und Weise gerade lebe und mein Herz erfüllt, empfinde ich als ein Geschenk, welches ich dankbar annehme.
Mir fällt dazu ein Video von Jana Haas ein, in dem sie davon spricht, dass „ ...selbst Klo putzen durchaus in Meditation geschehen kann." Ja, es ist genau so!

Es weihnachtet sehr

Alljährlich war es Uwe eine große Freude mit mir gemeinsam die Weihnachtsbeleuchtung im Gartenbereich anzubringen. Er baute faszinierende Stromkonstruktionen, bei denen mir jeder Durchblick fehlte. Der Garten ist zum Straßenbereich mit einer rund fünfzehn Meter langen, recht hohen Hecke umsäumt, die wir in mehrere Lichternetze einhüllten. Für einen allein war dieses Unterfangen fast unmöglich zu erledigen und so geschah dieses jedes Jahr in einer Gemeinschaftsarbeit.

Im Sommer nahm ich mir bereits vor, das Anbringen der Weihnachtsbeleuchtung irgendwie allein hinzubekommen. Ich entschloss mich im Innenbereich, außer ein paar Christsternen und dem großen Adventskranz auf dem Tisch, nichts aufzubauen. Im Außenbereich beabsichtigte ich, die Hecke und ebenso den Eingangsbereich zu schmücken. Nur wie sollte ich durch den Strom ‚blicken', wie allein die Netze aufhängen und über die hohe Hecke werfen?! Soll ich jetzt, da die Zeit gekommen ist, mutlos und frustriert mein Unterfangen begraben? Nein, das werde ich ganz sicher nicht tun, denn meine Absicht die Hecke zu schmücken, fühlt sich richtig an.

Es ist soweit. Ende November bitte ich Nachbarn mir bei dem umfangreichen Akt der Netzentwirrung und diese dann nacheinander über die Hecke zu werfen behilflich zu sein, was erfreulich gut funktioniert. Die Netze hängen. Ich hole mir vom Dachboden den Karton mit dem Kabelgewirr und das Brett mit den gebauten Stromverteilern und Steckdosenanschlüssen und fange an, mich in Uwes Kopf hineinzudenken. Mühsam aber stetig nähert sich mein Unterfangen dem Ende und ich schaffe es wahrhaftig sämtliches zu installieren, ebenso die große Türgirlande im Eingangsbereich, mit ihrer speziellen Aufhängung, die Uwe gebastelt hatte. Erneut klopfe ich mir auf die Schulter und freue mich über meinen weiteren Schritt, den ich ‚ins Leben zurück' getan habe.

Nachdem die Zeitschaltuhren programmiert sind, springen die 1250 Birnchen an der Hecke an. Ich sehe das und der innere emotionale Umsturz beginnt von Neuem! Ich weine unaufhörlich. Es ist sooo schön anzusehen und Uwe hätte sich so gefreut. Über Stunden hält diese gefühlsbetonte ‚Attacke' an. Sie hat mich wieder einmal hinterrücks regelrecht überfallen – wie so oft in den letzten Monaten, wenn ich nicht damit rechnete. Es ist Samstagabend. Wie gern möchte ich mich jemandem mitteilen, den ich bitten könnte mir ein Stück ‚tragen zu helfen'. Stören möchte ich jedoch keinen in seiner Samstagsabendlaune und so schreibe ich eine kurze E-Mail an meine Therapeutin. Die Antwort kommt prompt: „Alles okay, wir wachsen mit jeder Krise, das wissen Sie doch." Irgendetwas hat sie mit diesen Worten in mir *berührt* und es geht mir umgehend besser. Ich beruhige mich. Mir wird klar, dass all diese Ereignisse dazu gehören, ob mir das nun gefällt oder nicht. Die „Akzeptanz und Annahme", dessen was ist – jetzt im Moment Achterbahn zufahren – ist die Lösung in mir. Alles gut!

Heiligabend 2015

Mitte des Jahres beschloss ich, diesen Abend, wie auch Silvester, allein zu bleiben und den Gast der Einsamkeit, den Schattenbereich einer jeden Frau, willkommen zu heißen.

Meine abzusehende Stimmung möchte ich am Heiligen Abend definitiv keinem zumuten, geschweige mich zwanghaft beherrschen zu müssen, wenn die Tränen laufen. Ich bin offen für das, was passieren wird. Es ist eine mir unbekannte, völlig neue Situation. Gleichzeitig bin ich neugierig auf mich und meine Reaktionen, bleibe in mir unverhüllt und in Offenheit. Ich vertraue.

Meine Freunde sprechen mir Einladungen aus, die ich allesamt nicht wahrnehmen möchte. Sie machen sich Sorgen um mich. Ich äußere: „Nicht nötig!" Liebevoll bieten sie mir an: „Wenn was ist, ruf an, wir holen dich."

Es ist bald soweit. Zunächst ist mir unklar, wie ich die bevorstehenden Tage durchhalten soll. Ich weiß jedoch genau, dass ich ‚da durch' möchte und muss. Wenigstens ein Mal. Was im nächsten Jahr sein wird, entscheide ich dann, wenn es an der Zeit ist. Mit mir alleine bleiben sicherlich nicht mehr. Abwarten.

An einem Abend kurz vor Weihnachten, schalte ich den Fernseher ein und sehe als erstes Bild eine Vorankündigung von dem Film: „Ich bin dann mal weg", über Hape Kerkeling. Filmbeginn in den Kinos ist tatsächlich der

24. Dezember 2015. Erfreut eile ich an den Computer und schaue, um welche Uhrzeit und wo genau dieser Film in meiner Stadt läuft, was gleichzeitig bedeutet, dass mein Entschluss fest steht, diesen Film Heiligabend anzusehen.

Unsere Familienrunde war im Verlauf der letzten Jahre schrittweise kleiner geworden und lediglich wir Beide und manchmal mein Bruder, saßen zu Heiligabend am weihnachtlich geschmückten Tisch. Uwe und ich gönnten uns demzufolge einen für uns angenehmen Auftakt für den Abend und besuchten in den vergangenen Jahren zum Nachmittagsprogramm ein Kino. Teilweise fuhren wir bis Düsseldorf, um uns ansprechende Filme anzusehen – meistens spirituellen Inhaltes. Dieses Unternehmen wurde zu einem harmonischen und festen Bestandteil. Wenn wir wieder zu Hause eintrafen, bereiteten wir gemeinsam bei leise ertönender Weihnachtsmusik die kalten Platten und speisten in Ruhe. Manchmal besuchten wir ab 22:00 Uhr noch eine Diskothek, die zu unserem Erstaunen oftmals völlig überfüllt war. Oder wir schauten uns zuhause und zu später Stunde, die Mitternachtsmesse im Fernsehen an.

Meinem Entschluss folgend, gehe ich heute, am Heiligen Abend, allein ins Kino. Dort angekommen, habe ich bis zum Beginn des Films noch Zeit und rauche gedankenversunken eine Zigarette. Sonst haben wir vor dem Kino gemeinsam geraucht und waren mit dem Auto hergekommen, heute fuhr ich mit dem Bus. Alles erlebe ich gerade so ganz anders. Mir steigen die Tränen in die Augen ... ich fühle mich allein. Ich frage mich, ob ich mich jemals an diese Situation gewöhnen werde.

Beim Betreten des Kinosaales, um 14:45 Uhr, ertönt aus den Lautsprechern das Ave Maria. ‚Nicht schlecht', denke ich bei mir. Das Kino ist sehr gut besucht. Der Blick auf meine Kinokarte mit der Sitznummer und dem dazugehörigen Platz im Besucherraum, lässt mich staunen: Letzte Reihe, Mitte, Loge. Ein Platz, den Uwe und ich bevorzugt haben. Manchmal erfüllt das Universum Wünsche, die einem nicht einmal bewusst sind.
Die Plätze links neben mir bleiben leer. Rechts von mir, etwas entfernt, sitzt eine junge Frau. Ich spüre in mich hinein und freue mich gerade über mich selbst, es bis hierher geschafft zu haben und schenke mir dafür ein Lob.

Der Film ist ‚leichte Kost' und ‚gut verdaulich'. Es kommen fundamentale Satzinhalte vor, zum Beispiel, dass Erleuchtung im Schattenbereich die Verfinsterung hat und wir erst der Erleuchtung näher kommen können, wenn wir die Verfinsterung erlebt haben. Ja, es ist genau so! Oder die Vermutung von Hape, dass der Schlüssel zum Glück sein könnte, keine Erwartungen und keine Befürchtungen zu haben.

Als der Film beendet ist, begebe ich mich auf den Heimweg. Heute Mittag nahm ich mir vor, zu Fuß nach Hause zu gehen – circa eine Stunde und zu 90 Prozent steil bergauf. Es gießt in Strömen, während ich das Kino verlasse. Den Schirm ließ ich bewusst zu Hause, denn die Sonne schien, als ich mich auf den Weg zum Kino begab. Nun trieft mir das Wasser aus den Haaren. Busse fahren eh nicht mehr. Ich habe lediglich grüne Smoothies gegessen und fühle mich etwas ‚schlapp', bin dennoch schnellen Schrittes unterwegs. Ich registriere den langen Weg kaum, bin wie *weggetreten* – ganz bei mir. Ich weine, stehe in ständiger Kommunikation mit Uwe oder sonst wem(?). Ich bitte um Hilfe! Plötzlich ist für kurze Zeit das Alleinsein kein Alleinsein mehr. Uwe – ja ER und ohne jeden Zweifel – ist vollkommen präsent, geht schweigend neben mir her und raucht mit mir zusammen eine Zigarette. Eigenartig, es ist unglaublich intensiv und real! Ich frage meine Seele, ob das alles Einbildung ist, weil ich gerade anfange an meinem Verstand zu zweifeln. In dem Moment fühle ich eine starke, liebevolle und warme Umhüllung. Wie ein sanftes, warmes Tuch, welches um mich gelegt wird. Ich weine.

Mein Wunsch wäre jetzt, ein Diktiergerät bei mir zu haben, um alles auf zusprechen, was da gerade in mir *hoch* kommt, genauer gesagt, mir *mitgeteilt* wird. Es geschieht fast ohne jede Unterbrechung und ist unendlich viel, wunderschönes gehört dazu. Später kann ich mich nicht mehr erinnern, was es genau war, so sehr ich mich darum bemühte mir das Erlebte und Gesagte, erneut in die Erinnerung zurückzurufen. Ich weiß nur, dass mir auf dem Nachhauseweg etwas zuteilwurde, was mit Worten schwer zu beschreiben ist. (Bei *gechannelten* Informationen, bleibt oft mein Erinnerungsvermögen aus.)

Der Heimweg wirkt sehr kurz. Ich bin vollkommen in mir versunken, so dass ich den langen Weg nicht bemerke. Es ist als erlebe ich für einen Moment ein Zeitloch.

Der Regen hat aufgehört und der Wind weht durch das Gesicht und meine nun wieder angetrockneten Haare. Als ich zu Hause in die Straße einbiege, erblicke ich die weihnachtsbeleuchteten Häuser und weiß, hinter den erleuchteten Fenstern feiern die Menschen mit ihren Familien zusammen den Heiligen Abend. Diese Gedanken rühren mich zutiefst. Ich bin alleine. Nein, nicht ganz, denn meine Katzen warten auf mich. Mir wird in diesem Augenblick bewusst, dass sehr viele liebe Menschen heute Abend an mich denken – ein wohlig warmes Gefühl. Ich bin wirklich nicht allein, nur körperlich. Und was zählt schon der Körper? Wenigstens das sollte ich aus der Vergangenheit gelernt haben. Der Körper ist lediglich ein Vehikel und eine Hülle, nicht mehr und nicht weniger – versuche ich mich selber zu trösten.

Zu Hause angekommen, ‚lege ich mich erst einmal trocken', denn ich bin völlig durchgeschwitzt und noch durchnässt vom Regen. Im Anschluss daran bereite ich unter Tränen und leiser Weihnachtsmusik von Sandra Schwarzhaupt, das Abendessen wie jedes Jahr, kalte Platten. Nur sind es dieses Mal kalte Teller, denn für mich allein, die großen Silberplatten … nein. Dennoch gebe ich mir Mühe, weil ich meinen eigenen Wert schätzen gelernt habe und ein ganz besonderer Anlass vorliegt.
Ich decke den Tisch mit einem Gedeck für mich. Manch Andere decken für den Verstorbenen mit ein. Das kommt mir zwar kurz in den Sinn, jedoch auch ganz schnell wieder raus. Ich brauche das in dieser Form nicht.

Den ‚Gast der Einsamkeit', den ich eingeladen habe, ist eingetroffen, ich nehme ihn an, so wie er ist. Auch er benötigt kein Gedeck, weil sein Besuch in meinem Inneren stattfindet und ich prüfe tief in mir, ob ich ihn annehmen kann wie er ist. Ja ich kann es, es ist ganz einfach, dennoch sehr schwer. Er fühlt sich sanft und wahrhaftig an und schmerzt mich gleichzeitig schonungslos – diese Einsamkeit. Für den heutigen Abend habe ich das Alleinsein bewusst und selber gewählt. Ich bin gespannt was nun geschieht. Um das zu erfahren, öffne ich mich ganz weit und lasse einfach geschehen was geschehen soll.

Als ich mich bei Kerzenschein zum Essen hinsetze, sitze ich davor und bin nicht in der Lage meinen Teller zu füllen. Es ist als müsste ich über eine Hürde springen, der Schmerz kommt auf, die Szene vor einem Jahr, wie Uwe links von mir saß und sich vorstellte genau HEUTE wieder gesund zu sein ... all das ist in diesem Moment gegenwärtig – und weil meine Katzen gerade im Garten sind, kann ich meinen Gefühlen freien Lauf lassen. Ja, es wird sehr laut, was ich aus mir hinaus brülle und -stöhne. Es hat etwas von einem Vulkanausbruch. Das war fällig!

Ich versuche zu essen, verschlucke mich an meinen Tränen, erlaube mir alles zuzulassen was da heraus möchte. Wut erlebe ich keine, da ist tiefe Traurigkeit und ich erkenne, dass ich noch immer nicht recht realisiere, dass Uwe nicht mehr wiederkommt, es rutscht einfach nicht in meinen Bauch. Warum auch immer das so sein mag.

Mir wird bewusst, dass ich versucht bin in Selbstmitleid zu verfallen – reines Ego. Als mir das klar wird, kann ich diesen Aspekt ganz leicht entfernen und fühle ausschließlich tiefe Traurigkeit, fühle mein Alleinsein. Allein mit mir! Es tut sehr weh! Fast nicht auszuhalten. Ich öffne mich dem, was da in mir zum Vorschein kommt vollständig, um es noch intensiver fühlen zu können. Nachdem ich diese tiefe Traurigkeit ‚durchgebrannt' habe, geht es mir besser.

Während ich endlich den Mut aufbringe mit dem Verzehr zu beginnen, bleiben mir die ersten Bissen im Mund stecken, es fällt mir unendlich schwer zu schlucken.
Nach einer Weile esse ich mit etwas Appetit recht gut, stelle jedoch fest, dass auch das Wenige, welches ich mir bereitet habe, noch zu reichlich ist. Solche kleinen Mengen zu Weihnachten – selbst das ist neu für mich. Wenn auch die Zubereitungsmengen im Laufe der Jahre stetig weniger wurden – ich habe noch nie für nur eine Person am Tisch sorgen müssen.
Als ich fertig bin, bleibe ich noch sitzen, stütze den Kopf in meine Hände und weine erneut heftig, so dass es mich schüttelt. Ich gebe mir die Zeit, die ich brauche, nichts drängt mich an dieser Stelle. Ich fühle intensiv jede Facette, die in mir in Erscheinung tritt und Beachtung erhalten möchte.

Ich räume den Tisch ab, die vielen Reste in den Kühlschrank. Spontan hole ich zum ersten Mal das große, eingerahmte Bild von Uwe aus dem Wohnzimmerschrank und ziehe es aus dem Karton. Es ist das Bild, welches bei der Beerdigung vorn in der Kirche stand, der Schnappschuss auf der Abschlussfeier seines Vorgesetzten, bei dem Uwe eine Rede hielt. Auf diesem Bild ist er wunderbar getroffen. Ich kenne kein Portrait von Uwe, was zu diesem Zeitpunkt schöner und passender wäre.
Ich konnte es bisher nicht ansehen, ja auch jetzt nicht – ohne dass die Tränen laufen. Ich begebe mich mit dem Bild auf die Couch, entzünde zum ersten Mal in dieser Weihnachtssaison feierlich die Kerzen auf dem dicken, großen Adventskranz, lege eine neue Weihnachts-CD ein und streichele das Foto, welches ich nun aufrecht auf meinem Schoß vor mir halte. Ich lege es auf meine Brust.

Wir sind nun Gesicht an Gesicht. Ich umfasse das Bild mit beiden Armen, lehne meinen Kopf entspannt nach hinten an, schließe die Augen und lasse mich völlig fallen. Dicht vor mir, fühle ich seinen Bart, rieche seinen Geruch und denke, ich bin in einem Film dessen Titel „Vergangenheit" lautet. Es ist sooo schön, so wahrhaftig, so echt, so nahe! Ich weiß nicht, wie lange ich so verweile.

Nachdem ich wieder *bei mir bin*, rufe ich meinen Bruder an, weil ich ahne, dass er sich um mich sorgt. Er ist hocherfreut von mir zu hören. Er hat brav meine Bitte befolgt, mich nicht anzurufen. Während wir sprechen, vernehme ich das läuten von Weihnachtsglocken der Kirchen, gehe raus und genieße diese Klänge. Ich liebe die Weihnachtsglocken. Sie erinnern mich an meine Kindheit. Früher suchte mein Vater jedes Jahr am Heiligen Abend denselben Sender im Radio. Die Hörsendung hieß: „Glocken der Welt" und wir alle lauschten wie gebannt diesem Geläut aus den unterschiedlichsten Städten. Ebenfalls hörten wir die Sendung: „Grüße von Bord". Durch das Radio grüßten die Seefahrer und Matrosen ihre Familien an Land zu Heilig Abend. Leider sind solcherlei nostalgische Radiosendungen heute nicht mehr aktuell. Ich bedaure das sehr. Meinen Bruder bitte ich am Telefon eine kleine Weile innezuhalten, damit ich mich diesem Geläut ganz hingeben kann, denn unerwartet erkenne ich hier scheinbar ungeheilte Wunden, die mit den Gedanken an die Kindheit und dem Glockengeläut einhergehen. Meine ungeteilte Aufmerksamkeit widmet sich meinen wehmütigen Empfindungen und wieder lasse ich einfach nur geschehen, was sich als lohnenswert und heilsam erweist. Wieder ist das Alleinsein präsent, denn jegliche Familie gibt es nicht mehr auf dieser Erde – umso mehr schätze ich die Anteilnahme meines Bruders, der geduldig ‚an meinem Ohr' wartet bis ich bereit bin zu sprechen.

Im Anschluss an das Telefonat schaue ich mir im Fernsehen die Christ-Messe an. Ich wäre selber gern in eine Messe gegangen, es fuhr jedoch kein Bus mehr in die Stadt. Vielleicht wäre dieses eine Option im nächsten Jahr, zur Mitternachtsmesse nach Köln zu fahren?

Ein denkwürdiger und ergreifender Abend neigt sich nun dem Ende. Vielleicht gleichbedeutend mit einem weiteren Meilenstein für mich und mein weiteres Leben. Ich bin erschöpft. Alles was rückblickend heute Abend mit mir geschah, verspüre ich als recht kraftvoll. Heilung darf geschehen!

Um 5:00 Uhr gehe ich zu Bett und schlafe sofort ein.

Silvester 31.12.2015 – unser Tag

Seit kurz vor Weihnachten haben mich Herzrhythmusstörungen und ein jagender Puls heimgesucht. Ich meine zu wissen, welche Bedeutung dahintersteht, Tendenz schlimmer werdend, denn Silvester – der Tag der Tage – steht mir bevor.

Wieder bereite ich mich feierlich auf einen Abend allein vor, um ein weiteres Mal den „Gast der Einsamkeit" zu empfangen. Die Klingel an der Türe im Außenbereich wird beim Eintreffen des bereits mir bekannten Gastes nicht laut ertönen, sondern sie wird in mir, in meinem Inneren, sehr leise und mit einem langen Echo erklingen; das weiß ich nur zu genau.

Erneut erstelle ich mir etwas Schönes zu Essen, verzichte jedoch auf das kochen der obligatorische Zwiebelsuppe, die ich in der Vergangenheit für den Silvesterabend zubereitete. Mit dem Essen klappt es heute besser als zu Heiligabend; jedoch ist das auch erst der Anfang des Abends, was mir bewusst ist. Äußerlich wirke ich ruhig, wenn ich hingegen den Fokus meines Bewusstseins in meine Innenwelt richte, finde ich dort Angst pur! Ahnungslos was mich erwartet, Unsicherheit, nicht wissend, was die nächsten Stunden mit mir machen. Ich bleibe ganz offen, für alles was kommen mag. Mit dem Vertrauen ist das jedoch heute Abend so eine Sache, es will mir nicht so recht gelingen … die Angst überwiegt!

Noch einmal zünde ich die Kerzen von dem großen Adventskranz auf dem Wohnzimmertisch an, dem einzigen Weihnachtsschmuck im Haus. Auf der Couch mache ich es mir bequem und sehe fern, Schlager und Musiksendungen, leichte, fröhliche Kost, wie in jedem Jahr.

Je näher die von mir genau beobachteten Zeiger auf 22:00 Uhr vorrücken, umso unruhiger werde ich, denn das war die jeweilige Uhrzeit, zu der wir uns in rund 20 Jahren unsere spezielle Silvester-Kleidung anzogen. Dabei handelte es sich um extra alte Kleidung, die auch mal ein Brandloch vertrug. Meistens bekleideten wir uns mit mehreren Schichten übereinander, je nach Wetterlage und sahen aus wie die Michelin-Männchen, eines 1,54 Meter klein, das andere 1,90 Meter groß. Wie gut, dass nie jemand Fotos von uns machte und bemerke bei diesen Gedanken in mir ein inneres Lächeln.

In diesen seltsamen Outfits fuhren wir nach Köln, zwischen unsere beiden Brücken, mit Blick auf den Dom sowie auf 14 bis 16 Partyschiffe. Dort ist um 23:00 Uhr das Feuerwerk so Aufsehen erregend und kraftvoll wie daheim um 0:00 Uhr. Ab diesem Zeitpunkt braucht man keinen Blick mehr auf die Uhr zu verlieren, denn die Intensität des Feuerwerks steigt fortwährend an. Wir standen dort bei Wind und Wetter, fast nie Regen, selbst bei minus 13°C° mit der Sektflasche im Schnee und einer Tüte Chips in der Hand.

Uwe fuhr bei Glatteis. Er fuhr bei JEDEM Wetter, selbst wenn ich Zweifel anmeldete, setzte er sich stets durch doch zu fahren. Um uns herum standen viele nette Leute, die alle nur eines im Sinn hatten: das Feuerwerk ansehen mit der Kulisse von Altstadt und Dom. Traumhaft! Jede Silvester „Fete", die wir in früheren Jahren besuchten, war für uns ein müder Abklatsch gewesen und stand im krassen Gegensatz dazu, was sich alljährlich in Köln abspielt. Leben und Freude pur! Häufig fuhren wir nicht allein ans Rheinufer. Jeder in unserem Umfeld kannte unser Silvestervorhaben. Infolgedessen hatten wir mitunter Freunde oder Bekannte ‚im Schlepptau', die ebenfalls erleben wollten, worauf wir uns das ganze Jahr freuten und wovon wir schwärmten.

All dies spult sich als innerer Film an diesem Abend, vor meinem geistigen Auge, unaufhörlich ab. Dazu im Fernsehen die alten Schlager aus den 70er und 80er Jahren – unserer Zeit. Tränen kommen hoch. Mein Herz pocht ohne Unterlass bis hoch zum Hals. Zeitgleich wird in der Straße bereits, reichlich geknallt.

Es wird 23:00 Uhr. Genau ein Jahr zuvor stand Uwe kurz vor seinem künstlichen Koma, während ich bei Karin und Rainer verweilte, jedoch nur halb, denn meine Gedanken waren bei Uwe im Krankenhaus. Um diese Uhrzeit rief ich den Arzt auf der Intensiv-Station an, der mir eröffnete, dass es bald soweit sei, Uwe ins Koma zu legen und ich vorher kommen müsse …! Gerade ertönt im Fernsehen Marianne Rosenberg mit: „Er gehört zu mir" – eines unserer Lieder – parallel dazu in meinem Kopf der Horror-Film vom Vorjahr, der sich im Krankenhaus und in mir abspielte. Meine Gedanken schwirren. Ich denke an Karin und Rainer, die das mit mir durchgestanden haben, auch für sie wird das heute kein schöner Abend sein. Ich denke an die vielen Menschen, die in diesen Stunden mit ihren Gedanken bei mir sind und bereits in den letzten Tagen an mich gedacht haben. Ich fühle mich getragen und gestützt, es tut einfach gut, nein ich bin nicht allein, nicht wirklich.

Ich bin dankbar, dass mein Entschluss von meinen Freunden respektiert wurde, Heiligabend wie auch heute allein sein zu wollen. Ja, es ist alles goldrichtig, JETZT.

Dann schalte ich den WDR 3 ein, der Sender der jedes Jahr das Kölner Feuerwerk überträgt. Meine Katzen verkriechen sich unter die Couch, die nur einen Spalt zum Boden von circa 20 Zentimetern aufweist. Lisa liegt hinten an der Wand und Bennie etwas weiter vorn. Sie liegen sonst keinesfalls zusammen, nun berühren sie sich fast. Für eineinhalb Stunden sehe ich sie nicht mehr. Ich erlebe dieses Geschehen mit den Katzen zum ersten Mal, denn wir waren ja zu diesem Zeitpunkt nie zu Hause, dennoch schalteten wir jeweils in Zimmerlautstärke Fernseher, Radio und die Beleuchtung für unsere Tiere ein. Jedes Tier leidet unter diesen lautstarken menschlichen Silvesteraktivitäten; haben kein Verständnis. Was tun wir den Tieren mit dieser Knallerei an?!

Es ist fast 0:00 Uhr. Die Übertragung aus Köln läuft – die Tränen ebenfalls. Fest an meine Brust gedrückt, halte ich Uwes großes Bild mit meinen Armen fest umschlungen. Es steht seit Heiligabend auf der Couch. Der innere Schmerz den ich bereits kenne, der sich anfühlt, als würde jemand mein Herz unsanft durchtrennen und der mein gesamtes Sein durchdringt, ist jetzt unerträglich groß. Die Tränen rinnen ununterbrochen, aber irgendwie weine ich nicht so heftig, nicht so wie Heiligabend, es passiert sozusagen *leiser* – eigenartig – dafür unaufhörlich. Gedanklich bin ich im Vorjahr bei Uwe.

Das Portrait hat das Format 30 mal 40 Zentimeter. Wir beide sind Kopf an Kopf, Gesicht an Gesicht und plötzlich bin ich *in* Uwe, kann sehen, was er sieht, fühlen was er fühlt, spüre seine Haut, rieche seinen mir wohl vertrauten ganz eigenen Geruch. Ich schaue aus seinen Augen und bekomme ein Bild *vermittelt*, bei dem schräg vor ihm und nach oben gerichtet, ein Lichtstrahl wahrzunehmen ist, der mit ihm verbunden scheint und auf dem sich engelähnliche Gestalten in seine Richtung fortbewegen. Ich sehe es etwas nebulös, es sind etwas kugelhafte, liebevolle Wesen zu erkennen. Sein gesamtes Krankenzimmer ist bereits mit dieser Anwesenheit *beseelt* und erfüllt.
Da Raum und Zeit eine *Erfindung* der Menschen ist, frage ich mich nicht einmal ob das, was sich gerade ereignet, möglich sein kann und nehme dieses Erlebnis als völlig normal in mir an. Ich erkundige mich geistig bei Uwe, ob er die Lichtdusche, das Reinigungs-und Heilungsritual, hat wahrnehmen können, was Karin, Rainer und ich *in* Uwe vollzogen, nachdem ich im vergangenen Jahr, nach 23:00 Uhr, mit dem Arzt telefoniert hatte. Als *Antwort* empfinde ich umgehend in Uwe die entsprechende Wirkung. Es ist ein Wärmegefühl, mit viel Licht, was sich im gesamten Körper ausbreitet. Ich nehme seine Worte oder Gedanken wahr (ich kann das nicht genau definieren): „Es tut sooo gut, es ist sooo schön." Ich erspüre noch ein Lächeln. Dann löse ich mich sanft von dem Erlebnis und bin wieder ganz in der Gegenwart, begreife nicht so recht, was gerade vollkommen absichtslos

geschehen ist [16]Es ist mühelos durch mich hindurchgeflossen und mir widerfahren – ein grenzenloses Geschenk!

Manchmal ist der Verstand einfach nur überflüssig, der alles hinterfragen und erklärt haben möchte. Ich gebe in diesem Augenblick nichts darauf, bin dankbar für dieses Erlebnis – und die Tränen laufen weiterhin aus meinen brennenden Augen. Ich lasse sie ganz natürlich fließen. Alles darf jetzt sein!

0:00 Uhr! Ich stehe auf und gehe hinaus in den Garten, setze mich auf die Bank, beobachte das Feuerwerk, gehe wieder rein, nach oben in die erste Etage unseres Hauses, um es von dort anzuschauen. Von hier aus kann ich über den gesamten Stadtteil blicken. Dann gehe ich wieder runter, wieder raus, bin unruhig, weiß nicht wohin, weder wohin ich gehen soll, noch wohin mit meinen Druck-und Unruhegefühlen. Es ist, als wäre ich irgendwie auf der ‚Flucht'. Ich sitze wieder auf der Bank, gehe rein, schaue mir noch das Ende der Übertragung vom Feuerwerk im WDR Fernsehen an, ertrage die Liebespaare dort nicht, also wieder raus und irgendwann durch den Keller wieder rein. Ich schließe die Kellertüre zu und bemerke, wie etwas aus mir raus möchte. Plötzlich werde ich von heftigen Weinkrämpfen geschüttelt und erlebe mich trommelnd, mit meinen Fäusten gegen die Türe, immer

---

[16] Ein Hinweis von mir: Sich mit dem Bild eines Verstorbenen zu verbinden, kann unabsehbare und unangenehme Folgen haben, für den Verstorbenen, der ‚gebunden' wird, wie auch für den Lebenden. Jedes Bild verfügt über genau die Energie des abgebildeten Objektes /der Person. Ich rate davon ab, regelmäßig in diesen Kontakt zu treten.

und immer wieder. Ich höre mich fortwährend schreien: „Es ist vorbei, begreife es endlich, ES IST VORBEI! Warum rutscht das nicht von meinem Kopf in den Bauch, warum realisiere ich es immer noch nicht? Warum glaube ich immer noch, du kommst zurück? Ich halte das nicht mehr aus. LIEBER GOTT HILF MIR DOCH!"
Dann sinke ich in mich zusammen und lasse mich an der Türe hinuntergleiten. Lange verweile ich zusammengekauert an die Kellertüre gelehnt, völlig kraftlos, völlig am Ende und erschöpft ...

Nur langsam wird mir bewusst, dass ich es geschafft habe. Ich lebe noch, spüre mich. Eines weiß ich in diesem Augenblick: Nächstes Jahr werde ich nicht allein sein. Ich werde allein nach Köln fahren! Alles, nur nicht mehr alleine Silvester verbringen. Einmal reicht!
Das komplette Programm, welches ich von mir forderte, habe ich erfüllt, dafür bin ich sehr dankbar! Vielleicht kann in mir wieder eine Wunde mehr heilen, vorstellbar ist das jetzt gerade allerdings nicht – jedoch wer weiß ...
Der Schmerz in mir ist grenzenlos; ich will ihn nicht mehr. Es reicht! In diesem Moment wünsche ich mir, ich könnte mit Leichtigkeit durch einen inneren Deckel alles verschließen. Mein Ziel ist es, den Schmerz abzuarbeiten, ihn nicht mehr in dieser Heftigkeit fühlen zu müssen! Dazu ist mir jedes Mittel recht und eine zunehmende Milderung ist nur möglich, wenn ich mich konfrontiere, denn weglaufen funktioniert nicht!

Um 3:30 Uhr gehe ich zu Bett, um circa 7:00 Uhr schlafe ich endlich ein.

Am Morgen des neuen Jahres 2016 telefoniere ich mit Matthias, meinem wunderbaren Freund in München, einem Journey Practitioner mit dem ich seit Monaten Kontakt habe. Wir leisten uns gegenseitig großartige Hilfe. Was der eine nicht weiß, weiß der andere. Geben und Empfangen ist rund und im Einklang. Ich erzähle ihm mein Erlebnis von letzter Nacht, von der Trommelaktion und meinen Worten an der Kellertüre. Er sagt mir auf den Kopf zu, dass da ein „fetter" Glaubenssatz steckt, der in mir umgehend präsent ist: „Ohne Uwe sterbe ich!" Plötzlich fühle ich akute Todesangst! „Ja" sagt er – „und genau das ist der Grund, warum der Tod von Uwe nicht in dir rutscht."
Ich erkenne und erwidere, dass dieser Satz ja gar nicht mehr stimmt, dass ich sehr wohl ohne Uwe zu leben vermag, ich es bereits bewiesen habe, ein Jahr lang! Der neue Glaubenssatz lautet also: „Ich kann auch ohne Uwe gut überleben."
Uwe sagte einmal zu einer Therapeutin: „Ohne mich ist Angela nicht lebensfähig." Wo er das *hergenommen* hat, weiß ich nicht. Tiefes, inneres unbewusstes Wissen darüber, dass ich unbewusst genau DAS, mein gesamtes Leben an seiner Seite, buchstäblich so gefühlt habe? Was Uwe damals mit seinen Worten bewusst meinte, wird für mich unbeantwortet bleiben.

Es gibt eine Technik, bei der man beide Glaubenssätze miteinander *verschmelzen* lässt. In meinem Fall „Ohne Uwe sterbe ich", sowie „Ich kann auch ohne Uwe gut überleben". Das heißt, den destruktiven und zeitgleich den konstruktiven Glaubenssatz denken, bis sie miteinander *verschmelzen*. Im Ergebnis entsteht, eigenständig und von allein, etwas Neues. Diese Technik wende ich während des Telefonates mit Matthias an. Überraschend entstehen in mir die Worte „Kraft" und „Stärke". Das, wofür ich mich nie gehalten habe, bin ich gerade in der Lage, recht schnell zu fühlen und steigt in mir empor – wie von Geisterhand aus dem Nichts. Plötzlich kann ich annehmen, dass ich „stark" bin. Eine Empfindung, welche mir seit je her so fremd war. Viele Menschen, auch Uwe, hatten es mir schon mehrfach gesagt. Ich wusste nie, was sie meinten. Ich konnte „Stärke" nicht fühlen und empfand mich mein ganzes Leben lang schwach.

Ich fange an, mir all diese neuen Erkenntnisse anzusehen. Manchmal reicht es, eine Einsicht zu erhalten, ohne wirklich damit etwas tun zu müssen – es verhält sich wie mit einem Download bei einem Computer, der im Hintergrund stattfindet und unbemerkt, in diesem Falle unbewusst, etwas „tut". Ich verspüre einen inneren Prozess, der Wirkung zeigen wird, wie diese aussieht, ist mir noch unklar.

Persönlich glaube ich, dass meine Thematik, dass Uwes Tod ‚nicht in den Bauch rutschen wollte', zu der „No go Zone" gehört, einem Begriff aus der Journey. Das heißt, mir vorzustellen und zu fühlen, Uwe wäre tatsächlich nicht mehr da. Ohne Uwe zu leben war für mich zu jeder Zeit unvorstellbar und das mag der Grund gewesen sein, in der Vergangenheit (fast) nicht über seinen konkreten physischen Tod nachgedacht zu haben, ja, diesen Gedanken nicht ‚rein lassen' konnte. Daher war eine Realisierung dessen für mich nicht möglich, nicht fühlbar. Uwe bedeutete mein Fundament. Jetzt war mir dieses Fundament abhanden gekommen und die Konfrontation damit, legte all meine darunter verborgenen Gefühle frei, die „No go Zone"! Todesangst! Ohne Uwe sterbe ich! Welch ein kraftvoller Glaubenssatz! Wenn ich in den Monaten, während Uwe Krankenhausaufenthaltes in der Lage gewesen wäre, mein Tages-Bewusstsein beiseite zu schieben, wäre der Sachverhalt, das Uwe sterben könnte, kein Problem gewesen, „Wir haben uns darauf vorbereitet, es war von Geburt an SO geplant."

In diesem Zusammenhang, unsere Absprache betreffend, die Uwe und ich ‚auf Wolke 7' getroffen haben, möchte ich nicht unerwähnt lassen, dass häufig von sogenannten „Arschengeln" die Rede ist, die es uns erleichtern, unsere Lektionen im Leben zu lernen. Es sind Menschen die uns *dienen* und die wir oftmals als „Ärsche" bezeichnen. Uwe und ich scheinen tatsächlich einander Arschengel gewesen zu sein und haben uns, in beiderseitigem Einvernehmen, einen Dienst erwiesen. Mit einem inneren Lächeln taucht in mir der Gedanke auf, das Liebe anscheinend nichts für Feiglinge ist ...

Am 1. Januar 2016 sehe ich mir im Fernsehen zum gefühlten hundertsten Mal „Ghost – Nachricht von Sam" mit Patrick Swayze an. Das war immer UNSER Film. Bei der Schlussszene habe ich regelmäßig wahrnehmen können, dass Uwe mindestens ein feuchtes Auge bekam: Während Sam langsam ins Licht geht, verabschiedet er sich mit den Worten: „Es ist faszinierend – die Liebe im Inneren – die nimmt man mit." Und indem Sam sich weiter entfernt: „Wir sehen uns."

Blitzartig sitze ich kerzengerade und wie vom Donner gerührt auf der Couch, denn ich sehe im Film die Szene eines Lichtstrahls mit leuchtenden Kugeln darin. Ebenfalls treten hierbei offenbar Engel auf dem Lichtstrahl in Erscheinung, die sich langsam fortbewegen und den Versterbenden – an dieser Stelle im Film „Sam" – im Licht in Empfang nehmen.

Mein Gott, wie ähnlich war diese Szene dem, was ich gerade gestern noch selbst erlebte, als ich Uwes Foto in meinen Armen hielt und mit meinem Bewusstsein *in* Uwes Körper zugegen war!

Heute ist der Todestag, vom 2. auf den 3. Januar 2015. Ich spüre in mich hinein und vergieße keine Träne, es ist heute ein normaler Tag. Alles gut! Für mich ist Uwe Silvester gestorben, als er ins künstliche Koma gelegt wude.

Ich lasse die letzte Zeit meines Lebens noch einmal revue passieren und erkenne, dass ich nun seit weit über einem Jahr nicht mehr ‚vor der Türe' gewesen bin. Jeden Abend verbringe ich zu Hause. Dieses wird sich irgendwann ändern, da bin ich sicher, und ich freue mich darauf!

Es wird Zeit an Konfuzius zu denken und seinen Rat, den er mir einmal gab, zu befolgen: „Schau nach vorn und nicht zurück."

Zu diesem Zeitpunkt ist es mir gelungen, tatsächlich meine tiefe Trauer in Dankbarkeit zu wandeln – die Essenz der Andacht in der Kapelle, bei der Beerdigung vor einem Jahr.

Das Leben ist JETZT!

*Du kannst Tränen vergießen, weil er gegangen ist
oder du kannst lächeln, weil er gelebt hat.*

*Du kannst deine Augen schließen und beten,
dass er zurückkommen wird*

*oder du kannst deine Augen öffnen und sehen,
was von Ihm geblieben ist.*

*Dein Herz kann leer sein,
weil du Ihn nicht mehr sehen kannst
oder es ist voll von der Liebe, die er mit dir geteilt hat.*

*Du kannst dem Morgen den Rücken drehen
und im Gestern leben
oder du kannst dankbar für das Morgen sein,
eben weil du das Gestern gehabt hast.*

*Du kannst immer nur daran denken,
dass er nicht mehr da ist
oder du kannst die Erinnerungen an ihn pflegen und ihn
in dir weiterleben lassen.*

*Du kannst weinen und deinen Geist verschließen,
leer sein und dich abwenden
oder du kannst tun, was er wünschen würde:
Lächeln, die Augen öffnen, lieben und weitermachen.*

(Unbekannter Verfasser)

Schlusswort und mein Dank

Liebe heilt!

Ich hatte irgendwann darüber in Drunvalo Melchizedek „Die Blume des Lebens" gelesen und seither wusste ich tief in mir, dass es funktioniert. *Liebe heilt*, war in mir alle Zeit gegenwärtig und so hoffte ich, dass die Liebe, meine Liebe zu Uwe, auch ihn heilen würde. Nie hatte ich aufgegeben, das zu glauben, weil *Liebe heilt*, in mir zu einem tiefen inneren Wissen geworden war.

Ich brauchte einige Zeit, um zu verstehen und anzunehmen, dass es Begebenheiten gibt, bei denen Seelenentscheidungen getroffen werden, auf die keiner Einfluss hat, bestenfalls der, um den es geht.
Mir war das nicht in jedem Moment bewusst und ich haderte nach Uwes Tod mit allem und jedem, ja mit allem, was ich je gelernt hatte. Es dauerte eine gewisse Zeit, bis ich verstehen konnte, was geschehen war und wieso und warum. Nein, ich habe nicht versagt! Dessen bin ich mir heute absolut sicher.

Und so möchte ich mich bei den wunderbaren Menschen bedanken, die mich mitgetragen haben, Menschen, an denen ich lernen durfte Zuwendung anzunehmen und die mich bis heute begleiten und treu an meiner Seite stehen:

Engelbert, dieser unglaubliche, hingebungsvolle Freund und Seelenbruder, der allezeit an unserer Seite stand und ausnahmslos da war, seinen Impulsen folgte und sie mir umgehend mitteilte.

Karin und Rainer, bei denen mir schlicht die Worte fehlen, um zu beschreiben und zu ehren, was ihren inneren, ebenso wie äußeren Einsatz und ihre Mühen in der Vergangenheit, so auch in der Gegenwart betreffen.

Birgit, meine langjährige, treue Seelen-Freundin, die mich mit ihrer unumstößlichen Ruhe und Weisheit trug, wann immer ich sie brauchte, die damals wie heute präsent ist und mir zur Seite steht.

Ebenso möchte ich Dany danken, unserer uns nahestehenden Freundin, die gedanklich zu jeder Zeit bei uns war.

Meinem Bruderherz Thomas, für seine unzähligen kleinen und großen Entlastungen und seiner grenzenlosen, fürsorglichen Hingabe im Krankenhaus an Uwes Seite.

Thomas, der Heiler aus Österreich, mit dem ich ebenfalls eine tiefe Seelenverbindung habe, für seine häufigen Energiearbeiten an Uwe und seine liebevolle Zuwendung.

Genannt sind all die Menschen, die mir immer wieder sagten, dass Uwe heil würde, die keinen Zweifel daran hegten – was ja in gewisser Weise auch so geschehen ist.

Christoph Fasching und Thomas Gebert von denen ich wertvolle E-Mails erhielt und spürte, dass sie bei uns waren.

Und da ist Klaus, der Arzt und treue Freund, der mich zu „The Journey" führte und der bei einem großen Seminar bei Brandon Bays zum Gebet für Uwe aufrief.

Bettina Hallifax, die für den deutschsprachigen Raum in der Journey Familie zuständig ist, die den Internet-Aufruf startete und uns mit einer Welle von zahlreichen hilfsbereiten Menschen Heilung, Kraft und Energie zukommen ließ.

Die gesamte Stadtverwaltung Wuppertal, deren Anteilnahme und Tatkraft in der schweren Zeit ohne Unterlass präsent war, die uns mit ihrer Hilfsbereitschaft tief berührt und unterstützt haben. Dazu gehört der unbekannte Fotograf, der dieses wunderbare „letzte Foto" von Uwe erstellte.

Mein weiterer Dank gilt den treuen Kegelfreunden, die mit Rat, Tat und großer Treue ständig an unserer Seite waren.

Matthias, meinem Freund aus Gmund am Tegernsee, der mir auch heute noch auf die Sprünge hilft, wenn's in mir mal hakt und der mich bei diesem Buch sehr unterstützte.

Dem Heilpraktiker, der täglich und unermüdlich Uwe auf Distanz behandelte, mit Bioresonanz und anderen Methoden – mit sehr viel Liebe und Hingabe.

All den vielen Ungenannten, die Uwe und mich mit Ihren E-Mails und Anrufen getragen haben. Menschen, die völlig unverhofft aus dem Nichts auftauchten und einfach nur halfen – bis heute!

Den zahlreichen Mitmenschen, die Uwe ihr Wissen und Ihre geistigen Fähigkeiten auf Distanz zukommen ließen. All denen die für ihn beteten und ihm Gutes übersandten.

Meiner aufmerksamen Therapeutin, die meine Fehlwahrnehmungen, mich selbst betreffend, aufdeckte und die mir angeboten hat, in jeder Notsituation den Kontakt mit ihr zu suchen.

Meinem Arbeitgeber, der mich in meiner langen Krankschreibung stützte und mir immer wieder sagte, dass ich keinen Druck befürchten müsse.

Den lieben Menschen, die mir Hilfe am Haus und im Garten zuteilwerden ließen und arbeiteten wie die Heinzelmännchen, wenn sie gebraucht wurden, bei all den Arbeiten, die mir körperlich zu schwer waren.

Meinen beiden geliebten Katzen, die mich begleiteten, mir ihre bedingungslose Liebe schenkten und mir halfen, mich schnell von meinen Suizid Gedanken zu befreien.

Ich möchte auch mir selber danken, für all meine Führungen in eine gute Richtung, meinen Impulsen, die ich durch meine Seele erhalten durfte und mich heute die sein lässt, die ich jetzt BIN.

Zu guter Letzt möchte ich dem Menschen danken, um den es hier wirklich geht. Meinem lieben Mann gilt mein ganz besonderer Dank! Zu allen Zeiten werde ich dankbar dafür sein, für die gemeinsame Zeit, die wir miteinander lebten. Es war nicht immer ganz leicht. Doch je schwieriger die Aufgaben waren, die wir im Team zu bewältigen hatten, desto mehr wuchsen wir zusammen.

Meine tiefe Liebe gilt dir, UWE!

Die Liebe stirbt nie.

Quellennachweis

1. Teil

„Leukämie", http://de.wikipedia.org/wiki/Leukämie (15.12.2015)

Guido Westerwelle: „Zwischen zwei Leben: Von Liebe, Tod und Zuversicht", Hoffmann und Campe Verlag Hamburg, 2015

Dr. Jörg Schweikart: „Diamant", http://www.edelsteine.net/diamant/ (21.10.2015)

„Septischer Schock", http://www.netdoktor.de/krankheiten/blutvergiftung/septischer-schock/ (08.10.2015)

2. Teil

Fernsehserie „Der Club der roten Bänder" nach der wahren Geschichte von Albert Espinosa

„Erleuchtung", https://de.wikipedia.org/wiki/Erleuchtung (19.10.2015)

Bronnie Ware: „Fünf Dinge, die Sterbende am meisten bereuen", Arkana Verlag München, 2013

„Kleine Einführung in das System des Enneagramms" http://www.enneagrammseiten.de/enneagrammforum/intro.html (29.10.2015)

Ina Dragon: „Eigenschaften und Wirkung von Bernstein", http://edelsteinblog.blogspot.de/2012/07/bernstein-bedeutung-und-eigenschaften.html (21.10.2015)